Brimos

F✦SF✦R✦

DIOGO BERCITO

Brimos

Imigração sírio-libanesa no Brasil
e seu caminho até a política

Ao meu bisavô Jayme e aos brimos que nunca conheci.

9 NOTA SOBRE A GRAFIA DOS NOMES

10 PREFÁCIO

12 INTRODUÇÃO

25 PARTE I

27 1. Fenícia tropical

36 2. Pavimentando o mar

51 3. Viagem dentro da caixa

70 4. São Francisco do Líbano

77 5. Intelectuais e andaluzes

91 6. Homens de muitas fés

100 7. O hospital dos presidentes

113 PARTE II

115 8. Cedros libaneses no Planalto Central

127 9. Estreia desafortunada

134 10. Califado do Minhocão

149 11. Da casa de pedra ao Jaburu

163 12. O retrato do padre

174 13. Santo do grão-de-bico

184 14. Esfinge no Tatuapé

192 15. O vinhedo das divas libanesas

202 16. Um muçulmano em um partido cristão

212 17. O turco louco

220 18. Do outro lado do espelho

228 Brimo?

232 AGRADECIMENTOS

234 RELAÇÃO DE ENTREVISTADOS

235 NOTAS

247 REFERÊNCIAS BIBLIOGRÁFICAS

252 ÍNDICE REMISSIVO

269 CRÉDITOS DO CADERNO DE IMAGENS

Nota sobre a grafia dos nomes

A língua árabe é grafada com um sistema de escrita diferente daquele que utilizamos no português. Uma das diferenças é o fato de que os árabes escrevem as consoantes das palavras e apenas algumas de suas vogais — as restantes ficam implícitas. Além disso, o árabe tem sons sem equivalente para nós. Como resultado, é comum encontrar mais de uma grafia em português para o mesmo nome árabe. Por exemplo, a família do ex-presidente Michel Temer escreve o sobrenome dele assim: Tamer. O sobrenome da mãe do ex-governador Paulo Maluf aparece às vezes como Estéfano e, em outras vezes, como Estefno. Procurei respeitar, neste livro, as grafias oficiais e as preferências de cada família.

Prefácio

Salim Farah Maluf deixou o Líbano em 1910. Abandonou o vilarejo de Hadath, nas escarpas amareladas do vale do Beqaa, e tomou um navio. Fugindo da fome que assolava seu país, decidiu tentar a sorte em um inusitado destino tropical: o Brasil. Milhares de outros árabes haviam feito aquela mesma escolha e cruzaram o caminho de Salim enquanto ele percorria São Paulo puxando uma carroça e gritando "cimento, cimento, cimento!".

Contrariando as baixas probabilidades e o preconceito de quem lhe chamava de "turco", Salim venceu. Ergueu um império de serrarias, casou-se com Maria Estefno, com quem teve cinco filhos. Um deles, Paulo Maluf, foi prefeito e governador de São Paulo — e disputou a presidência do Brasil algumas vezes.

A história de Salim não é exatamente excepcional. Entre 1880 e 1969, 140 mil árabes imigraram para o Brasil, a maior parte deles libaneses e sírios. Entre essas hordas estava Habib al-Haddad, o combativo padre do vilarejo de Ain Ata, avô do ex-prefeito Fernando Haddad. Viajou também Nakhul Temer, que abandonou uma casinha de pedra no povoado de Btaaboura — seu filho, Michel Temer, em poucas décadas se mudou para o Palácio do Jaburu. Já os pais de Gilberto Kassab descendiam do santo Nimatullah Kassab al-Hardini, tão honesto que uma vez se puniu por ter comido o grão-de-bico da plantação de outra pessoa.

Estão neste livro essas e outras aventuras de algumas das famílias de políticos de origem sírio-libanesa que contribuíram para a construção da República brasileira no início do século 20. Busquei no Brasil e no Líbano as histórias de seus antepassados para entender como, começando como mascates, eles saltaram no espaço de uma ou duas gerações a deputado, senador, prefeito, governador e presidente — em algumas legislaturas, chegaram a 8% do Congresso.

Alguns dos causos que encontrei são saborosos como um bom prato de quibe cru servido com folhas de hortelã. Outros, porém, são desgostosos como a esfiha que o diabo amassou: a imigração* ao Brasil foi um desafio e tanto. Alguns chegaram aos portos com suas fortunas. Outros, porém, vieram sem bens e desconhecendo a língua portuguesa. Para sobreviver, muitos desses imigrantes se amontoaram em cortiços na rua 25 de Março, colocaram caixas de madeira nas costas e cruzaram o país vendendo badulaques. Enquanto aprendiam o idioma, trocando o "p" pelo "b" — chamando-se de "brimos" —, ninguém diria que teriam tanto sucesso longe de casa.

---

* Utilizo a palavra "imigração" para me referir à vinda de sírios e libaneses para o Brasil. Alguns autores preferem o termo "migração" para dar conta do fato de que as pessoas por vezes transitavam entre um país e outro, sem se fixar. "Imigração", no entanto, ainda é de uso mais corrente.

Introdução

As histórias narradas nestas páginas remontam a mais de um século atrás, ao instante em que os primeiros libaneses decidiram descer as montanhas rumo ao porto de Beirute e, em barcos a vapor, cruzar o mar Mediterrâneo e o Atlântico para recomeçar a vida no Brasil.

Mas este livro, em si, tem uma origem bastante mais prosaica: a minha infância.

Foi no ensino fundamental que entrei em contato pela primeira vez com o Líbano. Minha melhor amiga, Natália, era filha de libaneses. Voltava das férias na terra de seus antepassados carregada de relatos, com os quais nos hipnotizava. Passávamos o recreio abrindo os pacotinhos coloridos de chiclete de miski, uma resina vegetal que para a gente mais parecia sabão. Imitando as expressões que ouvia de seu pai, Natália tentava nos ensinar a língua árabe, que ela nem falava. Escrevíamos nas contracapas dos cadernos escolares glossários de palavras, sem nos importar com a correção. Dizíamos, por exemplo, "ana budek uered" em vez de "ana biddi wahid", que em português significa "quero um". Natália também popularizou na escola a expressão "harabichueba", famosa no Brasil dos libaneses. O xingamento provavelmente vem do árabe "khara bi chuarbak": "cocô no seu bigode". A gravidade dessa frase está ligada à importância de um bigode bem-feito e asseado.

Construído em cima daquelas memórias, meu segundo contato com o mundo de cultura árabe ocorreu mais tarde, em 2010, quando coloquei uma mochila nas costas e viajei de ônibus de Atenas a Beirute, passando por uma Damasco que ainda não estava em guerra. Procurei o ensaboado chiclete de miski e lamentei a descoberta de que a embalagem exótica da minha infância não existia mais. O novo design era um bocado aborrecido.

Foi só no ano seguinte que me rendi de vez ao Oriente Médio, já não devido ao gosto de sabão ou às histórias do vilarejo da Natália, no norte do Líbano. Era então o interesse pela política e pelas culturas daquela região. Para compreendê-la melhor, me matriculei na habilitação em língua árabe do curso de Letras da Universidade de São Paulo.

Perdi a primeira aula porque supus que, como em outros departamentos, o de línguas orientais reservava a semana inaugural para a recepção dos calouros. Enganei-me. Quando cheguei lá e encontrei meus colegas no início de sua alfabetização, a professora fez troça da minha ingenuidade. "Você realmente não conhece a Safa", disse, entre bronca e carinho.

Mais tarde, conheci. Como uma hábil alquimista, Safa Jubran transformou minha curiosidade em uma paixão ininterrupta. Ela me ensinou as 28 letras daquele sistema de escrita grafado da direita para a esquerda e me pôs na senda em que ainda estou.

Safa imigrou para o Brasil aos dezenove anos, durante a Guerra Civil Libanesa, que durou de 1975 a 1990. Chegou a São Paulo sem falar português, mas se matriculou na USP e escalou os degraus até o doutorado. É a principal tradutora do árabe para o português, tendo vertido textos clássicos como *Tempo de migrar para o norte*, de Tayeb Salih, e *Yalo*, de Elias Khoury.

Passei três meses em um curso intensivo de árabe em Rabat, a capital do Marrocos, e voltei à USP. Mas tive de deixar a sala de aula da Safa no início de 2013, quando a *Folha de S.Paulo* — jornal para o qual eu trabalhava desde 2007 — me convidou para ser correspondente em Jerusalém, responsável pela cobertura jornalística de todo o Oriente Médio. Vivi naquela região até julho de 2014, quando me mudei para a Espanha com o propósito de fazer um mestrado em estudos árabes contemporâneos na Universidade Autônoma de Madri. Retornei ao Oriente Médio em diversas ocasiões, para países como o Iêmen e o Iraque. Vivi em Beirute, a terra da querida Natália, por três meses em 2015. No ano seguinte, para aprender melhor o árabe, passei seis meses no Cairo.

Em meados de 2018, quando comecei a escrever este livro, estava baseado em Washington para um mestrado em estudos árabes na Universidade Georgetown. A paixão pelo tema me fez emendar um doutorado na mesma instituição.

Durante todo esse tempo de andanças e de leituras, me dei conta da extensão das relações entre o Brasil e o Oriente Médio. A despeito do preconceito ainda vigente no nosso país, associando árabes a costumes retrógrados e ao terrorismo, há um laço intangível e por vezes inexplicável, mas ainda assim sempre presente, em especial entre o Brasil e o Líbano. Foi do Líbano, afinal, que uma multidão imigrou do fim do século 19 a meados do 20 em busca de uma vida melhor, formando o que é hoje a maior comunidade libanesa do mundo, estimada pelos governos do Brasil e do Líbano entre 7 milhões e 10 milhões de pessoas, incluindo descendentes — um exagero, dizem os especialistas.[1]

Quando publicou em 1985 seu livro *Imigração árabe: 100 anos de reflexão*, a libanesa Claude Fahd Hajjar usou o sucesso da culinária como um indício do êxito da integração daquela comunidade. Nascida em Beirute, Claude imigrou para o Brasil em 1958. Ela afirma que durante os primeiros anos de sua aventura no país os imigrantes importavam a comida para poder manter as tradições. Por décadas, o trigo utilizado para fazer o quibe era importado. Surgiram por fim moinhos nacionais, como o do Empório Syrio, possibilitando que os imigrantes e sua comunidade hospedeira pudessem, enfim, cozinhar o prato típico por um valor menor. O quibe e a esfiha não são mais privilégio de festinha árabe, diz Hajjar. Ambos foram incorporados à cultura brasileira, em uma relação de afeto e de identidade, sobretudo em áreas urbanas.[2] A cadeia brasileira de fast-food Habib's vende 600 milhões de esfihas por ano, por exemplo.[3] Quase três esfihas por habitante.

Mas os descendentes não ocupam apenas as nossas mesas. Eles também têm um assento cativo entre as nossas elites, às quais se misturaram desde que aportaram em Santos. A ampla participação na política nacional é uma das formas mais evidentes de sua influência. Os exemplos são bem conhecidos: o ex-presidente Michel Temer, o ex-governador Paulo Maluf e o ex-prefeito Fernando Haddad são alguns dos nossos ilustres brimos, somados a quase um décimo do Congresso Nacional.

Dada a frequência com que mencionamos esses nomes, tanto em nosso noticiário quanto em conversas de bar, é surpreendente que o impacto da imigração libanesa na política brasileira ainda não tenha sido estudado com afinco. Essa carência, acredito, é o resultado de diversas e simultâneas omissões que tento começar a resolver com este livro.

Em primeiro lugar, não há muitos estudos sobre a imigração para o Brasil, apesar da influência desse processo histórico na formação social do país. Em segundo lugar, mesmo quando a imigração é estudada, historiadores costumam privilegiar grupos como portugueses, espanhóis, italianos e alemães — aqueles que vieram em maior número e que ficaram marcados por sua participação na colheita do café e na industrialização de São Paulo. Os imigrantes árabes, quando aparecem na bibliografia, costumam ser relegados aos rodapés.[4]

Um dos pontos de inflexão dessa lacuna foi a publicação da obra seminal de Oswaldo Truzzi, *Patrícios: Sírios e libaneses em São Paulo*. Lançado em 1997, o livro ganhou versão para o inglês em 2018. Um punhado de outros estudos surgiu na sequência, lançando mão de diferentes abordagens historiográficas. O livro *Imigração árabe no Brasil*, de Samira Adel Osman, por exemplo, é uma história oral da imigração de libaneses para o Brasil, centrando-se na diferença das experiências vividas por cristãos e muçulmanos. Samira também relativizou alguns dos mitos da comunidade, como a ideia de que todos os árabes haviam sido mascates ou tinham educado seus filhos. Em 2016, Murilo Meihy lançou *Os libaneses*, de tom mais geral, contando a um público mais amplo a história do Líbano e sua intersecção com o Brasil.

Mas houve pouco avanço nas últimas décadas — ainda hoje os autores que estudam esse fenômeno citam as mesmas fontes, incluindo o livro *Sírios e libaneses*, lançado em português em 1960 pelo americano Clark Knowlton, um dos pioneiros da área. São recorrentes também as menções aos mesmos raros relatos escritos pelos próprios imigrantes, como *A emigração sírio-libanesa às terras da promissão*, do libanês Taufik Duoun, de 1944.

Além da esparsa bibliografia, há um problema de contingência histórica. O Líbano não existia como Estado quando essas pessoas imigraram para o Brasil, razão pela qual viajaram com passaportes otomanos, emitidos pelo antigo império que se espalhava pelo Oriente Médio até 1922. Por isso, eram chamados de "turcos" pela população, uma alcunha pejorativa que ainda sobrevive. Nos documentos daquele período, é difícil saber com exatidão quem saiu dos territórios que hoje conhecemos como

Líbano e Síria, o que embaralha as estatísticas — é por isso que, neste livro, menciono também famílias de sírios que imigraram para o Brasil, e é por isso também que por vezes preciso falar em sírio-libaneses, com o hífen unindo esses dois povos. Somado a isso há o fato de que, ao contrário dos italianos e dos japoneses, os libaneses não viajaram subvencionados por seus países nem em comum acordo entre governos. Eles não passaram, portanto, pela Hospedaria dos Imigrantes, tampouco integraram os registros oficiais. Com isso, permaneceram à margem da história.

Há ainda um obstáculo linguístico. Diversos documentos dos primeiros anos de imigração libanesa estão em árabe, como é o caso dos jornais e das revistas produzidos no Brasil. Um exemplo é a publicação pioneira *Sphynge*, uma das primeiras naquela língua em São Paulo. Editada por Chucri Curi, parente do deputado Ricardo Izar Jr., trazia notícias a respeito da comunidade radicada na cidade e dos acontecimentos políticos no Oriente Médio, reportando o esfacelamento do Império Otomano e os movimentos nacionalistas. Com a carência de pesquisadores que saibam ler tanto em português quanto em árabe, muitos registros ainda estão à espera de quem desvende seus segredos. Parte deles já foi devorada.

"Muitos arquivos ainda estão guardados nas casas dos imigrantes e de seus descendentes. Com o passar do tempo, são descartados", explica em Beirute o brasileiro-libanês Roberto Khatlab, 61. Nessa comunidade, Roberto dispensa apresentações: ele é uma ponte entre os países, e é quem costuma receber os políticos brasileiros quando visitam o Líbano. Conhece em detalhes a história de cada família, em ambos os países.

Neto de Hussein Ahmed Khattab, um muçulmano de Beirute que se converteu ao cristianismo, Roberto nasceu em Maringá, no Paraná. Em busca das origens da família, ele se mudou para o Líbano em 1983 e três anos depois foi aprovado em um concurso para trabalhar na embaixada brasileira. Casou-se com uma libanesa e, na diplomacia, atuou nos setores consular, cultural e de comunicação até 2003. Dali, enveredou-se para a vida acadêmica.

Atualmente chefia um projeto que pode sanar, em parte, a carência de informações sobre a imigração libanesa para o Brasil. Em parceria com Heloisa Dib, da Câmara de Comércio Árabe-Brasileira, montou um escritório em São Paulo para digitalizar os documentos das famílias e criar um arquivo on-line. A papelada virtual será hospedada na Universidade de Kaslik, em Jounieh, onde Khatlab lidera o departamento de estudos de imigração para a América Latina. Há um projeto semelhante em Buenos Aires. "Com isso muitos pesquisadores vão ter acesso aos documentos", afirma Khatlab.

O arquivo ajudará na produção de novos estudos, como este, que partem do princípio de que as sagas familiares dos Temer, Maluf, Haddad, Kassab e de tantos outros políticos brasileiros interessam aos mais diversos tipos de leitores. Essas são figuras centrais na nossa política recente, e seus antepassados participaram de um dos episódios mais emocionantes da formação do Brasil. Como a bibliografia é reduzida e episódica, entre textos de jornal e verbetes da Wikipédia, até hoje os brasileiros não puderam conhecer a fundo o passado de seus representantes. Sabe-se que esses políticos têm origem libanesa e eventualmente o noticiário menciona os nomes de seus pais e avós — com erros de grafias, datas imprecisas, confusões conceituais. Não é comum, no entanto, dizer como foi que eles chegaram até aqui.

Foi só quando viajei pelo interior do Líbano, visitando os pequenos e isolados vilarejos de onde vieram os antepassados dos nossos políticos, que pude por fim visualizar a dimensão histórica de sua existência. Ao visitar as casas onde viviam Nakhul, o pai de Michel Temer, e Salim, o pai de Paulo Maluf, tive o privilégio de poder imaginar como começaram, entre crises agrárias e disputas religiosas, as aventuras que ajudaram a moldar o nosso país.

No Líbano, conheci seus familiares e ouvi as histórias das colheitas perdidas e dos embates com os conquistadores otomanos e franceses. Já no Brasil eu abordei outros de seus parentes para saber com mais detalhes suas trajetórias — relatos povoados por imigrantes caminhando pela mata, carregando uma caixa de madeira nas costas, como fez o comerciante Mohamad Khodr, que no vilarejo de Ain Ata era um vizinho da família Haddad.

A investigação foi complementada por conversas com os próprios políticos, que em alguma medida mantiveram o vínculo com a terra de seus antepassados. Os principais personagens deste livro estiveram ao menos uma vez nos vilarejos de onde saíram seus pais ou seus avós. Michel Temer já fez esse trajeto duas vezes. Fernando Haddad, uma. Parte das informações vieram, por fim, de livros de meados do século 20 e dos textos da imprensa.

Não ignorei em nenhum momento que a memória tem as suas limitações. Alguns relatos dos imigrantes e de seus descendentes devem ser lidos como são: histórias. O que não significa que eles sejam menos importantes do que os dados registrados nos documentos. Os causos das famílias revelam ao menos o tipo de versão que eles desejam reforçar, com frequência a imagem dos libaneses percorrendo o Brasil de modo incansável, enfrentando duras intempéries e sendo recompensados acumulando fortunas. Essa trajetória foi real para muitos deles. Mas nem todos tiveram a mesma sorte, e insistir nessa narrativa acaba apagando a variada experiência dos libaneses no Brasil.

A intimidade que desenvolvi com as famílias retratadas neste livro causou algum incômodo quando precisei tratar dos episódios menos agradáveis de suas vidas. No vilarejo de Hadath, bati de porta em porta à procura de um parente do ex-governador Paulo Maluf, sentei-me no sofá de um deles, aceitei a xícara de café trazida por sua mulher e me servi das balas de goma esparramadas pela mesa — em seguida, precisei encadear perguntas duras sobre as denúncias de corrupção contra Paulo, à época na prisão.

Mesmo com todo esse desconforto, não escrevi a hagiografia de ninguém. A corrupção, afinal, é um assunto central na história de muitos deles. Inclusive, essa é, por vezes, a razão pela qual são rememorados pelo público, quer seja justo quer não.

Nesse sentido, o americano Montie Bryan Pitts Jr. escreveu em sua tese de mestrado na Universidade Vanderbilt que as experiências negativas de alguns políticos de origem árabe serviram para "reforçar estereótipos negativos sobre a colônia na sociedade brasileira como um todo". Assim, não apenas os políticos ficaram com má fama, mas também seus brimos, contaminados pelo sangue. "Quando cada um desses políticos sírio-libaneses estiveram sob suspeita por negócios obscuros e corrupção, reforçaram os persistentes estereótipos de árabes como negociantes astutos e desonestos", escreve Pitts Jr.[5]

Esse fenômeno também foi analisado por outro pesquisador americano, John Tofik Karam, que escreveu, em 2007, *Another Arabesque* [Outro arabesco].[6] Entre as teses de Karam está a de que, diante dos escândalos de corrupção envolvendo descendentes de libaneses e sírios no Brasil, a comunidade tentou se projetar como um grupo étnico sobretudo transparente e moral. Não tiveram sucesso, já que, na contramão, a imprensa insistiu durante os anos 1990 e 2000 na suposta relação entre a ascensão social árabe e o seu comportamento corrupto. Comentaristas muitas vezes lançavam mão de metáforas culinárias, usando quitutes do Líbano e da Síria para criticar políticos.

No início de janeiro de 1999, por exemplo, Gustavo Ioschpe escreveu na *Folha de S. Paulo* que "o prêmio Habib's vai pro doutor (doutor do quê, hein?) Baulo Baluf. Depois de um ano desses, em que a encomenda do prefeito virou pita azeda e a disputa que era pra ser tabule virou quibe cru, só resta ao ilustre cidadão abrir uma cadeia (sem trocadilhos) de comida árabe e licenciar suas mandingas pra que todos os oponentes tenham câncer".[7]

Gustavo não foi o único a fazer esse tipo de piada. O colunista da *Folha* José Simão, de origem árabe, também relacionava a ascendência de Maluf às acusações de corrupção. No mesmo ano, ele escreveu em relação ao partido político daquele patrício: "E, como eu sou libanês, eu posso falar que PPB quer dizer Propina Pros Brimos. Rarará!".[8] José também apelidou de "turco circuito" a troca de Hanna Garib por Wadih Helu no posto de deputado estadual em São Paulo, após um escândalo. "Sai um turco e entra outro? Como diz um leitor amigo meu: 'Trocaram quibe por esfiha? Parece rodízio do Habib's!'. Rarará! Acabou em esfiha, e não em pizza. E o Malufrango devia aproveitar e lançar a sua autobiografia, 'Minha vida é uma esfiha aberta'."[9] Arnaldo Jabor, outro brimo, escreveu no mesmo diário que o ex-governador de São Paulo Ademar de Barros "era um cálido populista de bigodinho, se comparado com esses árabes da 'Conexão Esfiha'. Você é um falso árabe, rapaz... Eu me fascino pela máfia dos comedores de 'babaganuche', amicíssimos, fidelíssimos entre si, com gergelim escorrendo-lhes pelo queixo...".[10]

Mas não foi só a imprensa que traçou essa linha reta entre a origem árabe e a corrupção. Em 2000, manifestantes protestaram contra o prefeito Celso Pitta, afilhado político de Paulo Maluf. Modificando a expressão "acabar em pizza", eles falavam em "acabar em esfiha" e prometiam um espetáculo de dançarinas do ventre.

Na comunidade libanesa, a reação a essa fama ingrata — diluída desde aqueles anos — por vezes não culmina na crítica da imprensa nem na acusação de que jornalistas persigam os árabes. Parte dos brimos acreditam que os próprios políticos são responsáveis pela reputação de corruptos.[11] O brasileiro Hussein Kalout, professor da Universidade Harvard que foi assessor no governo Temer, diz: "Se o cara é preso, envergonha a comunidade. Passa a ser rejeitado. Perde aquele respeito que tinha. Há esse peso de ter envergonhado o nome da família, que é algo pesadíssimo. A condenação moral é maior do que a jurídica".

Há algum método na escolha das famílias que recheiam este livro. Algumas delas são bastante óbvias: eu não poderia escrever sobre políticos de origem libanesa sem mencionar o ex-presidente Michel Temer, por exemplo, que chegou ao cargo mais alto da escadaria política. Tampouco poderia escantear o ex-governador Paulo Maluf, que de certa maneira, mesmo depois de sua ruidosa queda — sem cargo público, doente e temporariamente detido —, representa de forma exemplar um certo tipo de político de origem libanesa, e talvez siga sendo o primeiro nome que passeia pela nossa língua quando pensamos nesse grupo.

Algumas famílias que destaquei, no entanto, são menos óbvias. É o caso de Ricardo Izar Jr., que não está na manchete dos jornais, mas representa um importante clã libanês no Brasil. A casa de um de seus antepassados foi o primeiro consulado libanês em São Paulo. Também quis contar a história da deputada Jandira Feghali, que é sobrinha de Sabah, uma das divas da canção popular libanesa — o equivalente, digamos, à Madonna naqueles lados do mundo. Busquei, ainda, casos de políticos muçulmanos e de brasileiros que atuaram na política libanesa para mostrar a extensa variedade da experiência dessa comunidade.

É importante ressaltar, porém, que esses são apenas exemplos dentro de um universo bastante maior. O leitor certamente conhece políticos que não entraram nesta lista, como Pedro Simon, Guilherme Afif Domingos, Esperidião Amin, Tasso Jereissati, Gabriel Chalita, Romeu Tuma e Fernando Gabeira. Espero, contudo, que os exemplos de políticos não ofusquem as histórias de tantas outras famílias que vieram do Líbano nas últimas décadas e, estabelecidas no Brasil, constituíram uma importante elite. Os retratos em branco e preto compilados por Taufik Kurban em seu livro, de 1933, *Syrios e libanezes no Brasil*, mostram quão amplo foi seu impacto, esparramado por diversas áreas: estão ali as imagens do industrialista Nami Jafet, do poeta Fauzi Maluf, do advogado Ernesto Kury, do cirurgião-dentista Zacharias Haddad, do médico Fadlo Haidar e do aviador Gabriel Jafet como exemplos do sucesso dos brimos no Brasil. Esses nomes, vale dizer, são todos de homens. Historiadores costumam se esquecer das brimas — algo que este livro procura não fazer. Aparecem nos próximos capítulos, portanto, patrícias como Adma Jafet, criadora do Hospital Sírio-Libanês, e Jandira Feghali.

A história deste livro começa entre cedros e rebanhos de ovelhas e termina sob o sol do cerrado.

Parte I

1. Fenícia tropical

Pergunte a um libanês no Brasil quem são os seus antepassados, seus ancestrais, seu povo. Mas prepare-se para ouvir uma longa, longa história — você provavelmente voltará milhares de anos no passado, até caminhar entre civilizações das quais talvez nunca tenha ouvido falar, cruzando o mar em trirremes, navios de madeira movidos a remo.

Libaneses costumam repetir na diáspora, com certo orgulho, que são descendentes dos fenícios. Os fenícios foram um povo que se esparramou pela costa mediterrânea de 1500 a.C. até 300 a.C. Tinham origem étnica semita, como os judeus e os árabes, e falavam uma língua bastante parecida com o aramaico e com o hebraico. Eles eram comerciantes conhecidos por sua excepcional habilidade na navegação, com a qual estabeleceram uma série de bases no norte da África. A mais célebre foi Cartago, que outrora rivalizou com o Império Romano. Os fenícios alcançaram também a costa da atual Espanha.

Eles são reconhecidos, ainda, por terem inventado o alfabeto, um sistema de escrita em que cada som é representado por uma letra, em oposição ao modelo egípcio de hieróglifos, em que símbolos comunicavam ideias.[12] A invenção mais tarde foi adaptada pelos comerciantes gregos, por meio dos quais chegou a Roma e, ali, se tornou a escrita latina. Sua primeira letra era o "alef", que virou "alfa" no grego e depois o "a" do latim. O mesmo vale para o "bet", que virou "beta" e então "b".

É essa a herança que muitos libaneses reclamam para si. No prefácio do livro *Syrios e libanezes no Brasil*, de 1933, José Duarte Badaró escreve que "os sírios, libaneses e palestinos, legítimos descendentes dos fenícios, conquanto felizes nas terras do Brasil, não se esquecem do que ficou distante", daquela terra que a "onda verde do Mediterrâneo roça meigamente".[13]

Apesar de sedutora, a ideia tem um quê de fantasia. É mais ou menos como um brasileiro de origem italiana radicado nos Estados Unidos insistir que é tupi-guarani. Não é uma inverdade, claro, mas é uma interpretação bastante particular da história. No Líbano, a ideia tem nome e data de nascimento: chamada de "fenicianismo", surgiu nos anos 1920.

Ao reivindicar uma origem fenícia, libaneses — em particular na diáspora — tentam se desvincular da cultura árabe e islâmica hegemônica no Oriente Médio. Com isso, buscam um pedigree, uma identidade própria, distinguindo-se dos vizinhos dos quais não sentem muito orgulho. Apesar dessa escolha, a contribuição do islã para a história do Líbano é inegável.

O islã, que surgiu no século 7 a partir das visões do profeta Maomé, chegou em 632 à região da Síria e do Líbano com os exércitos da península Arábica. A primeira dinastia muçulmana, o califado Omíada, tinha capital em Damasco até sua extinção em 750. O califado Abássida, que o substituiu, instalou-se em Bagdá, entre os rios Tigre e Eufrates. É daquela época o califa Harun al-Rashid, que aparece nas *Mil e uma noites* — os contos narrados por Sherazade, uma tradição de que saíram personagens como Ali Babá e Aladdin.

Esse período foi encerrado no século 13 pela invasão mongol e pelo subsequente domínio de uma nova casta conhecida como mamelucos. Ex-escravos de origem étnica turca (em árabe, a palavra "mamluk" quer dizer algo como "aquilo que é posse de alguém"), eles dominaram por séculos a política da região, incluindo o atual Líbano.

Como herança daqueles séculos, o Oriente Médio se tornou um território de cultura islâmica.[14] A chegada dos árabes e o domínio do islã não significaram, porém, a completa desaparição dos cristãos. O cristianismo, vale lembrar, surgiu naquela exata região — de Jerusalém a Beirute em linha reta, ignorando as fronteiras e os conflitos, são apenas 237 quilômetros. Os cristãos permaneceram vivendo dentro dos impérios islâmicos e, como uma minoria protegida, mantiveram seus costumes. No Líbano, constituíram um ramo conhecido hoje como "maronismo", em homenagem a São Maron, do século 4. São os maronitas, um grupo católico sujeito ao papa, mas com suas próprias tradições. A maior parte dos imigrantes libaneses que chegou ao Brasil professava aquela fé, hoje bastante diluída.

Na Idade Média, exércitos europeus — pensem em Ricardo Coração de Leão, vivido por Orlando Bloom no filme *Cruzada* (2005) — atravessaram o Mediterrâneo e enfrentaram os árabes que viviam naquelas terras. Durante algum tempo, ocuparam cidades como Jerusalém e Acre, hoje no território israelense. Também estiveram aquartelados em Trípoli, ao sul de Beirute, de onde enviaram expedições militares. Por vezes conflituosa, a intersecção das culturas cristã e islâmica tem um peso considerável na formação de uma identidade propriamente libanesa, antes mesmo que as fronteiras do Líbano existissem.[15]

Depois de um longo período de mando, porém, os mamelucos foram derrotados no início do século 16 pelo sultão Mehmed II, conhecido como o Conquistador. Com isso, todo o império islâmico passou ao controle do poderoso e longevo Império Otomano. Aquele império, com capital em Istambul, era conhecido pela opulência de seus palácios. A sede do governo tinha portões tão imponentes que era chamada em todo o mundo de "Sublime Porta".[16]

A chegada dos otomanos ao poder, substituindo os mamelucos, marcou a história moderna do Oriente Médio. O Império Otomano se alongou daquele momento até 1922. Isso significa que, nos anos da imigração para o Brasil, pessoas como Salim Farah Maluf, o pai de Paulo Maluf, deixavam o território otomano, e não o Líbano, país que ainda não existia.

Os turcos, baseados em Istambul, controlavam um extenso território e não seriam capazes de impor a totalidade de sua burocracia em todos os seus rincões. Em diferentes partes do império — no norte da África e no Egito, por exemplo — os otomanos travaram complexas alianças com as elites locais, lançando mão de estratégias específicas para governá-las. Uma das situações mais peculiares foi o arranjo estabelecido na região do Monte Líbano, nome dado às montanhas erguidas entre o mar Mediterrâneo e o vale do Beqaa. Foi dali que partiu grande parte da imigração cristã-libanesa para o Brasil.

Na época da conquista otomana, o Monte Líbano era governado por duas minorias: os cristãos maronitas e os drusos, um grupo religioso que surgiu durante o século 11, no Egito, ligado a um ramo minoritário do islã. A Sublime Porta decidiu manter aquele arranjo feudal, em vez de impor seu controle direto à região. O sultão exigiu apenas que os príncipes drusos reconhecessem a sua autoridade e lhe pagassem um tributo anual.[17] No final do século 16, porém, o príncipe Fakhr al-Din contrariou o Império Otomano e consolidou seu próprio poder naqueles entornos. Em 1607, ele controlava o que é hoje o Líbano e partes de Israel e da Palestina. Aquele desafio, contudo, durou pouco. Fakhr al-Din — até hoje um símbolo do nacionalismo libanês — foi derrotado pelos otomanos, que restauraram a ordem feudal até o século 19. A partir daí, muita coisa mudou.

O Império Otomano foi por décadas uma das principais forças do mundo. Sua influência, no entanto, minguou com a chegada dos anos 1800. Em parte, porque a Sublime Porta gastou tanto suprimindo as revoltas em seu império que, sem dinheiro, precisou frear seu projeto expansionista.[18] Potências europeias se sentiram à vontade para interferir em diversas políticas internas otomanas, por vezes sob o argumento de atuar em defesa de alguma minoria religiosa — os franceses, por exemplo, apresentavam-se como os protetores dos maronitas, enquanto os ingleses diziam defender os drusos, e os russos, por sua vez, se interessavam pelos seguidores da fé ortodoxa cristã. Apesar disso, a interferência trouxe consequências desastrosas tanto para as potências estrangeiras quanto para os otomanos.[19]

Um dos exemplos mais dramáticos foi a disputa travada em 1851 e 1852 pelo controle de lugares considerados sagrados pelo cristianismo. Devido a desavenças entre católicos e greco-ortodoxos a respeito de santuários na Palestina, a França e a Rússia pressionaram Istambul para que privilegiasse seus respectivos protegidos. Em resposta, os otomanos deram aos católicos as chaves da Igreja da Natividade, onde se acredita que Jesus Cristo nasceu. Quando sinalizaram que também fariam concessões aos russos, o imperador Napoleão III enviou navios de guerra ao estreito de Dardanelos. As tensões escalaram de tal maneira que, em um ano, estourou a Guerra da Crimeia — que resultou em 300 mil mortos.[20]

Durante esse período, a convivência entre maronitas e drusos no Monte Líbano se deteriorou a tal ponto que culminou em uma série de massacres, em especial o assassinato de cristãos em 1860. Esse ano, que marcou a memória de sucessivas gerações na região, é frequentemente relembrado pelos libaneses que chegaram ao Brasil, mesmo por aquelas famílias que não viveram nenhum tipo de perseguição direta. É, pois, um trauma coletivo. Testemunhas dos massacres daquele ano falavam em rios de sangue escorrendo pelos vilarejos.[21]

Acuado pelas potências europeias, que já sonhavam em repartir entre si os extensos territórios turcos, o Império Otomano se alinhou à Alemanha quando a Primeira Guerra Mundial foi deflagrada, em 1914. Foi uma de suas últimas decisões. O Império Otomano, que apostou no camelo errado, sofreu amargas derrotas naquele conflito. Com o fim dos embates foi dissolvido. Os territórios que hoje chamamos de Síria e Líbano passaram para o controle da França, uma das nações vitoriosas.

A administração francesa foi imposta segundo o sistema colonial conhecido como "mandato". A França recebeu da comunidade internacional o mandato para tomar conta da Síria e do Líbano até que a população local tivesse condições de se autogovernar. Quem decidiria se os sírios e os libaneses eram capazes de se governar, é claro, seria a própria França — que usou a oportunidade para explorar o território e promover seus interesses. Um deles era criar um Estado de maioria cristã no Oriente Médio. Foi com isso em mente que a França proclamou, em 1920, o Estado do Grande Líbano, reunindo em uma única administração o Monte Líbano, Trípoli, Sídon, Tiro e Beirute. Foi a primeira vez que o Líbano ganhou contornos de país. Mas ainda faltavam alguns anos para a independência — isto é, para que não precisasse responder aos turcos ou aos franceses.

A Segunda Guerra Mundial, travada de 1939 a 1945, debilitou consideravelmente o poderio francês, investido na luta contra a Alemanha nazista. Os libaneses aproveitaram para exigir a sua liberdade. O pedido de independência foi a princípio negado. Pressionada, porém, a França cedeu aos libaneses em 22 de novembro de 1943.

Para governar aquele país marcado pela fragmentação sectária, contido dentro de fronteiras inéditas, as elites libanesas se coordenaram para criar o que ficou conhecido como Pacto Nacional, um acordo informal pelo qual ainda hoje os cargos políticos são distribuídos entre os diversos grupos étnico-religiosos. A presidência cabe aos cristãos maronitas. O primeiro-ministro segue o ramo sunita do islã, enquanto o líder do Parlamento é do ramo rival xiita. É uma solução bastante criticada, mas que segue inalterada. No jargão político, chama-se "confessionalismo", no sentido de que cada "confissão" (ou seja, cada denominação religiosa) tem direito à sua própria fatia do poder político.

A situação alcançou níveis insustentáveis com a crescente influência de grupos palestinos, que deixaram a sua terra após os confrontos com Israel. Em 1969, o governo libanês assinou em segredo uma série de acordos que permitiam a presença de um movimento palestino armado em seu território, chefiado por Yasser Arafat — líder histórico dos palestinos, conhecido por aparecer em fotografias usando um *keffiyeh*, lenço decorado em padrão geométrico branco e preto. Uma parte das facções políticas e religiosas libanesas apoiava as operações dos grupos palestinos, enquanto a outra parte era contrária. Essas disputas contribuíram para agravar as tensões internas e para dividir ainda mais o Líbano entre movimentos armados ligados a comunidades religiosas.[22]

O historiador Murilo Meihy conta que a guerra já parecia iminente em 1975 quando Pelé chegou ao Líbano para uma partida amistosa com o time libanês Nejmeh. "A notícia da chegada do Rei do Futebol ao país serviu como uma trégua aos grupos armados que disputavam o poder." O jogo fazia parte dos esforços diplomáticos para impedir o derramamento de sangue naquele país. "Há quem diga que os enfrentamentos paramilitares que levaram o Líbano a uma sangrenta guerra civil somente começaram alguns dias depois da partida protagonizada por Pelé."[23]

A notícia foi contada em tom de milagre por uma reportagem da TV Globo, sobre o dia em que "Pelé adiou a guerra". O jogador brasileiro chegou ao país uma semana antes dos embates começarem. Com a camisa do Nejmeh, marcou dois gols que não foram computados em seu saldo de 1 281 boladas. "Judeus, cristãos e muçulmanos esqueceram as diferenças para aplaudir e comemorar a entrada de Pelé em campo com a camisa da estrela vermelha de Beirute", segundo o narrador. "Seguidores de Maomé e de Jesus juntos em um só coro gritam para Pelé: Deus, Deus, Deus da bola." Por isso, o jogador foi chamado de "profeta da paz".[24] O episódio está registrado no museu do estádio Rafic El-Hariri — bombardeado nos anos seguintes durante os conflitos.

A guerra deixou 150 mil mortos. Esfacelado, o país que era conhecido como "a Suíça do Oriente" passou a ser visto como símbolo da violência sectária. Com a falência das instituições, o Líbano foi ocupado por seus vizinhos. Israel, que chegou a tomar Beirute, conquistou o sul libanês até 2000 — a facção xiita Hizbullah surgiu nesse período como um movimento de resistência àquela invasão. A Síria dominou o leste libanês até 2005.

Com o conflito e as ocupações militares subsequentes, o Líbano se transformou em outro país, de certo modo irreconhecível. Se antes os cristãos e os muçulmanos moravam nos mesmos bairros, as rivalidades exacerbadas pela guerra fizeram com que as populações imigrassem de uma região a outra. Fronteiras passaram a separar amigos e familiares.[25]

A guerra civil se encerrou apenas em 1990 com o chamado Acordo de Taif, que reajustou a proporção de cada grupo religioso no poder para apaziguar os embates. A de cristãos no poder passou de 55% a 50%. Já os muçulmanos foram de 45% a 50%. Outra consequência foi o desarmamento das milícias, com exceção do influente Hizbullah.

Passaram-se três décadas desde os conflitos que fizeram do Líbano sinônimo de instabilidade e violência. Mas os anos correram em dois tempos distintos. Por um lado, os dias de confronto parecem distantes. O Líbano é hoje um país relativamente estável em comparação com a Síria, com que faz fronteira em todo o leste de seu território. O centro de Beirute, destroçado pelos bombardeios, foi reconstruído e abriga cafés modernos em que turistas se amontoam para fumar narguilé e comer charutinhos de uva.

Por outro lado, a cicatriz da guerra segue visível. Não apenas nas construções que nunca foram restauradas, incluindo um icônico hotel Holiday Inn, cuja imponente torre permanece carcomida pelas marcas de disparos. O conflito é uma memória viva entre a população, que não se esqueceu de que a linha entre vida e morte é tênue — uma lembrança muito evocada pelos imigrantes que, naqueles anos, trocaram o seu país pelo Brasil.

2. Pavimentando o mar

A imigração libanesa em massa começou ainda no século 19 e, em seus anos de maior intensidade — entre 1870 e 1930 —, esvaziou partes do país. Coube ao Brasil a maior parcela dessas pessoas, formando uma comunidade estimada em alguns milhões.

Essa aventura não foi um movimento isolado naqueles anos. Historiadores revelam uma era de grandes e simultâneas imigrações em diversos cantos do mapa-múndi, com a fuga também em grande escala dos italianos para o Brasil, por exemplo, e a dos judeus para um Estado de Israel ainda em construção. A partição da Índia, mais ao leste no mapa, forçou milhões de pessoas a se deslocar de um lado ao outro de linhas, afinal, imaginárias.

No entanto, há sim uma série de particularidades na imigração dos libaneses para as Américas. É uma história que temos a sorte de poder ouvir da boca de seus próprios protagonistas. Pioneiros como Mohamad Khodr, que imigrou de Ain Ata para Brasília e assistiu à fundação da capital brasileira, estão vivos e dispostos a nos contar como viveram aqueles acontecimentos.

O escritor libanês Rashid al-Daif faz um bom retrato desse momento em seu romance *Tablit al-Bahr* [Pavimentando o mar, em tradução literal]. O título faz uso da expressão árabe equivalente ao nosso "enxugar gelo". Ou seja, a imigração dos libaneses naqueles anos foi dificílima. A obra acompanha o protagonista, Faris, em sua chegada aos Estados Unidos e seu trabalho como mascate, vendendo de porta em porta. Como em tantos outros casos, sua história começa muito tempo antes, ao ouvir os relatos dos conterrâneos que haviam viajado à América e falavam daquela terra distante como um paraíso — principalmente em comparação com a região do Líbano, à época em crise.

Amigos do pai de Faris convenceram-no, afinal, de que "não poderia esperar nada daquele país pobre e instável". A melhor coisa era acompanhá-los aos Estados Unidos, disseram. "Se quisesse educar seu filho até que virasse médico e concretizasse seu sonho e quisesse comprar uma casa, se de fato quisesse isso, não havia nada a fazer a não ser ir com eles e permanecer ali por muitos anos", explica o narrador do livro. Afinal, "a terra lá é ouro!".[26]

Costuma-se dizer que imigrantes cruzavam o mar para "fazer a América", na expressão ainda corrente. Eles viajavam seduzidos pelas promessas de fortunas à espera de quem as quisesse colher, como figos maduros pendendo dos galhos mais baixos de uma árvore. Libaneses não sonhariam com a imigração, caso não estivessem profundamente descontentes com sua terra natal. O processo representava uma grave ruptura da identidade de quem — muitas vezes sozinho, sem garantias de sucesso — deixava seus vilarejos e familiares para trás. Pode parecer pouca coisa hoje em dia, com as facilidades de transporte e de comunicação. Naquela época, porém, mesmo as viagens a cidades próximas eram consideradas atos de muita coragem e tolice.[27]

Em um depoimento dado nos anos 1990, Salowa Khoury Mahfuz, nascida em Bikfaya, resumiu o impacto que a decisão de cruzar os mares tinha para aquelas pessoas: "Eu chorava demais de saudades.

Nossa Senhora, como chorei! É por isso que eu digo, o imigrante morre mais de uma vez". A primeira morte é do corpo, ela explica. A outra é a morte que o imigrante vive quando decide abandonar sua casa, deixando os seus pais e irmãos.[28]

É impossível dizer que este ou aquele fator foi determinante. As histórias variam em cada família e se misturam entre si. Mas a motivação menos contestada por pesquisadores é a econômica: àqueles anos, o Líbano vivia uma severa crise. É também o que afirmam diversas famílias destacadas neste livro.

Não havia trabalho no campo. Os Haddad, por exemplo, já não podiam mais viver da colheita no povoado de Ain Ata, localizado no sul do país. Os Temer, que dependiam basicamente do plantio de tabaco, sofreram quando o centro de produção de fumo foi deslocado a outras regiões do país. Mesmo quem não passava fome estava insatisfeito com a vida — se décadas antes parecia que o país rumava a anos de pujança, as perspectivas de repente se acinzentaram. Muitos decidiram partir devido à secura do solo, ao alto índice de natalidade e aos baixos salários agrícolas. Ou seja, fugiam da pobreza.[29] O cenário pouco promissor era exacerbado pela superlotação da região. A população de Beirute, por exemplo, passou de 6 mil habitantes, em 1800, para 60 mil, em 1860. Em 1914, havia 150 mil pessoas ali.[30]

Esses fenômenos se combinavam, ainda, a uma grave crise industrial, compondo uma situação que tornava insustentável a vida para uma boa parte da população.[31] A produção de seda, uma indústria caseira, era uma das bases da economia de várias aldeias. A atividade, no entanto, foi duramente afetada por uma série de avanços no cenário internacional. A abertura do canal de Suez, por exemplo, levou à introdução no mercado da seda japonesa, mais barata. Quando a fibra sintética rayon foi inventada em 1920, o ramo da seda desfiou. As populações cristãs foram impactadas pela filoxera, doença dos vinhedos provocada por insetos. As plantações de uva, uma de suas principais ocupações, foram devastadas no fim do século 20, deixando-lhes sem alternativa econômica.

Nesse contexto, é compreensível a razão de os libaneses se fascinarem pelas riquezas acumuladas por seus conterrâneos que havia pouco tinham deixado o país sem posses, imigrando para uma desconhecida América. O imigrante Taufik Duoun, instalado no Brasil, escreveu em 1944 que teve a chance "de ver muitos que voltavam trazendo sinais pronunciados de melhoria em tudo". Eram pessoas que embarcavam para o Brasil sem nada, tomando empréstimos para custear a viagem. Voltavam dois anos mais tarde enriquecidos.[32]

Duoun ilustra essa observação com a descrição da pujança de um amigo de seu pai que retornou da América trazendo-lhe um singelo presente. À época, ele tinha sete anos.

> Hoje me lembro que, pela natureza daquela dádiva, esse emigrante devia ter estado numa das partes setentrionais dos Estados Unidos, ou no Canadá. Pois o aludido presente era próprio de um país de temperatura excessivamente baixa. Era um boné de caxemira, de cor café, pintado de bolinhas amarelas. Apesar de confeccionado com um pano grosso, não era somente forrado, como também estofado. Tinha no topo um laço de fita que prendia um capuz do mesmo pano que, solto, cobria toda a cabeça até o pescoço, deixando livres somente os olhos, nariz e boca. Orgulhava-me quando era, por causa dele, invejado dos meus pequenos companheiros de recreio.[33]

Além da crise econômica, pairava a sensação de insegurança causada por conflitos étnicos e religiosos. Mas esse é um ponto em que há menos consenso entre pesquisadores. A ideia de que cristãos fugiram do Império Otomano devido a perseguições religiosas aparece frequentemente nos relatos dos imigrantes e de seus descendentes no Brasil. A bibliografia sobre a imigração libanesa — não apenas para o Brasil, mas também para outros países, como os Estados Unidos e a Argentina — questiona, porém, a importância desse fenômeno.

Não é mentira que os cristãos passavam por maus bocados sob a dominação otomana, sujeitos a um império islâmico que os tratava oficialmente como "dhimmi" (uma minoria protegida, sujeita a leis específicas para ter o direito de residir ali). Cristãos, assim como judeus, poucas vezes alcançavam os altos escalões, preteridos por súditos muçulmanos.

Havia ademais um atrito diário, exaustivo, descrito pelo imigrante Wadih Safady em sua autobiografia, de 1966, *Cenas e cenários dos caminhos de minha vida*. Safady lembra diversos incidentes ocorridos durante seus tempos de colégio. O pior deles foi no seu primeiro ano, quando "drusos e cristãos formaram dois aguerridos blocos de batalhadores, quase culminando com o uso de armas brancas e de fogo". Ele morava em Zahlé, uma das cidades de onde vieram grandes ondas imigratórias.[34]

As primeiras obras sobre o tema, como a de Knowlton, dão bastante ênfase aos massacres de cristãos. Duoun argumenta em suas memórias que, sem perseguições religiosas,

> talvez não teria sido aberta a página gloriosa que estou tentando escrever. [...] Num pequeno canto do Oriente Próximo, vêm invasores ambiciosos, tudo devastando, destruindo e aniquilando, acabando por apoderar-se do país e escravizar os habitantes, reduzindo-os ao mais vil estado de miséria e humilhação. Quem podia então profetizar que tamanha catástrofe se destinava a suprir países longínquos e escassamente povoados de uma corrente imigratória assimilável e produtiva ao extremo?[35]

Um outro fator, relacionado à ideia dos atritos religiosos, é o fato de que em 1909 os cristãos passaram a ter de servir no exército otomano. Antes daquela data, governantes muçulmanos hesitavam em armar seus súditos cristãos — à época, o porte de arma era uma honra. Mas as sucessivas guerras e a instabilidade política fizeram com que, no início do século 20, as autoridades otomanas decidissem recrutar todas as seitas. Milhares de cristãos optaram por imigrar para escapar do serviço militar, em que eram maltratados por oficiais.[36] Mussa Chacur, nascido na Síria em 1898, conta que foi capturado durante a guerra e forçado a trabalhar para os turcos. Falava cinco línguas, mas foi obrigado a cortar árvores para construir trincheiras. Ele fugiu para o Brasil em 1920, pouco depois do fim do conflito.[37]

São escassos os registros documentais de que os libaneses que chegaram aos portos brasileiros e fizeram fortuna tenham sido perseguidos por razão religiosa ou que tenham fugido por causa disso. Trabalhos mais recentes, como o do pesquisador André Gattaz, apontam várias inconsistências entre os relatos dos imigrantes e a história. A pesquisadora americana de origem libanesa Alixa Naff, uma pioneira dos estudos da imigração árabe para os Estados Unidos, descreveu os relatos de perseguição religiosa como mitos — isso é, causos forjados na diáspora, ao longo dos anos, para representar a comunidade imigrante como vítima de injustiças em sua terra natal.[38]

Como dependemos da memória dos imigrantes e daquilo que eles escreveram sobre si mesmos, é difícil separar o real do fantasioso. Mas a narrativa de perseguição religiosa é de todo modo fundamental à aventura dos libaneses que se mudaram para o Brasil. Ainda que seja exagerada, nos mostra como os imigrantes construíram suas identidades. Eles quiseram, afinal, ressaltar sua cristandade e se apresentar como vítimas de injustiças.

Entre diversas motivações simultâneas, como econômicas e religiosas, é indiscutível que o Líbano tenha sido tomado por um projeto coletivo de imigração, um episódio que marcou tanto o país de origem quanto os países de destino, incluindo o Brasil.

O fenômeno não passou despercebido pelas autoridades otomanas, que por volta de 1885 começaram a se alarmar com a fuga em massa de seus súditos para o além-mar e tentaram estancá-la.[39] Um quarto da população do Monte Líbano deixou o império naqueles anos, segundo estimativas atuais.

Naquele período era necessário obter uma permissão chamada "mürur tezkeresi" para viajar dentro do império. Para sair dele, era preciso ter um passaporte. Os documentos só eram emitidos a quem apresentasse boas condições de vida, como ter um negócio respeitável. Mas os libaneses imigravam a despeito daquelas barreiras. Encontravam intermediários e contrabandistas que lhes ajudavam a forjar papéis ou a cruzar fronteiras ilegalmente — tamanha era sua gana de abandonar o império. A partir de 1898, a Sublime Porta passou a flexibilizar os controles fronteiriços, desde que não houvesse suspeita de crimes políticos.

Não foram apenas as autoridades otomanas que se deram conta de que testemunhavam um momento histórico. Missionários americanos também assistiram, estupefatos, à drenagem de fiéis em torno de suas missões. Um relato de 1891 registra que

A migração, como um fermento possante, agita todas as aldeias e povoados do nosso campo. Todo o mundo está em movimento e ninguém parece disposto a ficar, desde que possa, de um jeito ou de outro, arranjar dinheiro suficiente para pagar a viagem. Os sírios modernos parecem rivalizar com os seus antepassados, os fenícios... Há homens, meninos, mulheres e crianças de Zahlé em todas as grandes cidades do Novo Mundo, na Austrália, e nas ilhas de todos os mares. A crônica de suas experiências formará um estranho capítulo na história da Síria moderna. Atravessaram os Estados Unidos de norte a sul, viajaram por terra do Rio de Janeiro a Montreal e Quebec, transpuseram o Pacífico de ilha em ilha em pequenos barcos, e não poucos circum-navegaram o mundo e voltaram para casa via Jerusalém. As cartas que escrevem, as histórias que narram e o dinheiro que trazem acrescentam ímpeto ao movimento.[40]

Missionários não eram apenas testemunhas daquela febre coletiva. Sua intensa atuação também influenciou a onda imigratória. Os missionários cristãos começaram a se instalar na região em 1829, vindos da ilha de Malta. Sua presença era, em parte, resultado da chegada de repórteres dos principais jornais estrangeiros, que escreviam acerca das condições sociais e políticas dos cristãos do Oriente Médio. Leitores na Europa e nos Estados Unidos se solidarizaram a distância com aquela situação, o que levou ao estabelecimento de dezenas de missões de várias seitas cristãs, como católicas e protestantes. Os missionários e suas escolas se espalharam, em uma questão de anos, por toda a região.[41]

A atuação de missionários significava que os moradores daqueles confins estabeleciam agora um contato direto com povos dos quais ainda não haviam tido notícias. Por fim, eles ouviram falar dos Estados Unidos — e da América, em termos gerais — e passaram a relacionar aquelas terras distantes com a ideia de prosperidade. Esse efeito foi especialmente potente entre os cristãos, que muitas vezes se sentiam escanteados ali.

Matriculados em escolas cristãs, os libaneses se encantaram com o avanço intelectual do Ocidente. Mesmo o Brasil, àquela época um país rural e menos desenvolvido, foi beneficiado por esse imaginário.[42] Muitos formandos do prestigioso Colégio Protestante Sírio, fundado em 1866 e mais tarde renomeado Universidade Americana de Beirute, vieram parar no Brasil, onde fundaram uma associação de ex-alunos.

Tudo isso aparece no romance *Tablit al-Bahr*, citado no início do capítulo. O protagonista começa sua jornada sob a influência dos missionários. Estuda na Universidade Americana de Beirute e, mais tarde, tem uma passagem pelos Estados Unidos mediada por um pastor que conhece durante suas andanças como mascate.

A história de Faris, o herói de *Tablit al-Bahr*, é também bastante representativa de outro aspecto da imigração libanesa para o Brasil: o projeto não era, a princípio, definitivo. Faris, afinal, viajou aos Estados Unidos apenas para concluir seus estudos. Queria voltar ao Líbano como médico de renome e ajudar seu país a se desenvolver. Representa um tipo nacionalista que foi forçado a abandonar a terra pelas circunstâncias, mas não a renunciava em seu coração.

Os relatos dos imigrantes que foram para o Brasil confirmam esse enredo. Eles pensavam que, reunida sua fortuna, bastava querer retornar à casa. Por isso a maior parte deles, em especial durante as primeiras décadas de imigração, era solteira.[43]

Mas a história não foi tão simples. Os libaneses radicados aqui logo se deram conta de que, em primeiro lugar, enriquecer não era uma tarefa exatamente fácil, a despeito dos relatos de outros imigrantes. Com o passar dos anos, já aclimatados, criando seus filhos, o retorno era cada vez mais improvável. Sobreviveu — até hoje — como uma espécie de sonho irrealizável. Um plano nunca levado adiante, mas repetido ano a ano como indício de que o laço afetivo com o Líbano permanece.

A estadia no novo país foi de provisória a definitiva. Aos poucos, os imigrantes trouxeram seus familiares. Quando já não havia mais parentes nos povoados libaneses, a ideia de regressar à terra natal parecia ainda mais incerta. Hoje, tantas décadas depois, o desejo de retorno não é mais do que "uma saudade doída", como diz a historiadora brasileira Samira Adel Osman, "um sonho idílico de volta às raízes, um último desejo a ser concretizado ao final da vida".[44] Uma de suas entrevistadas, Chafica Aboumekana Mouaikel, explica esse sentimento: "Tenho vontade de voltar um dia para o Líbano, minha terra querida que sempre me enche de saudade.

Mas o tempo vai passando, passando, e esse dia continua sempre tão distante...".[45]

Toda essa emoção tem um nome em árabe: "ghurba". É uma palavra difícil de traduzir. Significa algo como estranhamento, separação. É utilizada em especial no contexto de quem está longe de casa, de quem sente saudade, de quem se torna "gharib" — um estranho. É com esses termos que pessoas como Chafica descrevem a sua nostalgia.

A história fictícia de *Tablit al-Bahr* é também interessante porque Faris não corresponde ao estereótipo de imigrante paupérrimo. Ele viajou àquele país, afinal, para concluir seus estudos em medicina. Não era um sultão, mas tampouco cruzou o mar sem nenhuma posse. Isso toca em outro ponto controverso no retrato da comunidade libanesa no Brasil: o quão pobres eles de fato eram ao imigrar.

Alguns dos primeiros estudos sugeriram que os viajantes chegando às Américas eram destituídos. Pesquisadores, no entanto, têm sugerido que eles não eram tão miseráveis assim. Muitos estavam em busca não de salvação financeira, mas de uma melhora de vida. Isso porque haviam crescido nos prósperos anos 1860 e 1870 e esperavam, então, manter ou aprimorar o padrão de vida que seus pais tinham. Com as crises dos anos 1880, aquela perspectiva havia se tornado improvável.[46] Além disso, as pesquisas recentes atentam para o fato de que o ato de imigrar exige um investimento. Mesmo ao fugir de crises econômicas — inclusive da fome —, é preciso encontrar os meios para tal. Quem não pode, fica para trás. Não era uma viagem barata: do Império Otomano aos portos europeus — Gênova, Marselha e Liverpool —, e dali a Nova York, Buenos Aires ou São Paulo.

Outro ponto relevante nessa revisão é a facilidade com que os imigrantes puderam começar seus próprios empreendimentos, adquirindo as caixas de madeira que levavam nas costas. Afinal, eles precisavam chegar com o capital necessário para abrir o negócio.[47] Os libaneses criaram, também, complexas redes de contatos, por vezes negociando a importação de produtos ainda quando estavam nos portos europeus à espera dos navios que por fim atravessariam o oceano.

Como contra-argumento, nós sabemos dos relatos de imigrantes que, uma vez aportados no Brasil, contraíam empréstimos de conterrâneos para comprar suas mercadorias, que pagavam com sua atividade comercial. Ou seja, não dependiam necessariamente de um imenso capital acumulado de antemão, e sim da solidariedade dos brimos, na tradição de companheirismo dos vilarejos. A imigração era um projeto coletivo, e não individual.[48] Um exemplo pertinente, nesse contexto, é o da família Jafet, industrialistas riquíssimos conhecidos na colônia por conceder empréstimos a outros libaneses no Brasil.

Passado esse período do final do século 19, os libaneses deixaram sua terra a partir de 1914 devido à Primeira Guerra Mundial, que durou até 1918. O Império Otomano, que até então dominava a região, lutou do lado dos perdedores. Suas derrotas intensificaram a crise econômica, levando a uma severa escassez de alimentos. "Morrer de fome pode ter uma ressonância natural e comum para muitos, mas morrer de fome para nós, que vimos o que aconteceu no Líbano, na Primeira Guerra, tem um significado exclusivo que ainda afeta nossos corações", conta Wadih Safady em suas memórias:

> Uma cena trágica que perdurou pelos anos da guerra representava seres humanos que morriam lentamente nas ruas das cidades, entre gente de bem e de cultura. O rico sempre achava sua cota de trigo para continuar vivendo. Mas o pobre, não tendo nada com

que se abastecer, começou a vender seus bens, depois as roupas e utensílios. Logo mais, as portas e janelas de suas moradias. Enfim, não tendo nada para vender, começou a vagar pelas ruas das cidades, pedindo esmolas. Assim, o faminto sentava-se no chão, implorando esmola pelo amor de Deus, até chegar a hora de não poder mais gritar devido à extrema fraqueza e à inanição.[49]

A derrota dos otomanos e o desmembramento do império lançaram a região do Líbano em um período de incerteza. Os árabes tinham acreditado, durante os embates, que poderiam ser independentes assim que os turcos fossem derrotados — por isso alinharam-se aos ingleses, como mostra o filme *Lawrence da Arábia*. Mas a política era mais complicada do que supunham, e o fim do império não garantiu a liberdade no Oriente Médio. Desalentados com a presença europeia, libaneses continuaram a imigrar em massa. "A situação piorou mais ainda! Lá na Palestina entraram os ingleses, e na Síria e no Líbano, os franceses", diz Mentha Gattaz em entrevista a André Gattaz, seu neto. "Os franceses eram soldados, todos sem-vergonha. Os turcos eram melhores... Aí todo mundo ficou com medo."[50]

A Segunda Guerra Mundial também catalisou a debandada de libaneses, apesar de em menor grau do que o testemunhado nos anos de imigração em massa, vividos entre 1870 e 1930. As motivações eram, em sua maior parte e mais uma vez, econômicas: não havia trabalho para toda a população e a estiagem prejudicava a lavoura. Foi nessa época que as famílias Temer e Haddad decidiram se mudar para o Brasil, ambas com a crença de que havia oportunidades do outro lado do mar.

Ao contrário das primeiras ondas de libaneses, essa leva que viajou após a Segunda Guerra apresentou padrões de distribuição relativamente distintos. Por exemplo, preferiu se instalar na periferia de São Paulo. Em vez de viver no centro, escolheram bairros como Brás e Pari. Outros rumaram para São Miguel Paulista, Santo Amaro, Santo André e São Bernardo, afastando-se assim das grandes colmeias de seus antecessores.[51]

A imigração ralentou nas décadas seguintes. Em parte porque, com um país para chamar de seu, os libaneses já não queriam deixar seus lares, e sim investir neles. A economia, ademais, crescia e prometia beneficiar a população nativa. Também porque os países americanos, o Brasil inclusive, endureceram suas legislações imigratórias, dificultando a entrada de novos cidadãos. Não havia mais a mesma carência de mão de obra, e os movimentos nacionalistas ganhavam terreno, privilegiando as pessoas antes instaladas ali.

A necessidade de imigrar se reanimou com a eclosão da Guerra Civil Libanesa em 1975, estendendo-se até 1990. Libaneses não buscavam apenas melhores condições de vida — mas a possibilidade de sobreviver, em meio a frequentes bombardeios, tiroteios e sequestros. Emad Musleh conta a Gattaz que "os bombardeios eram ferozes, terríveis". Com a guerra, ele não conseguiu terminar a faculdade. Ciente de que seu pai não podia sustentá-lo na vida adulta, decidiu ir embora aos dezoito anos. Seus familiares permaneceram por mais algum tempo, até que uma bomba explodiu no porta-malas do carro da família. Ferido e traumatizado, seu pai teve problemas de dicção por anos. Por fim, imigraram também.[52]

Além desse tipo de trauma mais direto, a guerra civil impactou brutalmente a economia. Com a destruição de empresas e as dificuldades de transporte e de comunicação, o desemprego, que era de 5,4% em 1970, chegou a estimados 21% em 1985.[53]

Se antes os libaneses chegando ao Brasil eram em sua imensa maioria cristãos, muitos daqueles que viajaram durante o conflito civil eram muçulmanos. Parte deles não se estabeleceu em São Paulo nem se espalhou pelo território mascateando. Em vez disso, escolheram o Sul. É essa, em boa medida, a origem das comunidades libanesas na fronteira entre Brasil, Argentina e Paraguai.

Quase um milhão de pessoas deixou o Líbano naqueles anos de guerra, o equivalente a 31% da população.[54] A escolha do destino, no entanto, foi bastante diferente daquela de seus antepassados cem anos antes. Metade deles se mudou para países produtores de petróleo no Oriente Médio e também para a Síria e a Jordânia. Outros foram para a Europa, a Austrália e os Estados Unidos. O Brasil recebeu uma pequena fatia, estimada em 30 mil — como Lameh Smeili, que foi eleito vereador pela cidade de Guarulhos em 2016.

Aqueles novos imigrantes se misturaram a uma comunidade libanesa mais antiga, já bem integrada à sociedade local — e bastante influente.

O que fica de fora nessa breve história é aquela porção da população libanesa que preferiu não imigrar, a que permaneceu no território. Foram eles que viram seus povoados murchar, com terras por arar e famílias rasgadas ao meio. É surpreendente que, dado o impacto da imigração naqueles anos, esse fenômeno não seja estudado mais a fundo. A demografia do país, inclusive, se transformou de maneira considerável. No caso de Ain Ata, o vilarejo de onde imigrou quase toda a família de Fernando Haddad, a composição religiosa mudou dramaticamente devido à saída de parte dos habitantes. A vila tinha uma população em sua maioria cristã, mas com a imigração passou a ter quase apenas drusos.

Quando falam sobre a imigração de seus parentes para o Brasil, algumas famílias que ficaram para trás, no Líbano, contam que aquilo era de certa maneira um negócio de família, em que o clã investia na viagem de alguns de seus membros para que eles pudessem enviar os lucros coletados na América de volta ao povoado. Assim, nem sempre todos podiam se empenhar no périplo. Alguns tinham de se sacrificar. Há também certo ressentimento de quem permaneceu no país, preso à vida em que já não enxergava mais nenhuma perspectiva.

Um dos registros mais sensíveis desse fenômeno é o filme clássico *Ila Ayn? [Para Onde?*, de 1957], do diretor libanês Georges Nasser. O longa começa com a viagem do patriarca de uma família ao Brasil, uma terra de que apenas havia ouvido falar. Sua mulher tem de criar os filhos sozinha, até que um deles decide seguir os passos do pai, gerando outra crise familiar. O filme foi recentemente restaurado e exibido pela primeira vez no Brasil em 2017 durante a Mostra Mundo Árabe de Cinema, organizada pelo Instituto da Cultura Árabe.

O imigrante Duoun também escreveu sobre esse impacto por vezes eclipsado. Disse que, apesar de para alguns a imigração representar a prosperidade e a felicidade, para outros ela significava "a calamidade, a desolação e a amargura perpétua". Afinal, "muitos jovens emigrados foram fascinados pelo esplendor, esquecendo as responsabilidades que haviam contraído e o dever de respeitar as promessas dadas às próprias famílias".[55]

Um último exemplo, particularmente doído, é o do romance *Dinheiro na estrada*, publicado em 1986 pelo descendente Emil Farhat. O texto é narrado por meio das cartas que Kétibe, em um vilarejo libanês, envia para seus filhos no Brasil. "Voltem de que maneira voltarem, nunca terei vergonha de vocês", ela implora. "Não estou interessada no que tragam nos bolsos. O que quero perto de mim é o que está na caixa do peito de cada um, batendo."[56]

3. Viagem dentro da caixa

No final do século 19, uma década antes de o Brasil declarar a sua República, d. Pedro II decidiu tomar um navio e deixar o país. Estudante de árabe e hebraico, e orientalista amador, queria conhecer o Oriente Médio — de fato visitou a região em 1871 e em 1876. A viagem, em meio a crises políticas no Brasil, foi alvo de sátiras à época, como em uma charge em que o imperador barbudo foi retratado no corpo de uma esfinge.

Passando pelo que são hoje os territórios do Egito e da Síria, d. Pedro foi também ao Líbano para ver de perto as impressionantes ruínas da Antiguidade daquelas paragens. Ele esteve no templo romano de Baalbek, na região da qual Salim, pai de Paulo Maluf, imigrou décadas depois. "Choveu bastante de tarde", escreveu em uma de suas cadernetas. A entrada, "à luz de fogaréus e de lanternas atravessando por uma longa abóbada de grandes pedras, foi triunfal". À noite, ele se protegeu com um cobertor ralo e uma manta que "facilmente caía para o lado".[57]

Quando visitou Damasco, anotou em seu diário que "eles, os árabes, querem migrar para o Brasil".[58] De modo que a passagem do imperador por aquela região, justamente quando a febre imigratória começava a queimar, é vista por alguns como um possível catalisador. Ao conhecer o monarca, que falava do Brasil tal qual um paraíso à espera de viajantes, sírios e libaneses podem ter escolhido o Brasil como destino de fuga.[59]

O escritor libanês Rashid al-Daif resgata esse episódio em seu romance *Tablit al-Bahr*. Em 1876, o protagonista Faris passou dias sem descanso, indo de um lado a outro, para conseguir ver o imperador brasileiro de perto. D. Pedro II, explica o narrador, "convidou as pessoas a migrar ao Brasil e lá trabalhar, e de fato a sua visita provocou uma onda".[60]

No relato sobre sua própria imigração, Taufik Duoun também comenta esse momento, afirmando que, no Líbano, o monarca "se dignou em manifestar o desejo de ver no seu querido Brasil o maior número possível dos filhos do Líbano, prometendo-lhes toda proteção e assegurando-lhes voltar prósperos e felizes". Ainda segundo Duoun, d. Pedro II cumpriu o prometido, auxiliando os primeiros libaneses em sua dura chegada e adaptação.[61]

Para reforçar seu argumento, Duoun reproduz uma história que ouviu de outro imigrante. Segundo ele, d. Pedro um dia viu um jovem mascate na rua. Quis conversar com ele — mas o pobre árabe, impressionado pela nobreza, só foi capaz de balbuciar algumas palavras incompreensíveis. Apesar disso, o monarca lhe deu um cartão de visitas e, gesticulando, pediu que o jovem mascate o visitasse no palácio. Apenas mais tarde o imigrante e sua mãezinha, examinando o cartão, se deram conta de que se tratava do imperador do Brasil. No dia seguinte, foram à sua residência. A majestade "os recebeu carinhosa e bondosamente, oferecendo-lhes um valioso auxílio".[62]

A despeito desses saborosos causos, o impacto real da visita não foi documentado e permanece em debate. Parece mais um fator simbólico do que a primeira e fundamental razão pela qual tantos decidiram viajar ao Brasil. Não conhecemos, salvo engano, nenhum imigrante que tenha de fato cruzado o mar depois de ter ouvido do imperador o convite para trabalhar naquelas terras tão distantes, na tal América.

É impossível estimar com precisão quantos libaneses chegaram ao Brasil durante aqueles anos. Uma das dificuldades é de estatística: os imigrantes do que é hoje o Líbano foram registrados como "turcos" até ao menos 1892. Mais tarde, foram classificados como "sírios", porque o território libanês era considerado uma parte da Síria. As primeiras menções a "libaneses" nos documentos administrativos surgem apenas em 1926. Isso significa que, na hora de calcular, estudiosos não têm cifras confiáveis. O número com que pesquisadores trabalham, nos últimos anos, é de que cerca de 140 mil árabes tenham imigrado para o Brasil entre 1880 e 1969.[63] A maior parte era de libaneses. É a partir desse número que vêm as projeções de que há milhões de libaneses e descendentes aqui.

Knowlton, que fez a sua pesquisa acadêmica nos anos 1950, crê que os primeiros árabes entraram no país em 1871. O censo de 1876 já mencionava três "turcos" fixados há anos na cidade do Rio de Janeiro e no estado do Rio Grande do Sul.[64] Os pioneiros foram, segundo Taufik Kurban, os irmãos Zacharias, oriundos da cidade de Belém, que fica na atual Palestina, aportando no Rio de Janeiro, seguidos por Paulo Lucia e Mansur Abdessalém. Ainda nas primeiras levas, vieram Nakle Gebara, Malik Matar, José Trif e suas famílias.[65]

Wadih Safady, que imigrou de Zahlé em 1922, escreveu que uma das primeiras remessas de libaneses saiu de Beirute com destino ao Rio em 1887, com a maior parte dos passageiros procedente de Zahlé. Entre eles, seu avô Jorjos. Mais tarde, em outra caravana, veio seu pai Salim com os irmãos, primos e vizinhos. "A notícia da chegada era logo comentada. Todos os que voltavam eram considerados felizes e deveriam estar ricos!"[66]

Nem todos tinham decidido de fato viajar até o Brasil. São inúmeros os relatos de imigrantes que embarcaram pensando nos Estados Unidos, mas chegavam ao porto de Santos. Algumas famílias contam anedotas de seus antepassados que passaram meses, até anos, pensando estar em Nova York.

Em alguns casos, eles não se davam conta de imediato da distinção. Isso porque América era um conceito bastante amplo: "Amrika", em árabe, poderia ser qualquer parte do continente americano, igualmente rico e desenvolvido. Argentina, Cuba, Brasil, Canadá. Cientes da confusão, as agências de viagem se aproveitavam vendendo bilhetes ao Brasil pelo preço cobrado do trajeto feito até os Estados Unidos. O jornal *Mir'at al-Gharb* [Espelho do Ocidente], publicado na comunidade árabe de Nova York, alertou seus leitores, em 29 de maio de 1924: agentes de viagens estavam vendendo passagens para o Brasil dizendo que os imigrantes poderiam, então, cruzar daquele país aos Estados Unidos. Bastaria atravessar a pé uma ponte de ferro.[67]

Há algum debate acerca da veracidade dessas histórias. Alguns autores refutam a tese de que árabes imigravam para a América Latina enganados ou por acidente. Segundo esses estudos recentes, a maioria tinha ouvido falar no boom econômico na região e viajara de caso pensado.[68] Circulavam reportagens na imprensa local descrevendo o Brasil como uma terra de oportunidades incontáveis. O jornal *Thamarat al-Funun* [Produto das Artes], por exemplo, disse em um texto de 1876 — o ano da visita do imperador — que havia tesouros ali para quem os quisesse colher. "Esse reino é irrigado por vários rios e tem muitas montanhas. Mas seus habitantes não o exploram, e por isso ele é menos rico do que outros."[69]

Outro fator fundamental para a decisão de viajar ao Brasil foram as histórias que passavam de boca a boca naqueles anos. Os pioneiros voltavam ao Líbano levando riquezas e descrevendo aos conterrâneos as delícias da terra que eles tinham tomado por lar.

"Foi implantada em mim uma ambição singular de percorrer aquela estrada desde a tenra idade de dois anos quando meu pai voltou de uma de suas viagens ao Brasil", escreve Wadih Safady. Em sua narrativa, fica claro como o Brasil não era um destino acidental. Safady conta que, quando pequeno, adoeceu com conjuntivite. Ao abraçar o pequeno enfermo, seu pai prometeu levá-lo ao Brasil se ele parasse de chorar. "Desde então foi se arraigando aquela minha paixão pela viagem, ver Beirute com seu mar gigantesco e o resto do mundo", escreve. "A cada apito de trem, a cada carruagem que passava em frente de nossa moradia superlotada de passageiros vindos da estação, palpitava meu coração com desejo."[70] Esse efeito em cadeia se intensificou com o passar dos anos, enquanto a diáspora engordava e a população dos vilarejos emagrecia. Outro fator importante foi a invenção do barco a vapor, barateando, por fim, os custos do longo trajeto entre o Oriente Médio e a América. O tíquete ao Brasil era especialmente tentador, já que realizávamos a transição do Império à República de uma maneira pacífica, em comparação com os cruentos conflitos civis vividos por outros países latino-americanos e pelo próprio Líbano. Parecíamos àqueles imigrantes uma nação com uma visão clara e promissora de futuro.[71]

O Brasil era, ademais, uma escolha relativamente mais fácil. Os primeiros libaneses a chegar aqui tinham tentado sem sucesso viajar aos Estados Unidos. O governo americano barrava imigrantes em seus portos por inúmeras razões, como doenças oftalmológicas ou deficiências físicas. Com medo de serem recusados na entrada em Nova York, muitos decidiam ir logo a Santos e se poupar do dissabor.[72]

A escolha foi natural sobretudo a partir de 1917, quando o Congresso americano adotou um teste de alfabetização para os estrangeiros que chegavam — em sua maioria analfabetos, eles falhavam na prova e eram, portanto, proibidos de entrar no país.

Em 1921, foi aprovada a Emergency Quota Act [Lei de Cotas de Emergência], limitando o número de entradas por nacionalidade. E a Immigration Act [Lei da Imigração], de 1924, determinou um valor máximo de imigrantes por ano naquele país.

Esse tipo de legislação impactou diretamente a preferência dos imigrantes. Não só os Estados Unidos criaram regras para fechar suas fronteiras, como também diversos países latino-americanos. A Costa Rica, por exemplo, tinha leis duríssimas, enquanto o Chile não tinha barreiras específicas contra os árabes — não à toa o Chile foi um dos países daquela região que mais receberam imigrantes do Oriente Médio, em especial palestinos.[73] O mesmo aconteceu com El Salvador e Haiti, tidos como pontos de entrada mais fáceis no continente para, dali, tentar a sorte nos países mais restritivos, como os Estados Unidos.[74]

As restrições eram justificadas pela ideia influente, e racista, de que os médio-orientais pertenciam a raças inferiores. Em 1909, um árabe teve seu pedido de cidadania negado nos Estados Unidos porque era "asiático", e não "branco". "O caso ficou na memória da colônia, retransmitido e popularizado para gerações seguintes, em versões esdrúxulas como a de que o pretendente à cidadania teria argumentado que, se os sírios fossem chineses, então Jesus, que nasceu na Síria, seria chinês também."[75]

Mas tudo isso não quer dizer que o Brasil era, como gostamos de pensar, uma nação de braços abertos à espera de todos os libaneses para preparar uma bela refeição comunitária com esfiha e tabule. Durante os governos de Getúlio Vargas, o país foi estreitando gradualmente os seus portos. Um crescente movimento nacionalista, logo após a crise econômica de 1929, fez com que a política imigratória brasileira endurecesse nos anos 1930. O governo tomou uma série de medidas para reservar os postos de trabalho à população nativa e aos "imigrantes desejados" — criando uma cota para cada nacionalidade.[76] Esses desejados eram, em geral, os brancos e os católicos, enquanto os indesejados eram os negros e os asiáticos. O Brasil adotava as teorias racistas que sugeriam o "branqueamento da raça", para que as nações emergentes, como a brasileira, pudessem "progredir" na história.

Os libaneses estavam de certa maneira em uma área cinzenta: eles eram cristãos, mas não eram católicos apostólicos romanos como os italianos. Eram brancos, também, mas não tão brancos assim. Eles ficaram em uma espécie de limbo, e assim muitos encontraram formas de burlar a legislação, mesmo nos anos de maiores restrições.

Os árabes eram engenhosos na hora de viajar. Forjavam estratégias para escolher seus destinos e para garantir sua admissão e permanência. Mustapha Rajab conta que no início não era tão difícil entrar no Brasil. O país exigia que o imigrante fosse maior de idade e que tivesse ofício. Mas "quem não estava nessas condições dava um jeitinho", diz. "Foi o que eu fiz. Aumentei minha idade: de dezesseis anos declarei que tinha vinte e me dei um ofício: sapateiro, mas de sapato eu não entendia nada."[77]

Outro aspecto importante a se ter em conta é que os libaneses não chegaram ao país subvencionados por seus governos. Por não corresponderem ao ideal imaginado pelo governo brasileiro, desejoso de embranquecer o país, também não puderam contar com um apoio oficial. Sem passar pela Hospedaria dos Imigrantes, não tinham pouso gratuito nem ajuda para encontrar emprego e se locomover até outras partes do território.

É o que relata, vangloriando-se, Taufik Kurban em *Syrios e libanezes no Brasil*. "Nenhum governo hospedou-os nas casas de imigração. Nenhum agenciador de empresas de colonização trouxe-os para o país de destino. Cada um, por si, resolveu procurar um novo país", pagando sua própria passagem.[78]

A desvantagem, porém, foi rapidamente transformada em vantagem. Os libaneses radicados no Brasil não precisavam cumprir contratos específicos nem estavam presos a uma terra em particular. Puderam, pois, circular. Foi o contrário do que aconteceu com os italianos, presos às plantações devido aos tratados firmados entre Brasil e Itália. Mais soltos, os libaneses se esparramaram por toda a nação. Fincaram-se nas cidades e no campo. Logo se popularizou a ideia de que, por menor que fosse uma vila, os "turcos" estavam ali, com suas caixas nas costas e suas lojas.[79]

A distribuição geográfica daqueles imigrantes, onipresentes no território nacional, é exemplificada por uma ótima história contada por Kurban em seu livro. Ele relata que

> quando o famoso estadista e explorador Theodore Roosevelt empreendeu a sua grande viagem no estado de Mato Grosso, ele chegou a regiões nunca dantes visitadas por um homem branco, conforme ele e seus companheiros piamente acreditavam. Continuando a viagem, chegou a comitiva a uma clareira na densa mata virgem, um ponto de descanso. Lá achou mr. Roosevelt um número de *Al-Afkar*, uma folha semissemanal que se publica em São Paulo. Um outro homem branco tinha já andado naquelas paragens antes do célebre caçador dos "jungles". Era um mascate, sírio ou libanês, que se tinha esquecido do jornal árabe.[80]

O mesmo causo é repetido por Safady em seu relato da imigração.[81] Claude Fahd Hajjar conta um episódio bastante semelhante, só que omitindo Roosevelt. Ela diz que, enquanto perambulava pelo Mato Grosso, durante a instalação da rede telegráfica, o marechal Rondon encontrou um jornal árabe em uma clareira do matagal.[82]

Libaneses, portanto, estavam distribuídos por todo o território brasileiro. Eles se dedicaram nos primeiros anos de sua chegada ao comércio ambulante. Rodaram o país oferecendo produtos — bens que, para parte da população rural, muitas vezes eram acessíveis apenas dessa maneira. Safady, filho de mascate, conta que os libaneses vendiam artigos religiosos, itens de armarinhos, fazendas e roupas feitas. Eram "moços solteiros, fortes, que viviam sempre juntos nas cidades, em quartos superlotados". Enquanto alguns deles permaneciam em casa, vigiando o quarto e preparando a comida, os demais vagavam pelas cidades e pelas estradas, atraindo os compradores com o barulho de suas matracas.[83]

Já instalados no Brasil, aprendiam as primeiras palavras em português para poder mascatear. "Sem isso, não dava para começar a trabalhar", conta Ahmad Ali Kadri à pesquisadora Osman. Os brimos ensinavam uns aos outros o bê-á-bá da mascateação, com frases como "Quer comprar alguma coisa?" e "Tem coisa boa!", que eram memorizadas.[84]

O comércio ambulante era, a princípio, praticado também por outros grupos de imigrantes, como italianos, alemães e russos. Os árabes representavam uma concorrência importante e, inicialmente, foram vilipendiados pelos rivais. Eram chamados de desleais e tinham dificuldade em comprar mercadoria. A minoria muçulmana enfrentava ainda a barreira religiosa, e muitos deles escolheram se converter ao catolicismo — ao menos em aparência — para poder mascatear.

Em poucos anos, porém, os árabes conquistaram o terreno até monopolizá-lo. Os registros dos anos 1890 mostram que mais de 90% do total de mascates na cidade de São Paulo era de sírios ou libaneses.[85] Não à toa formou-se o estereótipo que supõe que todo imigrante árabe trabalha como caixeiro-viajante. Apesar de não ser a regra, a profissão de fato se repete nas trajetórias de muitos que vieram para o Brasil.

É uma imagem que, na ficção, aparece em *Gabriela, cravo e canela*, de Jorge Amado:

Árabes pobres, mascates das estradas, exibiam suas malas abertas, berliques e berloques, cortes baratos de chita, colares falsos e vistosos, anéis brilhantes de vidro, perfumes com nomes estrangeiros, fabricados em São Paulo. Mulatas e negras, empregadas nas casas ricas, amontoavam-se ante as malas abertas:

— Compra, freguesa, compra. É baratinho... — a pronúncia cômica, a voz sedutora.

Longas negociações. Os colares sobre os peitos negros, as pulseiras nos braços mulatos, uma tentação! O vidro dos anéis faiscava ao sol que nem diamante.

— Tudo verdadeiro, do melhor.[86]

É de certa maneira surpreendente que os imigrantes árabes tenham se especializado nessa área, quando em sua terra natal muitos deles costumavam trabalhar na agricultura — lá, a mascateação era o terreno de judeus e armênios. Essa transformação ocorreu por uma série de razões, como o fato de o sistema agrícola brasileiro de monocultura latifundiária ser distinto do existente no Líbano, onde havia propriedades familiares ou arrendadas. Ademais, os libaneses não tinham dinheiro para comprar terras. A alternativa, se quisessem trabalhar no campo, era se unir à mão de obra imigrante nas fazendas, como fizeram italianos e japoneses. Mas os salários eram pouco atrativos — e eles já tinham testemunhado, em suas andanças, as péssimas condições de vida dos agricultores. Já a mascateação não exigia um capital inicial, uma vez que era possível comprar mercadoria a crédito e vendê-la rapidamente.[87] Era, portanto, a atividade ideal para os jovens solteiros que, naqueles anos, ainda acreditavam no plano de retornar em breve ao Líbano.

Assim, um pouco forçados pela história, mas também apostando nas promessas oferecidas pelo comércio ambulante, muitos libaneses se dedicaram àquela atividade. Ahmar Ali Kadri conta que trabalhava como barbeiro no Líbano. Depois de atravessar o oceano, aportando em uma terra desconhecida, achou que a ocupação era pouca coisa. O imigrante não vem só para ganhar o mínimo. "Vem por muito, ou então nem viria! Por isso que todo árabe acaba se dedicando ao comércio."[88]

Esse padrão não se repetiu nos Estados Unidos. Ali, os árabes encontraram um comércio consolidado por levas anteriores de imigrantes e não conseguiram se destacar no setor. Por isso, acabaram no setor de quitandas. Nele, a mascateação vinculada à ascensão social ficou com outro grupo imigrante, o dos judeus.[89]

Uma maneira de entender a concentração de imigrantes libaneses em torno de uma mesma atividade no Brasil é a ideia de redes sociais. Segundo essa teoria, imigrantes atraem uns aos outros em torno de áreas específicas de atuação. É por isso que comunidades étnicas acabam se especializando em nichos durante várias gerações.[90]

Em outras palavras, os primeiros imigrantes exploram diferentes setores e acabam tendo êxito em alguns. Esses pioneiros, conhecidos como "cabeças", criam extensas redes de contato a partir de seus feitos. Eles passam a ser conhecidos por aquela atividade. Ao chegar ao país, os imigrantes seguintes se unem a esses negócios já estabelecidos. Muitos deles deixam o Líbano, na verdade, com isso em mente.

Mas, apesar das tantas narrativas de sucesso — imigrantes aportando paupérrimos no Brasil e, com a mascateação, tornando-se ricos industrialistas —, nem todos tiraram a sorte grande. A ideia de que toda a comunidade trabalhou como caixeiro-viajante e que aquela profissão era garantia de conquistas é uma espécie de mito criado e fomentado pela diáspora. De tão poderosa, a história se tornou um clichê e sobrevive apesar dos esforços recentes de pesquisadores brasileiros como Osman, que tentam relativizá-la. Foram poucos os que de fato enriqueceram na diáspora, abrindo fábricas e erguendo palácios. Os demais ficaram no meio do caminho. "A apologia que muitos imigrantes bem-sucedidos pretendem se atribuir, destacando seu empreendimento, o esforço, as privações e o sucesso obtido graças aos sacrifícios, quase pouco correspondeu à realidade", diz Osman.[91]

Depois daqueles primeiros anos de comércio ambulante, os libaneses que conseguiram acumular capital entraram no segundo capítulo de sua história no Brasil: abriram suas próprias lojas. Em um primeiro momento, esses empreendimentos se concentravam na região da rua 25 de Março, em São Paulo. Sírios e libaneses atuavam por ali desde 1885. Por serem jovens solteiros, muitos não tinham interesse em se destacar na estrutura social brasileira. Por isso, não se importavam em morar nos cortiços e nas pensões daquele bairro. Queriam morar onde o aluguel fosse mais barato.[92] Com tantos brimos, a 25 de Março se tornou uma espécie de réplica dos mercados tradicionais árabes. O imigrante Safady diz que, ao chegar em São Paulo, pensou que estava em Zahlé ou em Beirute. "A linguagem era o árabe, e os costumes eram tipicamente nossos."[93]

Khalil Haddad, pai de Fernando Haddad, teve uma loja de tecidos na 25. O filho chegou a trabalhar no bairro, mas deixou o negócio para se dedicar a uma nova vocação: a política. Essa é também uma história bastante frequente no seio da população libanesa.

A pesquisadora Hajjar, ela própria uma imigrante libanesa, usa a aglomeração de árabes na 25 de Março para louvar o espírito aventureiro da comunidade, que não se importava com as condições precárias do bairro — a ideia implícita nisso é de que venceram no Brasil porque persistiram. São imagens comuns nos textos redigidos pelos patrícios a respeito de sua experiência. Ela diz que aquela era uma gente "cujo objetivo era o trabalho honesto, sem medir esforços para sobreviver".[94]

No Rio de Janeiro, imigrantes se aglomeraram na rua da Alfândega. Foi ali que se instalaram, por exemplo, os irmãos Zacharias, desde 1874. Com a vantagem de ser uma passagem entre o porto e o centro da cidade, aquela rua se transformou em um importante nó comercial — o mais vibrante da cidade. Pela mesma razão, italianos e portugueses também viviam por ali.[95]

A atividade no comércio, quer seja ambulante ou fixo na 25 de Março e na Alfândega, impactou profundamente a economia brasileira. Diz-se que foram eles que introduziram ou generalizaram o hábito de vender fiado. Segundo Truzzi, essa prática — na origem do termo pejorativo "turco de prestação" — revolucionou o comércio brasileiro. Os árabes "arejaram" o mercado. Além de vender a crédito, diminuíram também a margem de lucro, o que compensavam vendendo mais unidades. Popularizaram as liquidações e reinvestiam seus lucros nos próprios negócios. Com tudo isso, foram os árabes que "inventaram o comércio popular, dando balizamento a seus parâmetros hoje tão comumente empregados".[96]

O imigrante Taufik Kurban conta uma anedota que exemplifica a engenhosidade dos mascates. A história, diz, foi narrada por "um distinto cavalheiro paulista". Seu pai tinha uma fazenda em Jaú, no estado de São Paulo. O dinheiro, no entanto, secou — e a colheita só ia acontecer dali a dois anos, trazendo, por fim, algum alívio financeiro.

Um belo dia apareceu na fazenda um mascate de nome Antonio Mussi. Este ofereceu a sua mercadoria, tecidos e armarinho. Meu pai disse categoricamente que não comprava. Mas o mascate não é tão mole para ceder à primeira resposta negativa. Insistiu. Papai revelou-lhe a causa: não podia comprar porque não tinha dinheiro. O Antonio respondeu: não é preciso pagar agora. Mas, redarguiu papai, nem depois posso lhe pagar, porque a primeira safra é daqui a dois anos. O Mussi, com aquele amor ao trabalho e ardente propósito de produzir, disse: Senhor, paga quando pode.

Segundo o relato transmitido por Kurban, venceu o caixeiro. O fazendeiro comprou de tudo, inclusive uma máquina de costura, rara àqueles anos. O comerciante árabe voltava de quatro em quatro meses para ver se não faltava nada. Só recebeu, como esperado, depois de dois anos. "Quantas fazendas não tiveram o seu Antonio Mussi?", pergunta o patrício. "Meu amigo, não foi o americano que inventou a venda a prestações muito folgadas..."[97]

Além de se destacar no comércio, alguns imigrantes libaneses fizeram fama e fortuna no setor bancário. Nessa área, o exemplo inescapável é o de José Safra. José, que morreu em dezembro de 2020, foi um dos homens mais ricos do Brasil e, além disso, um dos banqueiros mais ricos do mundo. O seu patrimônio em 2020 chegava a 20,4 bilhões de dólares.[98]

José nasceu com o nome de Joseph em Beirute em 1938. Seu pai Jacob era de Aleppo, na Síria. A família, de origem judaica, tinha uma longa experiência no câmbio. A formação do Estado de Israel em 1948, no entanto, gerou uma crescente sensação de insegurança para os Safra em Beirute. Como Israel guerreou com seus vizinhos árabes e deslocou enormes populações palestinas na criação de seu país, judeus foram perseguidos em partes da região.[99]

Naquele contexto, Jacob imigrou do Líbano para o Brasil em 1952. José tardou um pouco para se unir à família. Passou um tempo na Inglaterra e nos Estados Unidos antes de rumar para São Paulo. No Brasil, José se uniu ao pai e os irmãos no setor bancário. O Banco Safra, fundado como Banco Santos, passou a ser conhecido como "o banco dos banqueiros" por servir a elite paulista com técnicas financeiras que eram ainda pouco usuais no país.[100]

A técnica de fazer dinheiro, no entanto, não é o único legado deixado pelos sírios e libaneses. Conforme se integraram à sociedade brasileira, eles deixaram outras marcas profundas, ainda que difíceis de medir. Os próximos capítulos deste livro falam de algumas dessas áreas, como a literatura, a medicina e a política. Outro exemplo curioso da influência dos árabes no Brasil é a arquitetura das casas que construíram em São Paulo quando, já enriquecidos, decidiram abandonar a 25 de Março. É o caso do Palacete Mourisco, que foi residência do industrialista libanês Abrão Andraus. Para projetar a riqueza que tinha feito no Brasil, Abrão ordenou em 1930 a reforma de um palácio no número 124 da avenida Paulista.

Renato Cristofi, que escreveu um estudo sobre essas construções, tem uma tese interessante. Ele afirma que o estilo de casas como o Palacete Mourisco não tem uma relação direta com a arquitetura típica do Líbano. A casa de Abrão, afinal, foi remendada para ter arcos em ferradura e conopiais, remetendo a construções andaluzes, na península Ibérica. Os imigrantes árabes construíram suas casas em um estilo orientalista, remontando às *Mil e uma noites*, porque queriam deixar claras suas origens — e sabiam que a população brasileira conhecia apenas os estilos mais estereotipados do que era a arquitetura árabe. Ou seja, se imigrantes como Abrão tivessem erguido casas típicas libanesas, talvez a sociedade paulistana não tivesse reconhecido que aquele era um estilo árabe.[101] Infelizmente, o Palácio Mourisco, como tanto da memória da imigração árabe, foi demolido. Caiu em 1982.

Entre inúmeras histórias épicas de êxito, são raros os relatos das dificuldades. Parece existir um consenso de que sua integração tenha sido fácil e que eles não sofreram nenhum preconceito ao chegar ao país, ao contrário, por exemplo, da experiência vivida pelos japoneses. Há, porém, registros de uma série de atritos que eles viveram naquelas décadas duras.

O primeiro, e talvez mais recorrente, é o apelido de "turco" recebido pelos árabes no Brasil. A palavra perdeu parte de sua carga negativa porque os embates políticos daqueles anos ficaram no passado. Mas, naquele tempo, essa era uma afronta e tanto. Kurban explica o porquê da injúria: era ultrajante a um libanês que havia deixado sua família e sua terra — "despedindo-se com um aceno de mão, uma lágrima nos olhos e uma brasa no coração" — por causa dos turcos chegar ao Brasil e ser chamado, aqui, de... "turco".[102]

Esse problema aparece, de maneira inesperada, em um poema de Carlos Drummond de Andrade. Em *Turcos*, o poeta mineiro de "no meio do caminho tinha uma pedra" escreve:

> [...]
> Os turcos,
> meu professor corrige: Os turcos
> não são turcos. São sírios oprimidos
> pelos turcos cruéis. Mas Jorge Turco
> aí está respondendo pelo nome,
> e turcos todos são, nesse retrato
> tirado para sempre... Ou são mineiros
> de tanto conviver, vender, trocar e ser
> em Minas: a balança
> no balcão, e na canastra aberta
> o espelho, o perfume, o bracelete, a seda,
> a visão de Paris por uns poucos mil-réis?[103]

Agravando um sentimento já não muito acolhedor, por vezes circulavam ideias como a de que libaneses eram canibais. Afinal, comiam carne crua — o quibe cru, que mais tarde se tornou um prato comum em parte do Brasil. A sociedade relacionava práticas primitivas aos imigrantes orientais, em contradição com o projeto oficial de país moderno.[104]

Murilo Meihy descreve outro exemplo do preconceito contra sírios e libaneses, no episódio conhecido durante os anos 1950 como "a guerra do pente". O governo do Paraná lançou a campanha oficial "O seu Talão Vale 1 Milhão", com a intenção de aumentar a arrecadação de impostos. Funcionava da seguinte maneira: o cliente precisava pedir a nota fiscal nas suas compras de no mínimo 50 cruzeiros. Juntando 3 mil cruzeiros em notas, ele podia, então, retirar um bilhete e concorrer a um prêmio de 1 milhão de cruzeiros.

Em 8 de dezembro de 1959 um subtenente da Polícia Militar do estado do Paraná, Antônio Tavares, entrou na loja do comerciante libanês Ahmed Najar na praça Tiradentes, em Curitiba, para comprar um pente que custava menos de 50 cruzeiros — ou seja, abaixo do mínimo exigido para a emissão de uma nota. Ahmed não quis emitir o documento, pelo que foi ofendido pelo comprador. Eles se agrediram fisicamente e Ahmed quebrou uma perna de Antônio.

"A notícia do enfrentamento se espalhou pela cidade e foi seguida por tumultos que começaram com o apedrejamento da loja de Najar", escreve Meihy. O jornal *Diário do Paraná* falou em uma "declaração de guerra aos turcos". Logo depois o episódio se internacionalizou, figurando inclusive no popular programa de rádio do presidente egípcio Gamal Abdel Nasser, coincidindo com o ápice de seu projeto nacionalista pan-arabista.[105]

O americano Knowlton também registra o preconceito contra os sírios e libaneses. "Eram em geral analfabetos, lavradores paupérrimos das aldeias rurais da Síria e do Líbano. Ao chegar ao Brasil eram recebidos com desagrado, zombarias e até medo. Chamados 'turcos', eram temidos pelas classes inferiores por terem fama de comer crianças."[106]

Outro exemplo, recolhido pelo pesquisador americano Jeffrey Lesser, é o editorial publicado em 1888 pelo jornal mineiro *Mariannense*. O diário reclamava dos "vagabundos turcos" que tratavam suas crianças de maneira desumana e que utilizavam métodos agrícolas ultrapassados. O veículo sugeria que as pessoas trancassem suas portas para que os turcos não infiltrassem seus organismos com o "vírus de um povo indolente". Mais de

10% dos estrangeiros detidos no Brasil em 1897 eram "turcos", "turco-asiáticos" ou "árabes" (trinta de um total de 271), segundo Lesser, uma cifra superada apenas pelos italianos.[107]

Essas histórias contrastam com o discurso público. O imigrante Jorge Safady reúne em *A imigração árabe no Brasil*, de 1972, algumas declarações de políticos sobre a comunidade sírio-libanesa. Menotti Del Picchia, que participou da Revolução de 1932, referiu-se àqueles imigrantes como "homens tenazes, de músculos de ferro, resistindo às soalheiras, sobraçando as suas mercadorias, animados pelo irrequieto nomadismo levantino".[108] O diplomata Oswaldo Aranha, por sua vez, afirmou certa feita que nunca houve uma comunidade tão generosa quanto a dos libaneses. "Jamais qualquer de vossos compatriotas aqui radicados deu ao Brasil um motivo de queixa", disse.[109]

Como a realidade do dia a dia não era tão amigável quanto as declarações públicas, foram diversas as soluções para lidar com o preconceito e com o isolamento em um país de costumes estranhos: fundaram associações voltadas à própria comunidade. Ergueram clubes, incluindo os influentes Monte Líbano e Rachaia. Durante os primeiros anos, os clubes eram voltados a imigrantes de regiões específicas — por exemplo, o Monte Líbano servia quem tinha imigrado daquela montanha. Só depois começaram a aceitar outros libaneses, sírios e mesmo brasileiros de outras origens.

Irrequietos, para aproveitar o termo utilizado por Del Picchia, também construíram diversas associações beneficentes, escolas, hospitais, enfim, toda uma sociedade paralela em que eles podiam praticar os costumes de seus vilarejos e conviver entre seus semelhantes. Aqueles eram espaços alternativos para compensar as restrições vividas na sociedade brasileira. Para os pais, os clubes árabes eram também um modo de controlar seus filhos, oferecendo a eles uma possibilidade de lazer e de socialização que pudessem vigiar.[110]

As associações serviam, ainda, para suprir na diáspora o papel que na Síria e no Líbano era exercido pela família nuclear, pelo clã e pelo próprio vilarejo. Assim, os árabes criaram no Brasil organizações influentes como a Associação do Sanatório Sírio, mantenedora do Hospital do Coração, para ajudar os afetados pela Primeira Guerra Mundial, e a Associação Beneficente A Mão Branca, para tratar dos anciãos da comunidade. Surgiram também o Esporte Clube Sírio e o Centro Cultural Árabe-Sírio, entre tantos outros.

Com o passar das décadas as organizações de cunho étnico se tornaram menos relevantes. Enriquecidos e educados em universidades de prestígio, os patrícios não queriam mais se diferenciar das elites. Almejavam fazer parte delas e, por que não, liderá-las.

4. São Francisco do Líbano

Na casa do vereador Michel Naffah, o lápis e o apontador eram prioridades da família.

Nascido em Rio Bonito, no estado do Rio de Janeiro, filho de libaneses de Beit El Chaar, ele conta às autoras do livro *Memórias da imigração* que "um Naffah tinha que tirar sempre um primeiro ou segundo lugar na escola". Senão, "entrava [em casa] como um cãozinho com o rabo entre as pernas".[111]

É uma história recorrente dentro da comunidade libanesa no Brasil, que ressalta os investimentos feitos na educação dos filhos como um modo de garantir a ascensão social. Funcionou para Michel — ele foi eleito vereador do município paulista de José Bonifácio em 1948, na primeira legislatura. Seu irmão, Waldemiro, foi vereador em São José do Rio Preto, São Paulo.

Mas aquelas primeiras décadas ainda eram duras aos imigrantes. Apesar de ter se dedicado à escola, Michel não pôde cursar medicina, que era o seu sonho. Precisou trabalhar nos negócios da família, em vez de ir à universidade. Ele conta que projetou essa meta em sua prole, para que um filho concluísse a missão. "Aquilo que eu não consegui realizar, meu filho caçula, que é o Chelzinho, realizou", diz. "Meu sonho era esse, um diploma superior para cada filho, um pontapé na bunda e: 'Vai trabalhar, vagabundo', e morreu a conversa."[112]

Ao tentar explicar a importância para os libaneses de educar os filhos em proporção maior do que a de outros grupos, Taufik Kurban escreveu em 1933 que, por mais pobres que fossem, os brimos aguentavam todo o tipo de privação para matricular a prole, se possível até o grau superior. "É o instinto progressista", disse. "Se ele migrou privado da disciplina escolar que tanto desejava mas que a má administração turca dele afastava, maior motivo terá para vender o paletó — como diz a nossa gente — e educar o filho."[113]

Knowlton constatou esse fenômeno nos anos 1950. Escreveu que eram poucas as nacionalidades radicadas no Brasil com tamanha consciência das vantagens sociais, econômicas e políticas de investir na educação. Talvez a origem seja histórica: os árabes que estudavam nas escolas abertas por missionários cristãos na Síria e no Líbano notavam depressa as possibilidades de ascensão porque conseguiam empregos lucrativos trabalhando com as potências europeias instaladas na região.[114]

Só que, após aportarem, os árabes se depararam com a escassez de escolas públicas no Brasil. Para sanar essa carência, abriram as suas próprias instituições de ensino, onde aproveitavam para ensinar a língua materna aos filhos, na expectativa de manter a tradição. Os patrícios abriram dezenas de escolas no Brasil, como a Escola Chidiák, organizada por Jabur Abd al-Ahad em 1898 e dirigida pelo padre Jacob Saliba. Outro exemplo é a Escola de Línguas, fundada por Cesar e Elias Yázigi e depois transformada na Escola de Idiomas Yázigi.[115]

Mas o esforço em colocar os filhos em escolas exclusivas à colônia, aprendendo a falar árabe, durou pouco. Em busca de um ensino de mais renome, os libaneses se decidiram por instituições tradicionais brasileiras como o Colégio Arquidiocesano, em São Paulo. O primeiro patrício entrou ali em 1894 e nas décadas seguintes o número de registros cresceu. O mesmo aconteceu no Liceu do Sagrado Coração de Jesus, próximo à região da 25 de Março, um dos preferidos da colônia.

Ao ter os filhos em um estabelecimento de ensino de elite, os libaneses mostravam ao restante da sociedade brasileira seu nível social e financeiro. Queriam, também, que seus herdeiros se misturassem às crianças das classes mais altas, de quem aprenderiam as maneiras e os costumes. Esperavam que, ao crescer, contassem com o auxílio dos colegas de classe em suas carreiras. O cálculo era de que, mesmo que nunca fossem tidos como iguais, poderiam um dia se integrar às altas classes como resultado de terem frequentado as melhores escolas.[116]

Concluída a educação básica, os imigrantes se voltaram, por fim, às universidades. Como Michel Naffah, queriam que seus filhos fossem "doutores". Já tinham se dado conta de que as carreiras liberais como medicina e direito eram tidas em grande estima.[117]

A vedete era a Faculdade de Direito do Largo São Francisco, conhecida como Arcadas devido aos suntuosos arcos em seu pátio. A instituição, de 1827, mais tarde incorporada à Universidade de São Paulo, era um impressionante símbolo na cidade. Os árabes chegaram àquelas salas de aula em 1920. Em 1927, havia sete sírio-libaneses registrados, um número que saltou para 97 no ano de 1950. Na Faculdade de Medicina de São Paulo, havia dois sírio-libaneses na primeira turma, em 1913. Em 1950, eram 42.

Oswaldo Truzzi exemplifica esse processo com a história de Sad Neme. Sad veio do Líbano para se reunir com os irmãos que já moravam no Brasil. Trabalhou como mascate no interior de São Paulo e, remediado, montou um armazém de secos e molhados.

Sad teve nove filhos, quatros homens. Dois tocaram o negócio do pai, enquanto os outros dois se formaram em medicina. Feres se graduou em 1935, e Bussamara, em 1940. Com os dois filhos bem-formados, Sad não se aguentava de orgulho. Pedia que as pessoas lhe chamassem de Abu al-Dakatira, que na língua árabe quer dizer "pai dos médicos". Assim, graças à inserção comercial das primeiras décadas, os libaneses puderam chegar ao mercado de profissões liberais.[118]

Essa prerrogativa, é claro, não se estendia a todos. O ingresso às profissões liberais era, de certo modo, restrito às camadas mais altas. Mas, ainda assim, foi um episódio central na história coletiva dos brimos. Em parte porque, passando pelas universidades de prestígio e formados em profissões liberais, os libaneses puderam "limpar o sangue da etnia", escreve Truzzi. Afinal, direito, medicina e engenharia eram carreiras de um valor mais universal do que o comércio. Foi um passo sem o qual, afirma, jamais teriam alcançado o campo da política.[119]

Mas havia um problema. O ingresso no mercado de profissões liberais significava que o filho não daria continuidade ao negócio da família. Os pais queriam dar a melhor educação possível, mas também precisavam de sua ajuda no comércio. A solução era que alguns filhos fossem à universidade, enquanto os demais permaneciam no ramo familiar. Como a história de Sad Neme — pai de dois doutores e de dois comerciantes.

A história do ex-governador Paulo Maluf é um outro bom exemplo dessa dinâmica: seu irmão mais velho assumiu os negócios do pai enquanto ele estudava, mas, uma vez concluídos os estudos, Paulo se uniu ao conglomerado por mais de dez anos. É o caso também de Mohamed Nassib Saleh Kadri: "Acabei assumindo os negócios sozinho. Eu tive que parar de estudar no primeiro colegial, porque não havia opção: ou alguém se sacrificava para garantir o estudo de todos ou todos nós ficaríamos limitados ao trabalho unicamente".[120]

O primeiro patrício a cursar direito no Largo São Francisco foi Faris Nicolau Ansarah, formado ainda em 1917. Outro dos pioneiros foi Nicolau Tuma, filho de um caixeiro-viajante libanês. Nascido em Jundiaí em 1911, Nicolau estudou na capital e se formou em 1931. Passou em um concurso para ser locutor, trabalhou na Rádio Record e leu no ar, alguns meses depois, a primeira nota oficial da Revolução Constitucionalista, anunciando a deflagração do movimento histórico de 1932.[121] Em 1947, foi eleito vereador em São Paulo pela UDN. Reeleito em 1952 e em 1956, Nicolau tentou galgar a vice-prefeitura de São Paulo em 1955, mas foi derrotado. Em 1958, foi eleito a seu primeiro mandato como deputado federal. Assumiu outra cadeira em 1963 e, filiado à Arena, voltou a legislar em 1967. Em 1968, deixou a Câmara e virou conselheiro do Tribunal de Contas de São Paulo.

As primeiras turmas da Faculdade de Direito da USP também contavam com Cesar Elias, filho de Elias e Madalena Maluf. Elias vinha de Baalbek, e Madalena, das proximidades de Beirute. Chegaram ao Brasil ainda no final do século 19. Cesar estudou nas Arcadas de 1931 a 1935, quando havia resistência contra os filhos de imigrantes. Os italianos também eram recebidos por narizes torcidos.

Carlos Alberto Dabus Maluf, filho de Cesar, também passou pelo Largo São Francisco. Ele é, ademais, sobrinho do pioneiro Nicolau Tuma. Professor de direito civil e autor de dezenove livros, Carlos Alberto, hoje com 74 anos, conhece bem os meandros dessa história. Ele conta que seus avós Elias e Madalena suaram para conseguir educar os filhos. "Eles vieram com poucos recursos. Trabalharam muito, com afinco. Uma coisa absurda. Foram para o interior mascatear e fizeram um patrimônio, fortunas. Depois chegaram ao negócio da madeira, às serrarias." Um de seus bisavôs, Fayad Maluf, trabalhou por algum tempo com Salim Farah Maluf. Apesar da coincidência dos sobrenomes, eles não têm parentesco próximo.

Foi nesse período que os libaneses começaram a deixar a região da 25 de Março. Cesar Elias havia nascido naquela rua, mas se mudou para o Morro dos Ingleses, onde seu filho Carlos Alberto mora até hoje. "A partir dos anos 1920, e depois da crise do café, os libaneses construíram ou compraram palacetes na avenida Paulista. O dinheiro mudou de mãos", conta Carlos Alberto, que escreveu uma tese sobre as limitações do direito de propriedade, concentrando-se em questões relativas a tombamento.

O ingresso de Cesar Elias na Faculdade de Direito nos anos 1930 (e o de seu irmão, Eduardo, quatro anos antes) fazia parte de um plano claro de integrar a elite brasileira. "Foi algo que começou com a geração do meu pai", conta o professor. "Os libaneses tinham ganhado bastante dinheiro e queriam que seus filhos estudassem direito, medicina e engenharia. Queriam dar aos descendentes aquilo que eles não haviam tido."

Mas não foi um começo fácil. Se foi duro para os alunos, foi ainda mais árduo para quem queria lecionar, segundo Carlos Alberto. O primeiro professor de origem libanesa a dar aula na Faculdade de Direito foi Alfredo Busaid, em 1958, depois de bastante resistência. "Era impossível ser professor. Só o aceitaram porque ele sabia tanto, mas tanto, que tinha mais conhecimento do que a banca."

As dificuldades foram se diluindo com o passar do tempo. Quando Carlos Alberto entrou na universidade em 1966, a situação era mais branda. "Os libaneses se misturaram à sociedade e, aos poucos, essa dificuldade para a ascensão desapareceu."

Esse processo coincidiu com a progressiva entrada dos filhos dos libaneses na política brasileira. O professor Carlos Alberto lista, com certo orgulho, os patrícios que saíram dos bancos da universidade e chegaram a cargos de alto escalão no país. "Eu poderia passar horas falando sobre isso com você, citando nomes de políticos." O exemplo óbvio é o ex-presidente Michel Temer, que foi seu veterano no curso. Michel se formou em 1963, três anos antes de Carlos Alberto entrar nas Arcadas. "Acompanhei a vida dele, e ele chegou a presidente da República. Era algo inimaginável."

Paulo Maluf quase atingiu esse patamar. Foi prefeito, governador e tentou a presidência. "Deixando de lado o aspecto político, todas essas coisas", diz Carlos Alberto, sobre as acusações de corrupção, "foi o melhor aluno da Escola Politécnica da USP. Tinha uma memória prodigiosa. Dos libaneses todos, o Paulo foi o que mais sobressaiu."

5. Intelectuais e andaluzes

Os libaneses que circulavam pelo Largo São Francisco naqueles anos tinham à sua disposição, caso quisessem se informar, dezenas de jornais publicados em árabe. Após chegar ao Brasil, os patrícios fundaram sem demora uma vistosa imprensa em sua língua de origem, voltada à colônia — divulgando notícias sobre o Oriente Médio, casamentos da comunidade, óbitos e ofertas de emprego.

Havia jornal para todo gosto. Circularam dezenas de jornais, revistas e periódicos em árabe no país entre 1880 e 1940. A cifra é ainda mais impactante quando comparada ao Oriente Médio. Ironicamente, ao mesmo tempo que a imprensa árabe florescia no Brasil, ela era quase inexistente em países como Marrocos, Argélia, Líbia e Iêmen.[122]

O primeiro jornal escrito em árabe em toda a América Latina foi *Al-Fayha*, criado em 1894 por Salim e Duaybis Balish em Campinas.[123] O primeiro de São Paulo foi *Al-Assmahi*, fundado em 1898 pelo nacionalista libanês Chucri Curi, bisavô do deputado Ricardo Izar Jr. — a história de Chucri aparece em detalhes na segunda parte deste livro.[124] A lista de diários em árabe incluía também *Al-Munazir*, estabelecido em 1898 por Naum Labaki, e

Al-Afkar, publicado por Said Abu Jamra em 1903.[125] De tantos árabes publicando no Brasil, foi até instituída uma Associação da Imprensa Libanesa.[126]

Era por meio daquelas notícias que os árabes conversavam a respeito da política do Oriente Médio e da situação da comunidade. Participar da indústria de jornais era também um marcador de sofisticação cultural — era o ramo de quem tinha ambições intelectuais.[127] Aquela imprensa ainda servia para estabelecer uma identidade comum. Àquela época, poucos anos depois do fim do Império Otomano, ainda não estava tão claro o que afinal era um "árabe" e de que território ele deveria fazer parte. Nacionalistas debatiam o que um marroquino e um sírio tinham em comum — religião? idioma? cultura? Os jornais publicados na diáspora ajudavam a criar uma "esfera pública transregional" — em outras palavras, o debate a respeito do que significava ser árabe acontecia além das fronteiras, onde quer que houvesse uma comunidade e um jornal em árabe.[128]

Em 1933, estreou a influente revista literária *Al-Usba al-Andalusia* [A Liga Andaluza], publicando os escritos dos patrícios. Seu escritório ficava no segundo andar do edifício Martinelli, em São Paulo.[129]

O imigrante Taufik Duoun, que fez parte daquele período, narra a criação da Liga Andaluza em seu livro de 1944. O fundador do grupo, Michel Bey Maluf, era, segundo Taufik, três vezes nobre: de origem, de coração e de caráter. Repartia sua fortuna entre os patrícios que dela precisassem. Para ajudar a comunidade no Brasil a se desenvolver intelectualmente, "imbuído de um nobre sentimento", estabeleceu a associação literária.[130] A revista do grupo circulou por ao menos seis anos. Hoje, seus exemplares estão espalhados pelas casas dos imigrantes, distantes dos pesquisadores — houve por um tempo um exemplar à venda no Mercado Livre, com as ofertas começando ao preço de 8 mil reais.

A literatura produzida pelos imigrantes árabes é chamada por especialistas de literatura do "mahjar" (a diáspora, em árabe). Era especialmente importante nos Estados Unidos, onde autores como Gibran Khalil Gibran e Elia Abu Madi fizeram fama e ajudaram a fomentar a Nahda, o Renascimento árabe — um movimento cultural que despertou no final do século 19 almejando a modernização e o progresso dos povos de língua árabe.

Foi justamente na diáspora que aquele renascimento deu frutos. Escritores do "mahjar", tanto nos Estados Unidos quanto no Brasil e na Argentina, ajudaram a simplificar a língua e assentaram as bases da criação do árabe padrão falado hoje no Oriente Médio.

Um dos grandes intelectuais libaneses no Brasil àquela época era José Khoury. Ele conta que abandonou o Líbano carregando duas malas cheias de livros. As roupas, menos urgentes, quase não ocupavam espaço. Quando funcionários da imigração em Nápoles abriram sua bagagem, se surpreenderam em não encontrar mercadorias ou contrabandos. "Eram livros, e os livros estão até agora aí." Os volumes se multiplicaram no Brasil, formando uma biblioteca de 25 mil exemplares. "Eu não ia ao cinema, não ia a diversão nenhuma. Comprava livros. Me ocupava da minha instrução antes de instruir os outros, queria me aperfeiçoar."[131]

Em paralelo à publicação de jornais e revistas, imigrantes também abriram gráficas. Em 1944 eles já tinham impresso 156 livros, incluindo dezoito tomos de poesia árabe, somando quase 200 mil exemplares.[132]

Aquelas obras circulavam entre as lojas da comunidade, como a clássica Livraria Yázigi, de Jorge Suleiman Yázigi, tio do dono da escola de idiomas. Em sua posição privilegiada de livreiro, Jorge conheceu a elite da comunidade. Ele diz que vendeu livros para o poeta Chafic Maluf, autor da epopeia simbolista *Abkar*, e que conheceu o clã dos Jafet, uma das famílias mais influentes entre os patrícios.[133]

Mas os intelectuais libaneses no Brasil de certa maneira lutavam contra a corrente. Eles não conseguiam, em geral, reunir as mesmas riquezas que seus brimos advogados, médicos e engenheiros. Não gozavam do mesmo prestígio dentro da comunidade.[134]

A contribuição do Brasil à literatura do "mahjar" é pouco, para não dizer quase nunca, estudada. Um dos raros trabalhos acerca desse tema, assinado pelo argelino Slimane Zeghidour, está esgotado e até nos sebos só é encontrado a duras penas — mesmo assim, como parte da Coleção Tudo é História, da editora Brasiliense, era apenas um livreto de noventa páginas. Parte da obra dos poetas e cronistas que escreveram em árabe no início do século 20 no Brasil está desaparecida.

São justamente os descendentes que têm feito o trabalho de arqueologia, resgatando suas histórias, enquanto pesquisadores se abstêm da tarefa. Um fascinante exemplo é o cineasta paulista Otavio Cury. Nas duas últimas décadas, vem investigando a história de seu bisavô — que, apesar de sua importância, foi quase esquecido.

Otavio começou a cavoucar seu passado em 2001, quando viajou para a Síria com a família. Ao passar por Homs, a cidade de onde uma parte de seus ancestrais imigrou há quase um século, o cineasta mencionou o nome de seu bisavô paterno Daud Qustantin al-Khuri. Um tiro no escuro, para o caso de alguém se lembrar dele. À noite, recebeu um telefonema inesperado: um primo tinha ficado sabendo de sua visita. Queria encontrar a família. "Ele disse que ia nos buscar no hotel na manhã seguinte." Eles rumaram para a sede da Liga dos Emigrados de Homs. Otavio foi recebido ali como membro da comunidade. Na biblioteca, para sua surpresa, encontrou um tomo de quinhentas páginas compilando as peças escritas por Daud, seu antepassado e um importante dramaturgo. A descoberta de sua família em Homs, além do fato de que seu bisavô havia sido um homem tão extraordinário, fizeram com que Otavio decidisse anos depois, em 2007, "criar coragem" para traduzir as peças de Daud e filmar um documentário sobre a viagem de resgate da obra do bisavô. Voltou à Síria para isso. O filme, *Constantino*, foi lançado em 2012.

Uma das coisas que Otavio aprendeu durante sua pesquisa foi que seu bisavô havia sido um importante intelectual. O tomo resgatado em Homs incluía um texto de Shakir Mustafa, um diplomata sírio em São Paulo nos anos 1960, dizendo que Daud participara do renascimento da cultura árabe na virada do século e do nascimento do teatro sírio. Sabe-se que ele chegou a fazer parte da trupe de Abu Khalil Qabbani, dito pai do teatro sírio — parente de Nizar Qabbani, um dos poetas árabes mais celebrados.

Nas palavras de Shakir, Daud era conhecido como "um poeta que dominava e trabalhava a rima, entendia de música, compunha e vibrava alegre pela música e com ela. No teatro de Qabbani, Daud provou do sabor da arte do amigo e da novidade de suas peças cantadas, que agregavam a poesia, a música, a dança e o conto, fora do ritmo rotineiro".[135]

Como parte da pesquisa para o documentário, Otavio acompanhou uma reunião de pauta no jornal *Homs*, do qual seu bisavô foi editor-chefe. Também se reuniu com uma professora da Universidade de Damasco, especialista na história do teatro sírio, para entender a importância de Daud. Uma de suas peças mais conhecidas, *A órfã moscovita*, inclui alguns trechos em russo. Ele também foi autor de *A princesa Genevieve*. "Eram textos morais, pedagógicos, falando de valores, família e religião", diz o cineasta. Algumas peças foram encenadas em um orfanato sírio em São Paulo, dada a sua relevância.[136]

Daud foi eleito presidente do Clube Homs paulistano em 1925, quando ainda vivia na Síria, e por fim imigrou para o Brasil em 1926, no fim de sua vida.[137] Seus filhos já tinham imigrado e aberto o caminho, estabelecendo-se na região da 25 de Março e inaugurando uma próspera lojinha. Seu filho Alberto, o avô paterno de Otavio, nasceu em Homs e trabalhou como tradutor para o exército inglês antes de se mudar para o Brasil.

Como tantos outros imigrantes, Daud sumiu da história. Mas há indicações materiais do quão importante ele foi naquele primeiro momento da imigração para o Brasil. Um prédio na praça da República, em São Paulo, leva seu nome (que no Brasil foi adaptado para David). Curiosamente, a herança de Otavio por parte de mãe também está imortalizada em edifícios na cidade. Foi seu bisavô materno Raduan Dabus quem construiu o conjunto conhecido de forma carinhosa como "predinhos de Pinheiros" ou "predinhos da hípica" — clássicos dos anos 1950 recém-tombados em 2018.

Nascido na região do Chouf, ao sul de Beirute, Raduan imigrou para o Brasil na virada do século. Passou por Piraju antes de se assentar em São Paulo. Os tais predinhos que ele ergueu levam os nomes de seus filhos, incluindo Munira, a avó de Otavio. "São construções de pé-direito alto, sem elevador, sem grade", descreve o cineasta. "Uma coisa meio utópica para São Paulo." Outra maneira de marcar a cidade, que não é exatamente a política feita no Congresso, mas que impacta também a maneira como os paulistanos vivem hoje o dia a dia de sua cidade.

Apesar de intelectuais como Chafic Maluf e Daud Qustantin al-Khuri terem sido quase esquecidos, conhecemos bastante bem a participação dos descendentes mais recentes de libaneses no jornalismo e na ficção. No caso do jornalismo, um dos nomes de maior destaque é o do correspondente Guga Chacra, especialista em temas de Oriente Médio. Neto de imigrantes libaneses de Rachaya, Guga viaja frequentemente ao Líbano. Com evidente orgulho de sua origem, o jornalista fala sobre a terra ancestral em suas participações no canal GloboNews e em suas redes sociais, onde é seguido por mais de um milhão de pessoas. Outras jornalistas brimas são Andréia Sadi e Julia Duailibi, que trabalham na GloboNews.

Já na literatura, dois dos principais escritores brasileiros vivos são de origem libanesa: Raduan Nassar, autor de *Lavoura arcaica* e *Um copo de cólera*, e Milton Hatoum, de *Dois irmãos* e *Relato de um certo Oriente*, entre outros. Nos últimos anos, seus textos começaram a ser traduzidos para o árabe e a despertar o interesse entre os leitores no Oriente Médio, em especial no Líbano.

Raduan Nassar foi vertido do português ao árabe pelo professor da USP Mamede Jarouche, responsável por uma elogiada tradução do *Livro das mil e uma noites* para o português. Milton Hatoum, por sua vez, foi traduzido à língua de seus antepassados pela também professora da USP Safa Jubran. Safa, aliás, é ainda uma autora — escreve poemas e crônicas em árabe. Em um de seus textos, fala sobre seu trabalho na universidade e sobre como, no cargo de chefe de departamento, tem de lançar mão da política. Comenta as notícias sobre as eleições municipais libanesas, sobre as quais lê nas redes sociais, e lamenta não compreender o caótico e arcaico sistema eleitoral daquele país:

> Não comento nem critico, para evitar discussões, pois me bastam as batalhas que travo diariamente no meu trabalho. No entanto, fico triste e sinto muito por um povo que ama seu país sem ser amado por ele. Eu também o amo. Juro que o amo, ao contrário de que muitos pensam que a ghurba transformara meu coração numa pedra. Mas o Líbano que amo é uma montanha antiga, um mar branco e azul. É carvalho, é oliveira, é romanceira, é a figueira que alguém plantara para mim, é videira inebriada, é cíclame escondido atrás da rocha, enfim, o Líbano que amo me chega diariamente na voz de um amigo, voz profunda feita eco, tenra feita a manhã, voz que pergunta como estou, voz que me faz sentir que o Líbano que amo ainda passa bem.

Safa tem uma longa e bem-sucedida carreira na tradução, tanto do árabe para o português quanto o inverso. Mas verter Milton Hatoum à língua do Líbano foi um desafio e tanto, lidando com uma enxurrada de coloquialismos, nomes de peixes, de ervas, de pratos típicos de Manaus. A solução foi recorrer a notas de rodapé, para ambientar leitores das montanhas libanesas ao que aconteceu com seus brimos nas matas amazônicas.

A família de Milton imigrou de Burj al-Barajne, um vilarejo xiita próximo a Beirute incorporado mais tarde à capital. Seu avô Fadel se mudou para o Acre em 1904, seduzido pela promessa de riquezas elásticas com a extração de borracha. Sem entender o que estava acontecendo, ele chegou desavisado a Rio Branco em plena guerra entre o Brasil e a Bolívia. Havia outros tantos libaneses na capital acreana, como a família Farhat, aparentada dos Hatoum. Rio Branco tinha, àquela época, um bairro de árabes conhecido como Beirute.

Contaminado pelas histórias contadas por Fadel, seu filho Hassan — pai de Milton — decidiu visitar o Brasil a turismo, sem intenção de ficar. Tinha um emprego bom no Líbano como funcionário no Ministério da Justiça. Viajou acompanhado de Said Farhat, que mais tarde foi ministro no governo militar de João Baptista Figueiredo, presidente de 1979 a 1985.

Durante sua viagem, em 1938, Hassan passou por São Paulo e, na rua 25 de Março, conheceu outro brimo. Ouviu falar de uma moça chamada Naha Assy, de Manaus, e decidiu viajar até aquela cidade para conhecê-la. Apaixonaram-se. Ele desistiu de voltar ao Líbano. Casaram-se em 1947 e foram morar em Rio Branco e, depois, em Manaus, onde Milton nasceu em 1952.

Milton não frequentava, quando pequeno, a comunidade libanesa de Manaus, organizada em torno de associações como o Clube Sírio-Libanês do Amazonas. Seu pai, reservado, não gostava daquelas socializações. Ao mesmo tempo, o futuro escritor ouvia os parentes falarem do Líbano e dos antepassados. Aos poucos, passou a se conectar às raízes.

Seu pai Hassan era mais calado, mais circunspecto, mas o avô materno Mamede, por outro lado, era um exímio contador de histórias — tanto que aparece no conto "O adeus do comandante", reinventado como o ancião que se senta para contar um causo às crianças que se reuniram em Manaus para a primeira transmissão televisiva daquele estado. "Foi muito importante para mim ouvir as histórias do meu avô", Milton diz. "Tinham um certo sabor por causa do sotaque dele e de como ele misturava palavras em árabe."

No conto, parte de *A cidade ilhada*, o escritor descreve a chegada do avô na sala com "o rosto vermelho, em brasa, o cabelo branco molhado de suor, a rede enrolada debaixo do braço". "Vão ficar olhando essa tela piscar ou querem ouvir uma história?", pergunta.

> Os netos e seus amigos pediram a bênção, ele estendeu a mão amorenada e sentou num banco. O corpo do velho cobriu a tela. Ele acabara de chegar do Médio Amazonas e trazia o cheiro do barco, da viagem e da caçada. Geraldo Pocu, compadre e ajudante do velho, parou no vão da porta e nos mostrou uma paca esquartejada e os dentes de um javali. Outros animais caçados já estavam no quintal. O velho desabotoou a camisa e suspirou [...][138]

Na sequência da cena, ele conta sua história às crianças, hipnotizadas. Quando termina, páginas depois, enxuga o rosto com as mãos e vai embora da sala. "Nós ficamos sentados em roda, calados, a voz do Avô ressoando na sala. A tela riscada de linhas cinzentas emitia chiados e era apenas uma imagem monótona no silêncio daquela tarde de domingo."[139]

Milton transformou aquela tradição herdada em literatura, dedicando seu primeiro romance, *Relato de um certo Oriente*, à memória dos seus antepassados. O Líbano também aparece em seu segundo livro, *Dois irmãos*, que começa justamente com o retorno de um jovem descendente ao Brasil, depois de passar alguns anos afastado da família.

O país, no entanto, desapareceu de seus livros seguintes. Em parte, porque o escritor sentia que já tinha trabalhado com aquela matéria nas primeiras obras e queria experimentar outros temas. Vivendo em Brasília e em São Paulo, longe daquelas memórias familiares, tinha outras questões a incluir em sua literatura — Milton diz que a ficção é como uma "sombra perene" que o acompanha o tempo todo, aonde quer que vá.

Safa e Mamede verteram para o árabe, em parceria, uma coletânea de doze autores brasileiros publicada nos Emirados Árabes Unidos em 2019. O livro inclui não apenas os consagrados Milton Hatoum e Raduan Nassar, mas também novatos como Marcelo Maluf.

Marcelo, de 47 anos, nasceu em Santa Bárbara d'Oeste, interior de São Paulo. Sabia que seus antepassados eram imigrantes, mas a história deles existia apenas como um pano de fundo. O avô Assad tinha vindo do Líbano, a avó era síria. Não se dizia muito mais do que isso. Foi apenas em 2000, quando seu pai Michel morreu, que Marcelo começou a ouvir os relatos do clã libanês. Um de seus tios lhe contou que o avô tinha imigrado de Zahlé no início dos anos 1920 depois de ver os irmãos serem enforcados pelas autoridades otomanas.

"Os soldados pediram ao meu bisavô que escolhesse entre entregar a safra daqueles meses do que haviam plantado ou entregar os dois filhos mais velhos para seguir com o exército", conta. Ele decidiu entregar os filhos, porque precisava alimentar o restante da família. "No entanto, naquele dia os soldados resolveram dar uma lição, ou por algum motivo que desconheço, e enforcaram os dois filhos mais velhos na árvore do quintal." Foi a partir desse momento que o bisavô de Marcelo colocou Assad em um navio rumo ao Brasil.

Assad, o avô, chegou a Santos com um pouco mais de dez anos e, de lá, foi para Piracicaba e se fixou, por fim, em Santa Bárbara d'Oeste. Começou como mascate, vendendo tecidos, e acumulou alguma riqueza. Chegou a ser dono de metade do centro da cidade em seus tempos de maior pujança. Nas décadas seguintes, a família perdeu parte dos bens. O passado nunca vinha à tona, Marcelo supõe, porque o avô queria varrer a tragédia para debaixo do tapete. "Meu pai conhecia pouco da história. O que chegou para a gente veio quebrado, sem sabermos o que era verdade e o que era ficção. Ele não fez questão de falar."

Ao ouvir as histórias narradas pelo tio, Marcelo se reconectou de alguma maneira àquela origem distante. "Não para recuperar minha identidade. Sou brasileiro, com toda a vira-latice que existe. Não acho que agora eu faça parte da comunidade libanesa", escreve. "Só queria entender a história da família. Comecei a perceber coisas sobre mim."

Marcelo leu, nos anos seguintes, algumas obras escritas no Brasil por outros descendentes, como Salim Miguel, Raduan Nassar e Milton Hatoum. Encontrou, a duras penas, um exemplar de *Abkar*, do poeta Chafic Maluf. Entrou em contato também com outros autores libaneses, não imigrantes, como Elias Khoury.

Mais tarde transformou os relatos do tio no romance *A imensidão íntima dos carneiros*. Trabalhou no livro a ideia de que "o medo é também transmissível entre as gerações". Como o pavor de seu pai em relação à violência, herdado do trauma do avô.

Marcelo recriou a execução de seus antepassados usando seu avô como narrador:

Lembro-me de ouvir os berros dos meus irmãos sendo levados para o alto do carvalho, iguais aos berros dos carneiros que fizeram coro com eles. Os olhos de terror de Rafiq e as lágrimas compassivas de Adib. A mãe encolheu-se ao pé da árvore, ficara miúda, engasgava.

Eu avancei sobre um soldado que com apenas uma das mãos agarrou-me pelos cabelos e me lançou ao chão e me chutou. Percebi que apenas um dos doze soldados mantinha os olhos fixos em meus irmãos e parecia chorar. Lembrei-me do que dizia o pai, para não olhar nos olhos, referindo-se aos carneiros, senão corria-se o risco de se afeiçoar. Pensei que, assim como Judas Iscariotes, aquele soldado era um traidor, por ter olhado em meus olhos, nos olhos dos meus irmãos e nos de minha mãe. Não apenas por ter olhado, mas por ter deixado escapar uma faísca de compaixão. Eu vi suas mãos trêmulas forjando os nós.[140]

Além de escritores, libaneses e seus descendentes também foram livreiros e editores no Brasil. O exemplo mais conhecido é o de Jorge Zahar, fundador da editora que leva seu nome (hoje parte do Grupo Companhia das Letras), conhecida pelo catálogo na área das ciências sociais. Morto em 1998, Jorge era filho de Basil, que havia imigrado de Beirute em 1913. A história de Basil, diferente de tantas outras contidas neste livro, não começa, porém, com o projeto de enriquecer no Brasil. Ela se inicia, na verdade, com um escândalo familiar. Basil, de família cristã-ortodoxa de bem-sucedidos comerciantes, havia conhecido na Itália uma francesa chamada Marie Escot e fugido com ela para o Brasil. Como resultado, foi deserdado e perdeu o contato com os pais.[141]

Basil trocou Beirute pela vila de São João do Muqui, no Espírito Santo, próxima ao município de Cachoeiro de Itapemirim. Ali, reuniu-se com parentes maternos que já haviam imigrado e eram comerciantes. A vila era um dos centros da imigração árabe naquela região do país.[142] Jorge nasceu alguns anos depois, em 1920, quando a família se mudou para o Rio. Moravam, então, em Campos dos Goytacazes. Em 1947, criou com os irmãos Ernesto e Lucien a livraria Ler. Em 1956, fundou a Zahar Editores, que lhe deu nome entre intelectuais.

O trabalho de editor fez com que Jorge adquirisse fama entre a comunidade árabe do Rio. Em 2018, quando a cidade celebrou os 130 anos da chegada dos brimos, o consulado libanês homenageou Jorge. Alejandro Bitar, cônsul-geral do Líbano no Rio, concedeu um prêmio póstumo ao editor, reconhecendo sua contribuição.

Intelectuais de origem libanesa contribuíram, ainda, com as artes visuais. Nem sempre são lembrados nesse sentido, em comparação aos escritores. Talvez essa seja uma consequência das características intrínsecas de seu trabalho. Trabalhos como telas abstratas, afinal, não carregam os mesmos atributos narrativos de um romance, em que autores como Milton puderam lidar com seu passado médio-oriental. Foi apenas depois de muitas rodadas de entrevistas que finalmente me deparei com a história de alguns desses artistas. Conheci a trajetória da artista plástica Judith Lauand, autora da tela *Concreto 61* (1957) — hoje parte do acervo do Metropolitan, em Nova York. Judith foi uma das fundadoras do movimento concreto no Brasil.

Outro grande nome da arte brasileira com um pé no Líbano é Antonio Maluf. Ele é célebre, sobretudo, por ter desenhado o cartaz da primeira Bienal Internacional de Arte de São Paulo em 1951. O pôster divulgava o evento paulistano por meio de uma sequência vertiginosa de quadrados concêntricos. Segundo o filho de Antonio, o cientista político Rui, a predileção pela geometria é o sinal de uma conexão — ainda que tênue — com a identidade árabe da família. "Ele tinha uma preocupação com essa geometria do passado. Tinha um fascínio pelo rigor matemático, pelo que a cultura árabe produziu."

Rui conta que seu avô Iskandar Butrus Maluf chegou ao Brasil em torno de 1910 vindo de Zahlé. A avó Alice Moussali era de Beirute, mas suas origens estavam na cidade de Mossul, no

Iraque — daí seu sobrenome. Antonio nasceu em 1926, caçula de quatro irmãos. Em uma família que, como tantos outros imigrantes, valorizava a conquista e o acúmulo de capital, a verve artística de Antonio causou desconforto. "Acho que havia uma forte mágoa em relação a isso. Mesmo quando meu pai ganhou o prêmio da Bienal o meu avô não deu valor." Iskandar morreu em 1954, alguns anos antes de Rui nascer.

Rui conta que seu pai Antonio tinha uma preocupação particular em se integrar à sociedade brasileira. Os esforços se traduziam em um forte nacionalismo. "Ele era apaixonado por futebol, era são-paulino doente. Fazia essa torcida de confete. Queria se identificar. Alistou-se no serviço militar. Meu pai tinha um discurso político de integração."

Antonio nunca se envolveu com política, mas a família teve alguma proximidade com a do ex-governador Paulo Maluf, apesar de não haver parentesco. "Minha avó era amiga da mãe do Paulo, jogavam cartas juntas." Rui foi quem mais chegou perto da política em sua família: foi filiado ao Movimento Democrático Brasileiro (MDB) e ao Partido do Movimento Democrático Brasileiro (PMDB). "Pensei em me lançar como vereador, mas tinha um freio de mão. Me incomodava não ter uma retaguarda financeira. Não queria depender financeiramente da política. Acabei me levando para o caminho da academia." Cursou o mestrado na Unicamp, o doutorado na USP e trabalhou como consultor político. Nessa trajetória, foi de certa maneira assombrado pelo nome do brimo Paulo. "Cresci embaixo dessa linha divisória de ser malufista ou não."

6. Homens de muitas fés

Depois que desembarcaram no Brasil no final do século 19, os libaneses e seus descendentes viveram uma espécie de dilema de fé. Eles eram em sua maioria maronitas, uma variação oriental do catolicismo, como a família de Gilberto Kassab. Mas parte deles também seguia outras religiões. O clã de Fernando Haddad era greco-ortodoxo, enquanto os antepassados da deputada Sandra Faraj eram drusos, uma seita minoritária que se separou do islã no século 11. Já os familiares do deputado Said Mourad eram todos muçulmanos.

O Brasil tinha outro perfil. Em 1872 o país era quase totalmente católico romano, segundo os dados do Instituto Brasileiro de Geografia e Estatística (IBGE). A porcentagem caiu para 65% no Censo de 2010. Libaneses encontraram, portanto, locais de culto e rituais bastante diferentes daqueles com os quais estavam acostumados em sua terra natal.

Parte da história da integração e de sua ascensão econômica está relacionada a como eles lidaram com a sua religião na diáspora. Uma das estratégias mais comuns era a conversão, ou ao menos a adaptação a diferentes linhas de uma mesma fé. Muitos cristãos de outras denominações migraram para o catolicismo romano. Às vezes simplesmente não existiam igrejas de outras vertentes, especialmente para aqueles que se estabeleceram em pequeninas cidades e vilarejos ao redor do Brasil. Como não havia gente o suficiente para criar igrejas maronitas ou ortodoxas, muitos passaram a frequentar os templos católicos apostólicos romanos. Outros apenas abandonaram a religião. Foi só nos grandes centros urbanos, como São Paulo e Rio de Janeiro, que os imigrantes libaneses conseguiram manter a sua fé original intacta durante as primeiras décadas de integração.[143]

Um bom exemplo desse processo é a família de Michel Temer. Eles chegaram ao Brasil como greco-ortodoxos. Mas, uma vez fixados em Tietê, não tinham acesso a igrejas ou a líderes daquela vertente. O ex-presidente hoje se identifica como católico apostólico romano.

Esse tipo de trajetória aparece nas entrevistas colhidas pela historiadora Samira Adel Osman. A libanesa Nazira Abumkana Khamis conta que a questão religiosa não foi um grande problema em sua jornada. "A religião aqui é basicamente a mesma que a nossa." Mas isso não significa que ela tenha abandonado de imediato, ou por completo, os costumes de sua terra. Ela batizou seus filhos no ritual ortodoxo e ensinou a eles o bê-á-bá. A família ia a festas religiosas e a casamentos na comunidade para que os pequenos tivessem contato com a tradição.[144]

A adaptação ao catolicismo romano foi em alguns casos, ainda, uma espécie de cálculo por parte da comunidade, que entendia que sua religião era uma desvantagem na hora de se misturar às elites.[145] Esse mesmo fenômeno repetiu-se em outros destinos dos imigrantes libaneses, como na Argentina.

O catolicismo romano também comeu parte do terreno dos maronitas porque os recém-chegados matricularam seus filhos em escolas religiosas, como o Arquidiocesano, em São Paulo. As décadas seguintes também fizeram com que a identidade religiosa — o orgulho de ser libanês de tal e tal fé — fosse cada vez menos importante como fator de distinção no Brasil. Com isso, o número de fiéis que frequentava templos maronitas e ortodoxos começou a minguar depressa.

As igrejas orientais se deram conta desse processo e, por sua vez, tomaram uma série de medidas para reter o rebanho. Por exemplo, passaram a rezar trechos da missa em português, em vez de árabe, ou ao menos a oferecer traduções aos fiéis. Adotaram o calendário local e relaxaram algumas das obrigações religiosas mais rígidas, como a necessidade de jejuar. Com isso, algumas igrejas trazidas do Oriente Médio até cresceram.

A tarefa de se adaptar à religiosidade brasileira foi especialmente fácil para os maronitas. São, afinal, católicos como a maior parte dos brasileiros. Estão subordinados ao Vaticano e reconhecem a autoridade do papa.

Maioria entre os imigrantes libaneses no Brasil, os maronitas fundaram sua primeira igreja em 1897 na rua 25 de Março, chefiada pelo padre Yacoub Saliba.[146] O mítico Yacoub liderou os maronitas por quase quatro décadas até sua morte em 1929. A capela foi destruída para a construção do parque Dom Pedro e, com isso, a comunidade se desarticulou até ao menos 1946, quando Antônio Joubeir — um brasileiro criado no Líbano — passou a atender os fiéis em um espaço cedido pela Igreja de São Francisco, apostólica romana.[147]

Foi apenas na década de 1970 que os maronitas inauguraram a Catedral Nossa Senhora do Líbano, no bairro paulista da Liberdade, com a presença do governador Ademar de Barros e de outras autoridades políticas. Esse é até hoje o seu principal templo no Brasil.

Atualmente são chefiados pelo bispo Edgard Madi, de 65 anos. Nascido em Beit Meri, uma cidadezinha próxima de Beirute, se mudou para o Brasil em 2006 ao ser nomeado. Mas já conhecia o país. Seu irmão Gaby tinha imigrado em 1967, a convite de um tio que vivia aqui. "Ele queria ter uma vida melhor", conta Edgard. Um brimo foi chamando o outro e boa parte de seu vilarejo vive hoje em Belo Horizonte.

O bispo Edgard reconhece que, devido à pequena quantidade de igrejas maronitas no Brasil, apenas catorze, é impossível manter todos os libaneses e seus descendentes dentro dessa fé. "Não temos padres ou templos o suficiente. Assim, onde quer que morem, frequentam a igreja, qualquer que seja ela. Sentem-se em casa e, por serem muito religiosos, são acolhidos. A liturgia é um pouco diferente, mas no fundo é a mesma fé."

Os maronitas rezam parte em árabe e outra parte em aramaico, uma língua semítica falada no Oriente Médio na época de Jesus Cristo. É assim a celebração da missa na Catedral Nossa Senhora do Líbano, em São Paulo. Enquanto os padres lideram o ritual de seu altar — atrás do qual há uma enorme pintura de Nossa Senhora de braços abertos em montanhas nevadas e cobertas por cedros —, os fiéis que não compreendem os idiomas orientais podem seguir o texto em um telão, transliterado em letras latinas. A maior parte deles acompanha os cantos de memória.

"Muita gente ainda frequenta a igreja maronita", diz Edgard. "Para eles, tem um valor, um sentido." Mesmo quem mora no interior e, durante o ano, vai a uma igreja católica romana, prefere viajar a uma das paróquias para eventos especiais, como a festa da Nossa Senhora do Líbano, em maio, ou o Natal. Vão até elas também para seus batizados.

O bispo não sabe dizer quantas pessoas seguem os rituais maronitas no Brasil. Na cidade de São Paulo, ele estima de cabeça, em segundos, cerca de 10 mil. Como há pouca diferença entre maronitas e católicos romanos, é inviável ter um número exato.

A cifra de súbito voltou a crescer depois de anos de redução. Os maronitas celebraram sua primeira missa em Brasília em janeiro de 2019 e têm planos de inaugurar outros templos no futuro próximo. O sucesso se explica, de certo modo, pela própria atuação do bispo Edgard desde que assumiu seu posto em 2006.

Ao chegar, ele fez uma parceria com o canal Canção Nova para transmitir as suas missas pela televisão. O ritual é veiculado também na página oficial da igreja no Facebook. Há ainda um programa chamado *Memórias do Líbano*. "Com isso, chegamos mais longe. Vamos até a casa deles", diz Edgard.

Não são só os descendentes de libaneses, ademais, que frequentam o ritual maronita. Brasileiros de outras origens se encantam por aquela fé, alguns deles pela ideia de que uma missa em uma língua semítica é mais parecida com o que acontecia há dois mil anos, nos tempos de Jesus Cristo. "Para mim, esse é o futuro da nossa igreja", afirma o bispo.

Outra razão pela qual brasileiros criados no rito romano se decidem pela versão libanesa é a atração que sentem pelos santos maronitas. Em especial, São Charbel, um eremita do século 19. "Ele é maior aqui no Brasil do que no Líbano. Por quê? Não sei. Pergunte a Deus por que ele está dando essa oportunidade ao São Charbel."

Os maronitas não foram os únicos cristãos libaneses que imigraram para o Brasil. Veio ainda uma importante massa de ortodoxos da vertente de Antioquia — que, por celebrarem a sua missa em língua grega, são conhecidos também como greco-ortodoxos.

Como os maronitas, eles foram rápidos em se organizar. Ainda em 1898 chegou a São Paulo o padre Mussa Abu Haidar. Um ano depois, veio o diácono Germanos Chehade, de Buenos Aires, com a missão de construir um templo. Ele alugou um salão na 25 de Março, o primeiro local de reunião daquela comunidade. A primeira igreja propriamente dita, chamada Nossa Senhora da Natividade, na rua Itobi, foi inaugurada apenas em 1904. Os ortodoxos queriam uma catedral. Compraram um terreno na rua Vergueiro em 1938 e, em 1942, ela foi inaugurada. Imigrantes como Safady descreveram o projeto como "o sonho de todos os ortodoxos em São Paulo".[148] A suntuosa construção é tida como uma representação concreta da fortuna arrecadada no Brasil.[149]

A ansiedade em construir uma catedral ortodoxa em São Paulo estava relacionada, em parte, a um desejo da colônia de projetar uma imagem favorável na comunidade brasileira. Preocupava, também, a dispersão dos fiéis, dado que as gerações mais jovens já não se importavam em manter a crença.[150]

A história da igreja ortodoxa de São José do Rio Preto é um interessante exemplo de como imigrantes sírios e libaneses negociavam sua religião com a sociedade local. A princípio, a comunidade árabe não demonstrou interesse em erguer seu próprio templo ali, no eixo ferroviário da antiga Araraquarense, onde muitos brimos se concentravam. Eles frequentavam uma igreja católica. Mas, no final dos anos 1920, algo fez com que se mobilizassem — um pároco local se recusou a encomendar o corpo de um ortodoxo que havia morrido ali. Um sacerdote precisou vir de Campinas para celebrar o ritual fúnebre.[151]

Incomodados, os cristãos ortodoxos da cidade se reuniram em 1934 e decidiram fundar a própria igreja. O terreno foi comprado naquele mesmo ano. Um padre veio em 1935, e a pedra fundamental foi posta em 1936. Em 1947, quando o templo foi por fim inaugurado, a cerimônia contou com a presença dos arcebispos metropolitanos de Zahlé, no Líbano, e de Hama, na Síria, além do governador paulista Ademar de Barros.[152]

Competindo com maronitas e ortodoxos, libaneses das demais vertentes cristãs também trabalharam para manter seus devotos e atrair novatos. Foi o caso dos melquitas, um grupo católico de origem grega conhecido também como greco-católicos. Como os maronitas, eles reconhecem a autoridade do papa, uma distinção em relação aos ortodoxos.

Em 1879, os melquitas travaram relações com o Brasil, quando a sua maior autoridade, o bispo Basílio Hajjar, visitou o país e foi condecorado por d. Pedro II. O imperador, como sabemos, tinha viajado ao Líbano três anos antes. Dessa vertente cristã, há templos como Nossa Senhora do Paraíso, em São Paulo, e outros em Taubaté, Tremembé, Votorantim, Belo Horizonte, Juiz de Fora, Boa Esperança, Rio de Janeiro e Fortaleza.[153]

Apesar de bastante minoritária e ainda hoje pouco visível, a comunidade islâmica também fincou seu pé no país, com seu próprio impacto na política, incluindo alguns deputados e vereadores e um importante lobby nos setores de produção e de exportação de carne.

Imigrantes muçulmanos no Brasil criaram, em 1929, uma organização chamada de Sociedade Beneficente Muçulmana, liderada nos primeiros anos por Hussni Adura e Taufik Sultani. O grupo, dedicado à caridade, lançou em 1933 seu jornal, o *Azzikra*. Um grupo comprou um terreno na avenida do Estado para a construção da Mesquita Brasil, com projeto do engenheiro Paulo Taufik Camasmie. Segundo Taufik Duoun, eles enviaram fotografias do plano para "reis e príncipes muçulmanos" de todo o mundo. "O primeiro fruto dessa salutar iniciativa foi recebido do príncipe egípcio Muhammad Ali, que contribuiu com um cheque de 100 libras."[154] Além de Muhammad Ali, outros líderes muçulmanos apoiaram a construção da Mesquita Brasil. O xá da Pérsia doou uma coleção de tapetes, que foram entregues por meio do embaixador.[155]

Diversas outras mesquitas foram construídas nos anos seguintes, contando com o financiamento da Arábia Saudita, uma monarquia que inclui em seu território as duas cidades mais sagradas do islã, Meca e Medina. O Irã, rival da Arábia Saudita, também subsidiou projetos ligados à comunidade muçulmana no Brasil, incluindo a formação de clérigos.

A experiência dos muçulmanos foi bastante distinta daquela dos cristãos. Eles se integraram mais lentamente, uma das razões pelas quais não tiveram tanto êxito financeiro quanto os cristãos. Ocuparam posições inferiores dentro da colônia. Ademais, com um número reduzido de mulheres muçulmanas, muitos deles se casaram com cristãs, e os seus filhos seguiram a fé materna.[156]

O pesquisador Knowlton previa, nos anos 1960, que a comunidade muçulmana não teria um futuro próspero no país. Com as conversões e os casamentos mistos, sem tantas organizações sociais como os cristãos, perderiam pouco a pouco seus fiéis até desaparecerem por completo. No entanto, ele não contava com uma importante vantagem dos muçulmanos em relação aos cristãos — a fé islâmica, ao contrário da maronita ou da greco-ortodoxa, não depende tanto da origem étnica ou da imigração de novos fiéis do Líbano. Pelo contrário, o islã no Brasil também atraiu brasileiros de outras origens e cresce. Segundo a conta do IBGE, o número de muçulmanos no Brasil subiu 29% de 2000 a 2010, data do último censo. Com isso, essa comunidade foi de 27 mil seguidores para 35 mil.

Muçulmanos também contaram com uma importante leva de imigrantes décadas mais tarde, quando a Guerra Civil Libanesa estourou em 1975, alongando-se até 1990. Devotos foram à região da fronteira entre Brasil, Argentina e Paraguai. Por serem xiitas, um ramo islâmico minoritário seguido pela facção radical libanesa Hizbullah, esses imigrantes são hoje vistos com desconfiança. Circulam relatos de supostas relações entre eles e a milícia, com a arrecadação de fundos via lavagem de dinheiro, motivando um crescente preconceito.

Outro curioso fenômeno religioso envolvendo árabes no Brasil é a sua adaptação a outras fés, em uma mistura inesperada. Alguns se converteram ao espiritismo. Foi o caso do greco-ortodoxo sírio Niazi Chohfi, que entrou em contato com essa fé em 1940 — dizia conversar com os pais mortos.[157] Houve também quem adotasse as práticas locais de origem africana. O descendente de libaneses Jamil Rachid, que cresceu em São José dos Campos e se incorporou à umbanda em 1948, presidiu a União de Tendas de Umbanda e Candomblé do Brasil.[158] Passou a ser conhecido como Jamil de Omolu e Pai Jamil. Ele é, assim, um dos exemplos mais vivos de como a fé dos árabes se tornou, afinal, bem brasileira.

7. O hospital dos presidentes

O Hospital Sírio-Libanês, que hoje representa um dos maiores sucessos da comunidade árabe no Brasil, teve um começo pouco auspicioso. Suas primeiras décadas foram marcadas por diversos desafios, incluindo esforços para arrecadar fundos, conflitos com o governo e discórdias dentro da colônia. Para começar, o projeto tardou 44 anos para sair do papel.

O hospital era uma iniciativa filantrópica da família Jafet, que foi um dos núcleos árabes mais influentes no Brasil. Seu primeiro membro, Benjamin, chegou em 1887 em um barco a vela. Vinha do povoado de Dhour El Choueir, no Monte Líbano. Em uma entrevista de 1983, seu filho Eduardo contou que Benjamin decidiu abandonar o vilarejo depois de uma revelação em um sonho. Nele, uma voz lhe dizia "Vá para o Brasil, que é a terra do futuro". Sua mãe se opôs ao plano. Argumentava que no Brasil tinha febre amarela, picada de cobra. Queria mesmo é que Benjamin fosse para os Estados Unidos. Mas ele fincou o pé e embarcou para Santos. Na escala em Marselha, comprou camisas, pentes e perfumarias.[159]

Benjamin era filho de Chedid Nami Yafit e de Utroch Farah Tebecherani. Trabalhou como mascate, oferecendo suas mercadorias nas fazendas dos estados do Rio de Janeiro e de Minas. Com o dinheiro acumulado, abriu, em parceria com o amigo Fadul Tibshrany, uma loja de armarinhos que, de tão pequena, nem tinha nome. Sua estratégia de vender fiado, como tantos outros patrícios, ajudou a popularizar o crédito no país. Nos anos seguintes, outros membros da família Jafet seguiram Benjamin. Foi o caso de seus irmãos Basílio, João e Nami, chegados respectivamente em 1888, 1892 e 1893. Viraram seus sócios.

Outro de seus filhos, Alexios, conta essa história em um depoimento: "Quando todos que meu pai chamou chegaram, eles se reuniram e disseram: 'Bom, já que estamos aqui vamos nos unir, os quatro irmãos', e fundaram uma sociedade, fizeram uma loja comercial chamada Nami Jafet & Irmãos".[160] O negócio deles prosperou e, com isso, quiseram crescer.

Os Jafet decidiram no início do século 20 abandonar a 25 de Março e construir sua própria região. Eles praticamente constituíram o bairro do Ipiranga. Em 1906, compraram terras entre as ruas Manifesto, Patriotas, Sorocabanos e Agostinho Gomes. Em 1925, suas fábricas se espalhavam por uma área de 16 mil metros quadrados, com mais de 2 mil operários.[161] Os Jafet enviaram emissários ao interior do estado oferecendo empregos e salários mais altos que os da lavoura, além de aluguel mais barato. Quanto mais pessoas da família viessem para as fábricas, menos aluguel pagavam. Criava-se, assim, um vínculo direto entre empregador e assalariado. Centenas de brimos se uniram à empreitada.[162] Alexios diz que foi o primeiro Jafet a nascer no bairro. Fala da região com nostalgia, "um lugar maravilhoso, todo verde, com muito capim barba-de-bode". As pessoas usavam carros de bois como meio de transporte.[163]

O império que ergueram foi pioneiro na industrialização de São Paulo, e os Jafet tornaram-se alguns dos membros mais ricos da comunidade. Foram proprietários da maior usina de aço do estado de São Paulo.[164] Dessa maneira, conquistaram respeito dentro da colônia. Os Jafet concediam crédito com termos bastante favoráveis aos imigrantes, algo incomum no Brasil.[165] Com seu bairro, onde tinham quatro mansões, uma para cada irmão, os Jafet representavam uma luminosa possibilidade de ascensão social a imigrantes libaneses. Eles haviam chegado aqui como mascates e, em pouco tempo, reinavam sobre toda uma região.

É nesse contexto que entra em cena Adma, esposa de Basílio. Ela era conhecida, diz sua filha Ângela, pelo orgulho e pela sabedoria — quando o poeta Chafic Maluf ia visitá-la, ele se preparava lendo todos os jornais para não passar vergonha. Adma "lia umas oito horas por dia, tudo em árabe, jornais do Líbano, do México, revistas. Jornais de qualquer parte do mundo".[166]

Nascida em Hasbaya, filha de Catarina Gabriel e Demetrio Mokdessi, Adma se casou com Basílio em 1901, aos dezesseis anos. O noivo tinha 35. Eles se conheceram durante uma viagem dele ao país natal. "Quando minha mãe viu papai — imagine que ele usava brilhantes no dedo —, ele estava bem de situação, tinha uma personalidade esmerada, era insinuante e bem bonitão", diz Violeta, outra de suas filhas. De presente de noivado, ela ganhou da madre superiora ortodoxa uma cruz de ouro bizantino.[167] Prova do quanto ela era querida. A filha diz também que Adma tinha ideias bastante diferentes daquelas professadas à época por outras libanesas, que considerava frívolas. "Via a futilidade da vida das mulheres e dizia: 'Por que a mulher tem que ficar nesse plano? A mulher tem tanta capacidade quanto o homem, por que tem que estar sempre falando de bobagens?'."[168]

Alguns anos depois de sua imigração, Adma começou a se incomodar com o fato de os libaneses não terem seu próprio hospital. Os alemães tinham o Oswaldo Cruz, e já existiam o Hospital Italiano e a Beneficência Portuguesa. Decidiu sanar aquela questão: criou em 1921 a Sociedade Beneficente de Damas para angariar fundos. Queria, ademais, devolver ao Brasil a generosidade de sua acolhida aos árabes. Para isso, reuniu outras integrantes da comunidade sírio-libanesa em sua casa e arrecadou 28 mil cruzeiros para o projeto. A lista de participantes do encontro inclui alguns sobrenomes ainda hoje bastante conhecidos dentro da comunidade, como Maluf, Mattar, Salem e Gebara.[169]

Dois anos depois, a sociedade adquiriu um terreno na rua da Fonte, nos arredores da avenida Paulista. Somado a outra área comprada mais tarde, o espaço destinado ao hospital tinha, então, 20 mil metros quadrados. Na presença de representantes de alto escalão do governo brasileiro, a pedra fundamental do Sírio-Libanês foi lançada em 1931. Naquela ocasião, segundo a história oficial registrada pelo hospital, Adma discursou: "Foi em boa hora que tomamos a nosso cargo erguer este edifício sob o céu límpido do Brasil. Deus nos ajude a realizar as nossas aspirações, a servir à nação, a fazer uma obra útil à humanidade".[170]

Em seu livro, Taufik Duoun dá detalhes das extensões das obras e do aparato médico planejado para o local, reunindo fotos da fachada do hospital e tratando dele como fato consumado. Dava inveja aos demais hospitais de São Paulo, escreve, de tão moderno. O livro, porém, é de 1944. Ele não imaginava que o projeto demoraria tanto.

Com o irrompimento da Segunda Guerra Mundial em 1939, começaram a surgir diferenças políticas entre sírios e libaneses, afetando a sociedade.[171] O Império Otomano já estava esfacelado, àquela época, e os Estados da Síria e do Líbano definiam de maneira cada vez mais definitiva suas fronteiras e suas identidades nacionais. No Brasil, assim como no restante da diáspora, os imigrantes passavam a se perguntar algo que até ali era irrelevante — eram, afinal, sírios ou libaneses? Foram anos até se decidirem, em projetos coletivos com o do hospital, por uma denominação neutra: eram sírio-libaneses.

Violeta, uma das filhas de Adma, conta que a princípio a instituição ia se chamar Hospital Sírio. Mas apenas seis das 27 damas eram sírias, enquanto as demais eram libanesas.

Começaram então a chegar os telegramas na Sociedade, vindos de toda a colônia em São Paulo, dizendo que devíamos acrescentar o nome "Libanês". As perguntas eram assim: "Como é, nós somos agora libaneses, vai ficar Hospital Sírio?" Não era justo, a maioria era libanesa. Depois desses telegramas de protesto, mamãe reuniu as senhoras e falou: "Agora temos que acrescentar 'Libanês' ao nome do Hospital". Ih!, tanta coisa aconteceu nessa época que a gente nem pode rememorar tudo... Mamãe sofreu tanto... Mas a maior parte das senhoras assinou o documento alterando o nome original, só uma ou outra não quis. Aí começaram as reações contra a alteração: a União Patriótica Árabe, através do jornal *Al-Watanie*, fez uma campanha contra: "Como é que puseram o nome de 'Libanês'?, atacava a Sociedade do Hospital: "Ele nasceu como Hospital Sírio, tem que continuar sírio". Formaram-se vários comitês, e aqueles que queriam a Síria unida, a Grande Síria, até chegaram a abrir uma questão contra o hospital.[172]

A encrenca só foi resolvida quando uma comissão de bispos chegou do Líbano e, mediando as comunidades, ajudou-as a se decidir pelo nome comum. Mas ainda haveria outro revés: o governador Ademar de Barros emitiu um decreto desapropriando a construção e entregando-a à Escola de Cadetes de São Paulo. Violeta afirma que não sabe se houve dedo da colônia no gesto, que poderia ter tido motivação política. Talvez maquinação de quem não ficou feliz com o nome.

Seguiram-se mais anos de esforços da comunidade para, enfim, apenas em 1959, retomar o edifício do hospital. Em 1960, a diretoria foi constituída oficialmente, mas a sociedade precisou esperar para começar os trabalhos. Depois de duas décadas de uso militar, a construção precisava ser reformada. O centro foi inaugurado apenas em 1965. A idealizadora daquela instituição, Adma, tinha morrido em 1956. Assim, o centro de saúde foi dirigido nas décadas seguintes por Violeta.

O debate a respeito da identidade — se eles eram sírios ou libaneses ou ambos — pode parecer pequeno hoje, mas àquela época essa pergunta era urgente. A mesma questão apareceu em outras instituições. O Esporte Clube Sírio, de 1917, a princípio reunia tanto sírios quanto libaneses. Descontentes, alguns libaneses foram à justiça para tentar incorporar a palavra "libanês". Sem sucesso, criaram em 1934 o Clube Atlético Monte Líbano.[173]

Foi na gestão de Violeta que o Hospital Sírio-Libanês formou sua identidade. Tomando o lugar da mãe na sociedade beneficente, ela deu os rumos da instituição. Mas a história da instituição também dependeu, naqueles primeiros anos de funcionamento, de uma figura de fora da família Jafet: o médico Daher Cutait, que foi o diretor clínico do hospital por décadas. Na memória da comunidade sírio-libanesa, costuma-se dizer que Daher foi o mentor do hospital, uma espécie de pai — a pessoa que, no campo médico, deixou sua marca na maneira como o estabelecimento atuou. Filho de libaneses, nasceu em 1913 em São Paulo e morreu em 2001. Seu filho, Raul Cutait, também fez carreira no Sírio-Libanês. Outros nomes de peso foram Miguel Srougi e Sami Arapi — este último tratou do governador Mário Covas, morto em 2001 com câncer.

O hospital é um dos orgulhos dos Jafet, que seguem ativos na comunidade libanesa no Brasil décadas depois da chegada de seus primeiros membros no porto de Santos. Arthur, de 37 anos, é bisneto de Benjamin e descreve o Sírio-Libanês como "a concretização de um objetivo 'familiar'". "Era uma forma de agradecimento ao país que tinha acolhido a colônia", diz. "A família queria deixar essa marca, esse legado. Um hospital é uma maneira de contribuir com a saúde pública." Formado em direito, Arthur é hoje o diretor cultural do Instituto da Cultura Árabe, que organiza a Mostra Mundo Árabe de Cinema, um evento já tradicional no panorama das artes em São Paulo.

"A trajetória do Hospital Sírio-Libanês expressa muito bem a história de São Paulo, que é uma terra de imigrantes", diz Antonio Roberto Chacra, diretor do centro de diabetes da instituição. Filho de imigrantes libaneses de Rachaya e pai do jornalista Guga Chacra, Antonio é professor titular de endocrinologia na Escola Paulista de Medicina e foi presidente da Sociedade Brasileira de Endocrinologia. Na entrevista para este livro, Antonio faz questão de mencionar os hospitais erguidos por outros grupos imigrantes em São Paulo — como a Beneficência Portuguesa, dos lusos; o Hospital Matarazzo, dos italianos; o Albert Einstein, dos judeus; o Oswaldo Cruz, dos alemães; e o Santa Cruz, dos japoneses.

Para explicar a excelência médica do Sírio-Libanês, Antonio ressalta o trabalho da Sociedade Beneficente de Senhoras que, seguindo a tradição de Adma, comanda o hospital. "Elas mandam até hoje e organizam o trabalho de uma maneira brilhante." O fato de seu avental no centro de diabetes trazer o nome da sociedade levou a uma situação engraçada há alguns anos. Antonio conta que um dia uma paciente brasileira, de fora da colônia árabe, olhou para o logo da Sociedade Beneficente de Senhoras e se espantou deveras. Ela perguntou: "Ué, doutor, por que o senhor está usando um avental de senhoras?".

De um projeto de senhoras libanesas ao que é hoje o Hospital Sírio-Libanês foi um salto e tanto. Seus médicos trataram, na última década, a nata da política brasileira. O ex-presidente Luiz Inácio Lula da Silva e sua sucessora, Dilma Rousseff, foram internados ali para tratar de seu câncer. Também caminharam por aqueles corredores, de avental hospitalar, políticos como Orestes Quércia, Romeu Tuma e o ex-presidente do Paraguai, Fernando Lugo. Em 2011, quando uma reportagem da revista *IstoÉ* tentou explicar a origem do que chamou de "hospital do poder", o Sírio-Libanês havia atendido simultaneamente José Alencar, Geraldo Alckmin, Cláudio Lembo e Luiz Gushiken. A clientela justificava, segundo a publicação, o aparato de segurança: quinhentas câmeras, 250 controladores de acesso, 250 sensores de proximidade e cem agentes vigiando o local.[174]

A principal explicação para a fama do hospital é, incontestavelmente, sua excelência. Ao lado do Hospital Albert Einstein, é um dos grandes centros médicos da América Latina. Conta com aparelhos modernos e uma equipe bem-treinada. Mas, segundo a *IstoÉ*, pesa também uma espécie de projeto de marketing em que os médicos da casa não hesitam em aparecer. "Se em muitos hospitais eles ficam na retaguarda, no Sírio os especialistas que atendem famosos se sentem à vontade para ir até a porta principal dar entrevistas", escreveu a repórter Mônica Tarantino.

Em um competitivo quadro médico, uma das celebridades é o cardiologista Roberto Kalil Filho, que chegou ali como estagiário em 1982. Roberto, conhecido como "o médico do poder", estava acostumado desde menino à presença de políticos. Seu pai, herdeiro de uma mina de quartzo e de um poço de areia, era aficionado por cavalos e se reunia volta e meia com amigos militares para praticar hipismo — um hobby em que conheceu um certo João Baptista Figueiredo, futuro presidente do Brasil na ditadura militar. Eles ficaram bastante próximos a ponto de, mesmo depois de chegar ao mais alto cargo do país, Figueiredo não deixar de frequentar a casa dos Kalil.[175]

Guiomar, mãe do cardiologista, contou à repórter Paula Scarpin, da revista *piauí*, que o filho aguardava Figueiredo no portão de casa quando esperavam sua visita. Roberto também se aproximou de Paulo Maluf, outro brimo, que chegou a namorar a tia dele antes de se casar com Sylvia Lutfalla. "Afeiçoado desde menino ao tio postiço, Kalil foi militante da Juventude Malufista. Em 1986, quando Paulo se candidatou ao governo do estado, o estudante tinha camisetas e bandeiras de campanha armazenadas em casa", escreve Scarpin. Tanto que os colegas de faculdade o apelidaram de "Kaluf". Tamanha era a admiração dele que, quando se casou pela primeira vez, em 1989, Roberto teve de padrinhos o casal Paulo e Sylvia Maluf — somados a Romeu e Zilda Tuma e a João e Dulce Figueiredo, formando um poderoso sexteto político. "Vi esse menino nascer. É um self-made man, um empreendedor. Quando jovem, ele enxergava em mim o que gostaria de fazer", disse certa feita Paulo Maluf a respeito de Roberto.[176]

A mãe de Roberto, Guiomar, também tentou a política. Ela concorreu duas vezes ao cargo de deputada estadual pelo Partido Progressista (PP). Em 2006, teve apenas 3800 votos. Foi casada com Ademar de Barros Filho, que morreu em 2014.

Roberto se formou em 1985 na Universidade Santo Amaro. Fez residência no Hospital das Clínicas e no Hospital do Coração. Nos Estados Unidos, cursou doutorado e pós-doutorado. Regressou ao Brasil já renomado em sua especialidade, a cardiologia.

De volta, foi indicado por um médico do InCor para tratar Dirce Teixeira, mãe do advogado petista Roberto Teixeira. Foi ele quem apresentou o cardiologista a Lula. Os dois se tornaram grandes amigos, e a mãe de Roberto Kalil fala de ambos como se fossem pai e filho. Quando Lula ainda era presidente,

Roberto passava os fins de semana na Granja do Torto, uma das residências oficiais. Lula acordava Roberto para irem pescar juntos. "Apesar de todo mundo saber que o Kalil é um político vestido de branco, ele é muito discreto, muito tímido", contou a mulher, Claudia Cozer, a Paula Scarpin. "Na época do Lula, quando a gente tinha mais intimidade, eu falava pra ele pedir ingressos da Fórmula 1, para levar as crianças. Mas ele não pedia, ele morre de vergonha."[177]

Dado o histórico do Hospital Sírio-Libanês, surpreendeu em 2018 que o presidente Jair Bolsonaro não tenha se tratado ali quando foi esfaqueado em setembro durante sua campanha eleitoral. Como uma reportagem do jornal *Folha de S.Paulo* explicou mais tarde, o hospital dos Jafet disputou com o Albert Einstein a chance de cuidar do candidato que liderava as campanhas. Venceu o israelita.[178]

Bolsonaro foi, a princípio, tratado na Santa Casa da cidade de Juiz de Fora, em Minas Gerais. Enquanto ainda se discutia de onde viria o apoio ao tratamento, Roberto Kalil enviou um jatinho fretado com uma equipe chefiada por seu braço direito: a cardiologista Ludhmila Hajjar, descendente de sírios. Ludhmila é filha do empresário Samir Hajjar, conhecido como Samirão — pré-candidato às eleições municipais de 2020 em Anápolis, a cidade da médica.

Quando a aeronave de Ludhmila pousou, no entanto, os filhos de Bolsonaro recusaram a oferta. Segundo o repórter Igor Gielow, uma das razões foi justamente a fama do Hospital Sírio-Libanês de tratar tantos poderosos.[179] Já que tinham passado por ali figuras da política tradicional, como Lula e Dilma, o hospital era pouco atraente a um candidato que se vendia como uma alternativa vinda de fora do sistema. Outro motivo foi a proximidade entre Bolsonaro e Israel — o Albert Einstein é ligado à comunidade judaica.

Quando os médicos do Sírio-Libanês já tinham se adiantado e examinavam Bolsonaro no pós-operatório, escreve Gielow,

Antônio Macedo desembarcou em Minas Gerais. Macedo é um dos grandes nomes da gastroenterologia e trabalha no Einstein. Tinha sido chamado, segundo a reportagem da *Folha*, por Eduardo Bolsonaro. Chegou à meia-noite e foi depressa ver o paciente, que estava acompanhado por políticos aliados e parentes. Houve desentendimento entre os médicos — Macedo foi ríspido com Ludhmila, que deixou o local e voou de volta com dois outros médicos do Sírio-Libanês.[180]

Esse não foi o último episódio envolvendo médicos de origem árabe e os centros do poder no Brasil. A pandemia do coronavírus, que chegou ao país no início de 2020, voltou a colocar esses profissionais em evidência no debate público. Roberto Kalil, Ludhmila Hajjar e um terceiro brimo — David Uip, de origem libanesa — estiveram nas manchetes ao se alinhar com diferentes posições a respeito de como tratar da Covid-19.

Em 2020, Roberto Kalil foi infectado pelo Sars-Cov-2 e revelou ter usado cloroquina para se tratar. A cloroquina, originalmente utilizada para casos de malária, foi uma das apostas do presidente Bolsonaro, apesar da enorme reticência da comunidade científica, uma vez que não havia provas definitivas da eficácia do remédio. Por seu anúncio, o médico do Sírio-Libanês foi elogiado pelo presidente. Roberto em seguida foi a público insistir que não estava fazendo propaganda do medicamento. À repórter Cláudia Collucci, da *Folha*, ele disse: "É verdade que não temos grandes estudos científicos mostrando benefícios, mas é uma doença que mata. Se daqui a seis meses sair um estudo mostrando que a cloroquina não funciona, parabéns, fizemos o que tinha que fazer. Se daqui a seis meses sair um estudo mostrando que a cloroquina é eficaz, e os doentes que deixamos de dar? E se morreram?".[181] Com tom semelhante ao de Roberto, Ludhmila não apoiou nem condenou o uso da cloroquina. Disse que não era possível afirmar, naquele momento, que a cloroquina não funcionasse. Tampouco era possível dizer que o medicamento funcionasse. "Não podemos basear uma prática médica em achismo. Seria voltar à Idade Média."[182] Tanto Roberto quanto Ludhmila foram supostamente cotados para assumir o Ministério da Saúde, quando Bolsonaro trocou o chefe da pasta três vezes na pandemia.

David Uip, por outro lado, desagradou o presidente em diversas ocasiões. Ele trabalhou até meados de maio de 2020 como coordenador do Comitê de Contingenciamento para Emergências para a Covid-19 do governo de São Paulo. Como seu chefe, o governador João Doria (PSDB), David defendeu a política de isolamento social para combater a pandemia. Bolsonaro, no entanto, insistia na necessidade de reabrir o país, a despeito do risco de agravar a crise de saúde pública. Bolsonaro criticou Uip também porque o médico, infectado pelo coronavírus e curado, recusou-se a dizer se tinha feito uso da cloroquina para se recuperar.

São quase cem anos desde aquela primeira ideia de Adma Jafet. O contexto do funcionamento do hospital agora é outro — virou de certa maneira um patrimônio nacional. Mas o Sírio-Libanês ainda mantém algumas tradições daqueles primeiros dias, quando a dama Adma reuniu suas brimas. O hospital tem até hoje uma Diretoria de Senhoras, um grupo de catorze mulheres que participam das discussões de planejamento estratégico e de orçamento, procurando fazer prevalecer a missão original da instituição. Na gestão 2018-2021, todas elas tinham uma ligação com a comunidade árabe: os seus sobrenomes incluíam Jafet, Hannud, Chohfi, Rizkallah e Haidar.

Até 2021, o grupo foi liderado por Marta Kehdi Schahin, uma descendente de libaneses. A família de seu pai, Edmundo Kehdi, veio de Zahlé. A da mãe, Lúcia Lutfalla, de uma aldeia no norte do país. "Meus avôs imigraram quando crianças para fazer a

América", conta. "O Brasil abraçou, e muito bem, a colônia. A ideia, quando o grupo de senhoras se reuniu em 1921, era fazer uma retribuição da maneira mais nobre possível, na saúde."

Marta cresceu ouvindo a família falar com carinho sobre o hospital, de certo modo uma referência emocional de toda a colônia. Seus pais Edmundo e Lúcia faziam parte dos doadores da instituição. Ao se casar com Rubens Schahin, descendente de uma prestigiosa família síria, ela teve contato direto com outros personagens do empreendimento: sua sogra Florinda fez parte da diretoria do hospital, e seu sogro Taufic contribuiu com o Orfanato Sírio e o Sanatório Sírio, outras instituições beneficentes da diáspora. "Desde criança, temos orgulho do Sírio-Libanês. Queria contribuir para o projeto."

Marta começou a acompanhar Florinda nas reuniões da diretoria. Nos anos 2000, entrou oficialmente para o grupo, que passou a liderar em 2013, sua primeira gestão. Diz que as damas são as guardiãs do hospital. Não é um requisito que as senhoras façam parte da colônia. Mas acaba sendo o resultado de uma relação particular entre elas e a instituição. "É uma semente que, colocada ainda dentro de casa, germina." Marta tampouco enxerga o Sírio-Libanês como uma organização da colônia em si. "Somos totalmente brasileiras", afirma.

Ela visitou algumas vezes o Líbano, onde ainda tem família. A primeira delas foi ainda antes da guerra civil, que estourou em 1975 e seguiu até 1990. Há pouco, esteve lá para representar o hospital em um encontro da diáspora. Ela nunca foi para a Síria, de onde vieram os ascendentes de seu marido, Rubens. O fato de ela misturar entre seus sobrenomes o Líbano e a Síria parece curioso pela história do hospital, que foi marcada por desavenças entre as duas comunidades. Ela dá o seu veredito: "Esses lados combinam muito bem".

IMMIGRAÇÃO
2 6 MAI 1922.
SANTOS

← PÁGINA ANTERIOR
1. Loja Sarruf & Stephano, na rua 25 de Março, nos anos 1930. O estabelecimento, que ainda existe, é conhecido como o Rei do Armarinho.

↑ 2. Carta de 1922 em árabe com o endereço da 25 de Março. Um exemplo da correspondência trocada por imigrantes e suas famílias

↑ 3. Retrato da família de Abrão Dib, um imigrante de Homs em São Paulo, em torno de 1924, após sua chegada ao Brasil.

↓ 4. Passaporte emitido pelo mandato francês em 1935. A França controlava as áreas que hoje correspondem à Síria e ao Líbano, após o fim do Império Otomano.

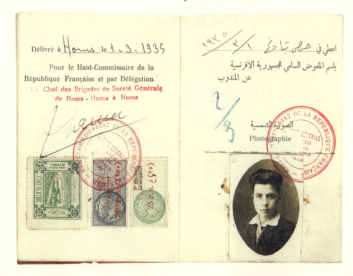

↖ 5. Retrato de Salwa Atlas, imigrante de Homs, publicado em 1949. Salwa publicou artigos e livros e foi uma figura influente para a comunidade em seu tempo.

↑ 6. Capa de *A Colônia* ilustrada com fotos da delegação turca em Lausanne, na Suíça, em 1923. O Tratado de Lausanne culminou no reconhecimento internacional da Turquia, após o colapso do Império Otomano na Primeira Guerra Mundial.

← 7. Capa da publicação árabe *O Oriente*, de Mussa Kuraiem, em 1932. As imagens mostram cenas de Aleppo, de onde saíram imigrantes sírios para o Brasil.

8. Primeiro exemplar da *União Árabe*, de Jurj Atlas, em 1919. Um ano mais tarde, Jurj criou a fraternidade síria Clube Homs, que ainda funciona em São Paulo.

9. Capa de *al-Afkar*, publicação pioneira em árabe, de 1904. Havia dezenas de jornais e revistas em árabe circulando no Brasil nos primórdios da imigração.

10. Membros da Sociedade Mocidade Homsie, fundada em 1908. Imigrantes sírios e libaneses criaram diversas organizações de caridade no país.

11. Anúncio na revista *A Vinha* do casamento de Malvina Nasser e Michel Farkouh em 1947. Essas publicações eram comuns nas colunas sociais dos jornais e revistas árabes em São Paulo.

12. Imagem do Sport Club Syrio na década de 1940. Clubes e agremiações foram centrais para a socialização de sírios e libaneses radicados em São Paulo.

13. Placa na entrada do vilarejo de Btaaboura celebrando Michel Temer. Depois que ele virou presidente em 2016, o povoado se reuniu para apagar a palavra "vice".

14. O vilarejo de Btaaboura, de onde a família de Michel Temer imigrou. Alguns moradores torcem para que o ex-presidente custeie a reforma da pequena igreja local.

5. Casa de Nizar Temer, primo de Michel Temer, em Btaaboura. O ex-presidente aparece entre os retratos da família, em cima de um antigo videocassete.

6. Retrato de Nakhul Temer, pai do ex-presidente Michel Temer, em Btaaboura. Essa fotografia segue pendurada em uma das casas da família Temer na vila.

17. O vilarejo de Ain Ata, de onde imigrou a família de Fernando Haddad. Esse povoado, no sul do Líbano, fica próximo da fronteira com a Síria e Israel.

18. Imagem do profeta Elias na igreja em que Habib al-Haddad, avô do ex-prefeito Fernando, pregava. O vilarejo ainda se recorda de Habib como um de seus líderes lendários.

Retrato do Habib al-Haddad, avô de Fernando Haddad, na casa onde vivia antes de imigrar para o Brasil. A atual moradora, uma mulher drusa, segura a foto.

Assad Haddad, parentado de Fernando Haddad, na igreja do povoado de Ain Ata. Depois da imigração para o Brasil, sobraram poucos cristãos por ali.

21. Jerje Maluf segura uma fotografia de seu parente Paulo Maluf. Salim Farah Maluf, o pai de Paulo, imigrou do vilarejo de Hadath no início do século 20.

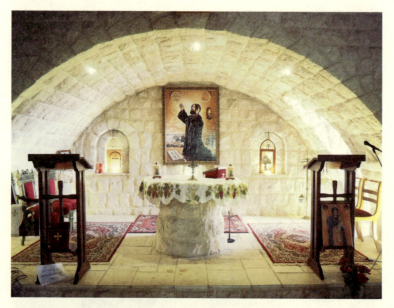

22. Capela do santo Nimatullah Kassab, parente distante de Gilberto Kassab. O santo Kassab costuma aparecer nas ilustrações ajoelhado e com os dois braços abertos.

Eduardo Mokdessi

TECIDOS
RETALHOS
POR
ATACADO

•

O MAIOR E O MAIS PROCURADO ESTABELECIMENTO DE TECIDOS E RETALHOS DE SÃO PAULO

•

RUA ITOBÍ, 88 • Fone 3-7598
SÃO PAULO

SEDAS TAMER

•

Preferidas por serem Garantidas

•

INDUSTRIAS TEXTIS TAMER S/A

•

FABRICA:
Rua Julio de Castilhos, 248 - Fone 9-3024

VENDAS:
Rua 25 de Márço, 681 - Fone 2-2737

FELICIDADE!
PARABENS!
Nossos melhores votos!

Nos instantes de congratulação uma oferta do bom paladar!

DÔCES SÍRIOS
"AL-MIMÁS"

Confeitaria "Al-Mimás"

Rua 25 de Março, 447 — Fone 3-6553

23 e 24. Nesta e na página seguinte, anúncios em uma revista da comunidade árabe em 1947. Era comum que as publicações trouxessem propagandas voltadas para os sírios e libaneses em São Paulo.

★★★★★★★★★★★★★★★★★★★★★★

SÃO EXATAMENTE
12 HORAS
E
TRINTA MINUTOS!

★

NESTA HORA,
ESTÁ NO AR
DIARIAMENTE

Recordações
do Oriente

A audição Lider dos Sirios
e Libaneses no Brasil

★

DIREÇÃO:
CHICO CHABBUH

LOCUTOR:
DAMÚS FILHO

RADIO AMERICA

1410 QUILOCICLOS

★★★★★★★★★★★★★★★★★★★★★★

TECIDOS
ARMARINHOS

NO TRADICIONAL E

FAMOSO ATACADO

—— DE ——

NAGIB SALEM S/A

Industria e Comercio

de Tecidos

S.S.S

RUA 25 DE MARÇO, 753

Tel. 2-0422 • Caixa Postal 1644

SÃO PAULO

Parte II

8. Cedros libaneses no Planalto Central

Said Farhat — nascido em Rio Branco em uma família libanesa — conta que, quando o ministro da Casa Civil na ditadura militar, João Leitão de Abreu, pediu a ele uma lista de possíveis candidatos a governador do Acre, ele lhe sugeriu seis nomes.

O ministro leu a carta com as indicações e perguntou: "Você tem certeza de que esta lista é de políticos do Acre? Mais parece uma lista de políticos do Líbano". As sugestões incluíam cinco políticos de sobrenome árabe e a sexta indicação, Crisarobina Dourado Leitão, era casada com um patrício, mas Said preferiu omitir esse detalhe. Jorge Kalume foi eleito pela Arena em 1966. Era filho do sírio Abib Moisés Kalume. O próprio Said entrou para o governo mais tarde, como presidente da Embratur de 1974 a 1979 e ministro da Comunicação Social de 1979 a 1985, na gestão dos presidentes Ernesto Geisel e João Baptista Figueiredo.

Saborosa, essa história não é excepcional. Diversas outras eleições brasileiras tiveram tempero árabe. São Paulo às vezes se parece com Beirute durante as campanhas eleitorais: nas décadas mais recentes, o estado e a cidade passaram pelas mãos de Paulo Maluf, Gilberto Kassab e Fernando Haddad, todos de origem libanesa.

A recorrência de sobrenomes árabes nos anais da política brasileira é tamanha que surpreendeu, há alguns anos, o historiador brasileiro Sérgio Tadeu de Niemeyer Lamarão. Ele trabalhou de 1996 a 2000 como coordenador do Dicionário Histórico Biográfico Brasileiro, um projeto da Fundação Getulio Vargas. Enquanto se debruçava sobre os verbetes da enciclopédia, registrando os meandros da política brasileira, Sérgio percebeu que muitos deputados federais e senadores eram brimos. Fez a conta e descobriu que entre 1945 e 1999 o Brasil teve 163 deputados federais e senadores com sobrenomes sírios e libaneses. Concentrados em São Paulo e no Rio, os sírios e libaneses eram o segundo maior grupo étnico com representação no Congresso, superados apenas pelos 236 parlamentares de origem italiana. Apesar de a cifra ser marcante, cabe um porém: Sérgio analisou apenas os sobrenomes que indicavam uma origem étnica clara, o que é afinal um recorte restrito. Ele também não distinguiu entre os sírios e os libaneses, por limitações de documentação, ainda que seja razoável supor que a maior parte deles venha do Líbano.[183]

De todo modo, seu estudo dá uma base sólida para a observação que já parece ser do senso comum no Brasil: os libaneses têm um interesse especial pela política, uma área em que tiveram um êxito bastante peculiar. Poucas décadas depois de imigrar, essas pessoas e seus descendentes alcançaram os mais altos escalões do governo brasileiro. No caso da família Temer, da vila de Btaaboura, chegaram ao degrau mais alto: a presidência.

O engajamento de libaneses com a política brasileira remonta às primeiras décadas de sua imigração.[184] A viagem era um projeto temporário para muitos deles e, assim, continuaram a acompanhar os desdobramentos políticos da terra natal para a qual ainda planejavam retornar. A distância, imigrantes libaneses radicados em São Paulo e no Rio liam sobre o esfarelamento do Império Otomano e a ocupação francesa. Tinham também conhecimento a respeito do surgimento de um potente movimento nacionalista árabe no Oriente Médio.

Sírios e libaneses na diáspora brasileira estavam atentos àquela ação e queriam contribuir, ainda, para a libertação de sua terra natal e para a construção de uma nova nação. Um de seus líderes foi Antoun Saadeh. Apesar de ter nascido no que é hoje o Líbano, Antoun defendia a criação de um país que ele chamava de Grande Síria, englobando os territórios que hoje incluem Síria, Líbano, Palestina, Israel e Jordânia. Antoun foi o fundador do Partido Social Nacionalista Sírio (SSNP), até hoje uma influente ideia política no Oriente Médio.

Antoun viveu a juventude em São Paulo com seu pai Khalil de 1920 a 1930, e aqui entrou em contato com ideias como o Integralismo, de Plínio Salgado. Ele foi ao Líbano e voltou ao Brasil em 1938, onde viveu por alguns meses antes de ir à Argentina. Retornou a Beirute em 1947 e, em atrito com o governo, foi executado em 1949.

O político publicou na diáspora uma série de jornais, como o *Suriya al-Jadida*, que circulou em São Paulo de 1939 a ao menos 1941, data da última edição arquivada na Universidade Americana do Líbano. Foi com essa publicação, ligada ao partido SSNP, que espalhou pelo Brasil suas teorias nacionalistas, pedindo aos imigrantes que também participassem do movimento.[185] Até hoje, nenhum outro líder sírio-libanês fez tamanhos esforços para alcançar a diáspora árabe e integrá-la à política de sua terra natal.[186]

Antoun é um personagem bastante controverso no Líbano, em especial porque é tido como uma figura simpática ao fascismo. Mas suas ideias ecoaram com força no Brasil. O livro *A imigração árabe*, da imigrante Claude Fahd Hajjar, foi dedicado a seu projeto político em 1985. Ele é citado em diversas entrevistas das historiadoras Greiber, Maluf e Mattar — era admirado pela família Jafet, que vinha da mesma região no Líbano. Quando visitou o país em 2006, Fernando Haddad, então ministro da Educação, doou a biblioteca de seu pai à sua vila de origem, Ain Ata. Entre os livros, havia obras de Antoun.

A tônica do discurso era que, no exílio, os sírios e libaneses precisavam fortalecer tanto o corpo quanto a mente para ajudar nas lutas de seu país. Era a ideologia por trás da fundação do Clube Homs em São Paulo em 1920, segundo os estudos da pesquisadora americana Stacy Fahrenthold. Os imigrantes acreditavam que a construção de uma nova nação dependia do desenvolvimento moral, intelectual e físico dos homens. "Essa visão casava a masculinidade síria aos desejos de libertação territorial, renovação cultural e democracia parlamentar."[187] As mulheres, é quase desnecessário dizer, não estavam contempladas no projeto. Salwa Salama Atlas, esposa de Jurj, um dos líderes do Clube Homs, era uma prolífica intelectual, mas foi esquecida pela história. Para romper o silêncio em torno dela, narro sua vida mais adiante neste livro.

Como consequência de seu engajamento em movimentos no Líbano, os radicados no Brasil começaram, a partir dos anos 1930, a se interessar também pela política brasileira. Como tinham acumulado capital e prestígio com seu trabalho de mascate e estudado nas escolas de renome, queriam agora participar da tomada de decisões. Era um projeto sobretudo das camadas da comunidade que tinham conseguido enriquecer.

A política foi uma maneira de os imigrantes e seus descendentes ascenderem socialmente, dando continuidade ao processo iniciado décadas antes na atividade de caixeiros e de comerciantes. Foi a estratégia utilizada por ambiciosos jovens advogados que foram capazes de traduzir seus diplomas em influência política. Algumas famílias também encontraram na política uma estratégia efetiva para proteger seus negócios contra a interferência governamental. Em troca de contribuições financeiras, conseguiram que parentes e amigos fossem nomeados a altos cargos no governo.[188]

Os anos 1930 foram bastante propícios para aqueles planos. O governo de Getúlio Vargas buscou, de 1937 a 1945, o apoio das minorias para servir como contraponto às famílias tradicionais, consideradas hostis ao Catete.[189]

Knowlton lista os primeiros patrícios políticos em São Paulo. O estreante, diz, foi um libanês que ocupou o cargo de subprefeito do distrito do Ipiranga em 1930 — portanto, fica difícil confirmar a informação. Em 1935 havia prefeitos de origem sírio-libanesa em Sorocaba, Conchas, Pirassununga e Presidente Prudente. Eram oito municípios em 1938, e o número foi a 28 em 1947, a maioria na parte ocidental do estado.[190]

Com um levantamento mais sistemático do que o de Knowlton, o sociólogo Truzzi divide a história da participação política de sírio-libaneses em São Paulo em dois momentos distintos. O primeiro é representado pelos patrícios que vinham das salas de aula das universidades de elite. O segundo corresponde aos brimos que surgiam do interior do país.

As universidades eram um excelente espaço para arregimentar lideranças políticas porque seus alunos já apresentavam alguma familiaridade e afinidade com o meio político. Os sírio-libaneses que saíam dos bancos da Faculdade de Direito da USP estavam de certa forma credenciados para intermediar os interesses da colônia e das elites paulistas. Foi esse o padrão nas três primeiras décadas depois do Estado Novo. Assim, dos 23 mandatos de sírio-libaneses de 1947 a 1956 como deputados federais e estaduais, dezoito foram exercidos por oito bacharéis formados na São Francisco.[191]

Truzzi chama esses primeiros políticos de procedência árabe de "patrícios bacharéis". A partir de 1962, no entanto, surge um segundo padrão de recrutamento de lideranças: os brimos não se originavam majoritariamente das salas de aula, mas sim do interior do estado. É o caso de políticos como Bady Bassitt, Semi Jorge e Nagib Chaib. Uma das explicações é o fato de que, como caixeiros-viajantes, eles já tinham ganhado sua freguesia e seus eleitores nas cidades do interior.[192] Outra interpretação plausível para esse comportamento é que ali os imigrantes árabes enfrentavam menos competição por parte das oligarquias tradicionais.[193]

Esse processo, no entanto, teve uma interrupção quase completa durante a ditadura militar, em que o número de patrícios nos altos escalões políticos diminuiu. A colônia libanesa parou de investir na arena política durante aqueles anos porque o Congresso tinha sido esvaziado de suas prerrogativas legislativas. A quantidade de políticos de origem libanesa tinha aumentado mais de seis vezes entre a redemocratização pós-Estado Novo e as eleições de 1962, mas foi freada em 1964.[194] Foram 21 parlamentares na legislatura 1967-1971 e apenas quinze na legislatura 1971-1975, como consequência do Ato Institucional nº 5, de 1968 — o seu número mais baixo.

A redemocratização dos anos 1980 devolveu à comunidade o interesse na política. Paulo Maluf, que havia atuado na ditadura como governador biônico de São Paulo, concorreu às eleições para a presidência depois dos generais, mas foi derrotado. Dali para cá, os patrícios passaram a representar cerca de um décimo do Congresso Nacional e a ocupar cargos como os de prefeito, governador e presidente — as histórias de alguns deles são o assunto dos próximos capítulos deste livro.

Há algumas explicações para a alta participação de libaneses na política brasileira. Truzzi, por exemplo, crê que o fenômeno é consequência da soma de diversos fatores: a mobilidade social via comércio, o investimento na educação e a dispersão dos libaneses pelo interior. A política foi a maneira de impulsionar a emergência de lideranças locais.[195]

Para Hussein Kalout, brasileiro descendente de libaneses que leciona na Universidade Harvard, um dos fatores fundamentais é a coincidência — o fato de que os imigrantes libaneses chegaram ao Brasil durante a construção do tecido social do país e puderam participar de sua formação política. Outra explicação, segundo ele, é cultural — a insistência em valorizar as histórias de êxito. Foram ao comércio, ao direito e à política para vencer. "Não havia a opção de fracassar. Era uma cobrança constante pela formação do caráter, pela educação e pela competição", afirma. Porém, apesar de os descendentes manterem o laço afetivo com o país dos seus antepassados, hoje já não apresentam as mesmas "conexões viscerais" com aquela terra. "Há um carinho, mas eles não se enxergam como puramente libaneses. São mineiros, cariocas..."

Kalout sugere que a experiência é, nesse sentido, semelhante à dos italianos. "A formação social absorveu o sujeito no Brasil. Se a conexão com a terra dos antepassados une? Sim. Em torno de temas como o orgulho da comunidade, ou quando algum político ascende a um patamar importante", diz. "A comunidade tem um respeito enorme por Michel Temer, por exemplo. A despeito da preferência ideológica, por ser de origem libanesa, o pessoal nutre um respeito. Por ele ter sido um vencedor."

A comunidade, vale lembrar, não é homogênea. O perfil de seus políticos varia, conforme é possível notar na lista de membros do Grupo Parlamentar Brasil-Líbano. Mas há alguns padrões de acordo com a região. No Ceará a colônia árabe costuma ser de centro-direita, articulada em torno de políticos como o ex-governador Tasso Jereissati. Já em São Paulo o espectro é muito mais fragmentado.

Constatada a super-representação de sírio-libaneses e descendentes no Congresso, pesquisadores volta e meia se perguntam se isso pode estar relacionado a um voto coordenado dentro da colônia. Estudos como o de Knowlton, de 1960, sugerem que não existe tal arranjo. Ele diz o contrário, que os sírios e libaneses disputam os cargos políticos entre si, em vez de se estruturar para eleger uns aos outros.[196]

Outra questão interessante é o impacto da origem étnica. Em outras palavras, se o fato de serem árabes mudou algo em suas carreiras. Lamarão notou isso quando escreveu acerca do tema nos anos 2000, enviando questionários a parlamentares em exercício, a ex-parlamentares e aos familiares daqueles que já haviam morrido. De seus 39 entrevistados, trinta afirmaram que ser descendentes de sírios e libaneses não tinha sido distintivo em suas trajetórias. Lamarão investigou também se a origem étnica tinha tido impacto em sua atividade legislativa — em resumo, se eles propunham ou aprovavam leis pensando especificamente na comunidade. A resposta foi quase consensual: 33 disseram que não.[197]

Apesar de o voto da colônia não ter sido determinante para eleger um político de origem libanesa ou para influenciar a sua atividade, não é razoável supor que o impacto tenha sido nulo. Os jornais especializados, por exemplo, pediam votos aos candidatos patrícios. Havia, portanto, algum tipo de coordenação ou de boa vontade para brimos votarem em brimos.

A presença na política era interpretada pela própria comunidade como uma evidência de que a sua raça tinha valor, de que ela podia ser aceita pela nata da sociedade brasileira. Os patrícios esperavam que seus representantes servissem como pontos de apoio para todos. Os políticos de origem libanesa "foram, portanto, muitas vezes encarados como uma espécie de extensão da família ampliada, uma instância à qual se podia recorrer em caso de necessidade", escreve Truzzi.[198]

O americano Karam tem uma avaliação parecida com a de Truzzi. Ele sugere que existe alguma conexão entre a origem étnica e a atividade legislativa, ainda que seja discreta. Ele conta que Hanna Garib, quando vereador, aprovou uma série de leis com fins étnicos explícitos. Hanna criou um Dia da Independência da Síria e um Dia do Líbano na municipalidade de São Paulo em 1995. O mesmo vale para outros políticos que, com atividades legislativas voltadas à colônia, ganharam publicidade positiva.[199]

Karam dá exemplos de legislação: o projeto de lei nº 894, de 1995, denominava a praça do Islã no bairro do Paraíso. A lei nº 122 239, de 1996, criava a praça Salim Abeid na mesma região. O projeto de lei nº 158, de 1996, declarava Beirute e São Paulo como cidades-irmãs. A lei nº 12 886, de 1999, determinava que Damasco e São Paulo fossem igualmente irmanadas. A lei nº 12 029, de 2000, fundava a praça Marjayoun também no Paraíso.[200]

Nesse cenário, os políticos eram ao mesmo tempo isolados de sua origem e representantes delas, um fenômeno especialmente marcado na carreira de Paulo Maluf, um dos ícones — para o bem e o mal — da colônia.[201]

Aliás, não foram apenas os acadêmicos que se importaram com a participação dos imigrantes árabes na política brasileira. Ciente do peso da colônia, o governo americano também se interessou nos últimos anos por esse fenômeno. Um dos telegramas vazados pela WikiLeaks — o controverso projeto de Julian Assange — trata desse assunto.

Identificado como "06SAOPAULO498_a", o documento foi redigido em São Paulo em 2006.[202] A diplomacia americana queria avaliar se os árabes no Brasil exerciam algum impacto na política externa, se eles se interessavam pelos desdobramentos da política no Oriente Médio e se acreditavam poder direcionar a resposta brasileira. O Brasil, afinal, antagonizou com o governo israelense durante os governos de Lula e de Dilma, advogando pelo reconhecimento da Palestina na Organização das Nações Unidas. O texto do despacho afirma que membros do governo brasileiro por vezes tentam justificar algumas de suas posições controversas e políticas sobre questões do Oriente Médio como uma resposta às exigências políticas da comunidade muçulmana do Brasil. Mas nem as comunidades cristãs nem as muçulmanas parecem interessadas na cena política médio-oriental. Isso torna necessária uma questão mais ampla sobre o que está motivando as às vezes controversas e contraditórias políticas do governo brasileiro no Oriente Médio. [...] Enquanto a comunidade cristã-libanesa de São Paulo é ativa na política, a comunidade árabe em geral (muçulmanos e cristãos) carece de impacto político em nível nacional. [...] Nossas conversas com líderes cristãos e muçulmanos da extensa comunidade médio-oriental de São Paulo sugerem que não há um grupo de interesse político ou bloco eleitoral. No pouco em que os muçulmanos são politicamente ativos, eles tendem a apoiar o governo do PT e as outras formações de esquerda.

O telegrama narra os encontros dos diplomatas americanos com três representantes da comunidade libanesa no Brasil: o deputado Ricardo Izar; o editor Raul Tarek Fajuri, que dirigia a revista *Chams*, que circulou por 25 anos até 2015, voltada à comunidade árabe; e o deputado Said Mourad, um dos raros muçulmanos a chegar aos altos escalões da política.

O primeiro encontro narrado no documento americano foi com Ricardo Izar. Apesar de Ricardo ser cristão, os diplomatas lhe perguntaram quantos políticos de origem libanesa no Brasil eram muçulmanos e a quais partidos estavam afiliados. O interesse nos políticos de fé islâmica, em detrimento dos demais, se encaixa nos contornos da política externa americana, que depois do atentado contra as Torres Gêmeas, em 2001, passou a investir nesse tipo de investigação sobre muçulmanos nos Estados Unidos e no mundo.

O segundo encontro descrito foi com Fajuri, na redação da revista *Chams*. O telegrama americano narra, por fim, a reunião com Said Mourad, descrito como "o único oficial muçulmano eleito em São Paulo na legislatura estadual". Sua história aparece nos próximos capítulos. Após conversar com Said, os diplomatas concluíram que não existe um bloco eleitoral árabe no Brasil. Falta força e coesão entre brimos, segundo o despacho.

Said se lembra daquela reunião. "Um dia, a consulesa americana me pediu uma audiência. Queria vir ao meu gabinete. Aceitei e já imaginava o que ela queria de mim. Ela queria saber quem era, afinal, o deputado muçulmano no Brasil." A diplomata veio acompanhada de outra funcionária do consulado, especialista em política. Perguntou a Said sobre as divisões dentro da comunidade árabe e se ela conseguia se articular, apesar das rixas. "Eu expliquei que é como no futebol. Uns são palmeirenses, outros são corintianos, mas todos torcem para a seleção na Copa do Mundo."

A importância da comunidade libanesa no Brasil, tão engajada com a política, não passou despercebida no Líbano. Quando o presidente libanês Camille Chamoun nos visitou em 1954, afirmou que se sentia em casa.

Chamoun foi o primeiro chefe de Estado médio-oriental a visitar a América do Sul, um evento que contou com a cobertura da revista americana *Time*. Segundo a reportagem, um avião brasileiro envolto por caracteres árabes pousou no Galeão trazendo o presidente. O texto dizia "Especial para o presidente Chamoun". Vargas o recebeu ladeado por seis parlamentares descendentes de libaneses.[203]

Décadas depois, o primeiro-ministro Rafik Hariri também veio ao Brasil em duas ocasiões: em 1995 e em 2003, dois anos antes de ser assassinado por um carro-bomba. A lista das visitas oficiais é longa. Além de Chamoun e Hariri, ela inclui o presidente Elias Hrawi, em 1997; o premiê Najib Mikati, em 2005; e o presidente Michel Sleiman, em 2010.

O presidente brasileiro Luiz Inácio Lula da Silva esteve no Líbano em 2003, quando se reuniu com sua contraparte libanesa, Émile Lahoud. Foi a primeira viagem oficial de um líder brasileiro àquelas paragens orientais desde o imperador d. Pedro II.

Durante a visita, Lula defendeu uma nova "geografia comercial do mundo", segundo o repórter enviado pela *Folha de S.Paulo*, Fernando Rodrigues. O petista sugeriu que o Brasil seria uma vantajosa porta de entrada aos produtos libaneses na América Latina e que, em simultâneo, o Líbano poderia desempenhar esse mesmo papel aos bens brasileiros no Oriente Médio. A plateia contava com 250 empresários libaneses. "Queira Deus que muitos dos empresários brasileiros aprendam com os libaneses a arte de negociar", Lula lhes disse.[204]

Mais recentemente, um ex-presidente esteve no Líbano em caráter oficial, reativando os laços entre os dois países. A situação era bastante distinta, no entanto. Em 4 de agosto de 2020, uma explosão no porto de Beirute deixou cerca de 200 mortos e devastou partes da cidade. Na sequência, Jair Bolsonaro nomeou Michel Temer para liderar uma missão de ajuda ao país brimo. Michel levou toneladas de alimentos e medicamentos para a cidade e se reuniu com autoridades locais, incluindo o presidente Michel Aoun. Em uma nota de solidariedade, escreveu: "Força, meu Líbano".

9. Estreia desafortunada

A estreia dos libaneses e de seus descendentes na política brasileira foi bem pouco exemplar. Um dos primeiros políticos de origem libanesa, José João Abdalla, impetrou cerca de doze habeas corpus e respondeu a mais de quinhentos processos. Não pagava impostos por questão de princípio, algo que admitia abertamente à imprensa, e teve os seus direitos políticos cassados em 1964. Foi preso em 1969, 1973 e 1975 e teve os seus bens confiscados outras tantas vezes. José contribuiu, dessa forma, para uma imagem que seguiria vivíssima na memória dos brasileiros apesar de falsa: a de que os libaneses tendem a ser corruptos.

Dado seu impacto na política brasileira, mobilizando, digamos assim, a polícia em tantas ocasiões, surpreende que haja tão pouca informação a respeito de José. Ele é ainda hoje uma figura fugidia, delineada apenas pelos detalhes pontuais disponíveis na página oficial da Câmara e no livro de Truzzi, em que sua ascendência "árabe" é dada por certa, sem detalhes.

Mas seu filho, Juca Abdalla, abriu generosamente a caixa das memórias de sua família. Dono do Banco Clássico, contrariou a fama de avesso à mídia e de não dar entrevistas — respondeu a perguntas sobre seu pai, recheando este livro.

Graças às informações do banqueiro Juca, sabemos que José João Abdalla era filho de Jacob Yerid, nascido em 1870 em uma aldeia próxima a Zahlé, a leste de Beirute. O nome do povoado escapa aos registros, e a família diz que o local não existe mais. Cristão ortodoxo, Jacob imigrou para o Brasil ainda no século 19 e aportou no Rio de Janeiro. Já tinha família em Aparecida do Norte, no interior do estado de São Paulo, para onde foi trabalhar como mascate.

"Nos seus deslocamentos pela região, sempre tinha dificuldade para retornar ao local onde dormia e marcava com carvão na sarjeta um 'X' para orientá-lo na volta", diz Juca. Jacob foi apelidado de "João Turco". A alcunha evocava os turcos dos quais provavelmente havia escapado ao sair do Líbano. Jacob decidiu escolher seu nome brasileiro — João Abdalla, em homenagem a seu pai, Abdalla Yerid.

Com o nome de João Abdalla, reuniu uma pequena fortuna e quis seguir o exemplo de outros patrícios que tinham feito a transição entre mascate e pequeno empresário. Juca conta que o próprio presidente da República àqueles anos, Rodrigues Alves, assinou um atestado de idoneidade para apoiar João Abdalla na empreitada comercial.

João Abdalla teve oito filhos com Amélia, que também tinha origem libanesa. O primogênito foi José, o político. Nasceu em 1903 em Guaratinguetá. Estudou na Faculdade Nacional de Medicina do Rio de Janeiro, que ainda era a capital do Brasil. Na sequência, montou seu consultório na cidade paulista de Birigui. José também foi um dos empreendedores do setor têxtil que impulsionou a industrialização de Jundiaí.

Com boa reputação e dono de uma considerável fortuna, José foi eleito vereador em 1934 e chegou a presidente da Câmara Municipal. Foi nomeado prefeito de Birigui durante todo o Estado Novo (1937-1946) pelo ex-governador de São Paulo Ademar de Barros, então interventor. Os dois haviam sido colegas na faculdade de medicina.

Em 1945, durante a transição subsequente ao Estado Novo, José participou da fundação do Partido Social Democrático (PSD), que foi extinto pela ditadura militar e retomado décadas depois por outro descendente de libaneses, Gilberto Kassab.

José se elegeu deputado na Constituinte de 1946, mas deixou seu posto em 1948 porque foi nomeado secretário do Trabalho, Indústria e Comércio de São Paulo, outra vez graças à articulação de Ademar de Barros. Permaneceu naquele cargo de 1948 a 1951. No Congresso, votou a favor da cassação dos mandatos dos parlamentares comunistas.[205]

Em paralelo à carreira como legislador, José continuava a enriquecer e a acumular inúmeros desafetos tanto no campo da política quanto dos negócios. No final dos anos 1940 comprou a Companhia de Cimento Portland Perus. A manobra foi considerada fraudulenta por ter supostamente lesado o grupo canadense proprietário da empresa.

José expandiu as empreitadas pelos ramos industrial, financeiro e agropecuário. Liderou a Fábrica de Papel Carioca e o Lanifício Paulista, em Jundiaí; a fábrica de tecidos Japi, em Americana; e as indústrias Carioba, no interior de São Paulo. Foi diretor-presidente do Banco Interestadual do Brasil, em São Paulo, e do Banco da Capital, no Rio de Janeiro. Também esteve por trás das Indústrias José João Abdalla, de empreendimentos agropecuários.

Nos anos 1950, José já era um dos grandes empresários do país. Ademais, seguia na política. Ainda pelo PSD, foi eleito deputado federal nos pleitos de 1954, 1958 e 1962 — até ser cassado em 1964 com base no Ato Institucional nº 1, que colocou um ponto-final naquele período da democracia nacional. Foi seu último mandato.

A sorte, então, parou de lhe sorrir. Além dos doze habeas corpus e dos quinhentos processos, ele foi indiciado por transporte clandestino de gasolina, crimes contra a economia popular e apropriação indébita.

Quando, por fim, em 1969, o governo se deu conta de que José não pagava impostos em nenhuma de suas 32 empresas, foi processado e preso. O patrício caído passou outra vez pela cadeia em 1973, perdeu empresas e teve os bens confiscados em 1975 pela ditadura de Ernesto Geisel. José morreu em São Paulo em 1988. A fama ruim, porém, sobreviveu.

José havia sido casado com outra patrícia, Rosa Abdalla. Por coincidência ambos tinham o mesmo sobrenome — que significa, em árabe, "servo de Deus".

Rosa também vinha de uma importante família de imigrantes árabes. Mas sua origem era síria: seu pai, chamado Abdalla Haddad, nascera na cidade de Homs por volta de 1870. A data é desconhecida, diz o descendente Juca, porque a família cristã ortodoxa preferiu não registrá-lo para evitar, dessa forma, atrair a atenção das autoridades. Esse tipo de desconfiança em relação aos governantes era bastante comum naquela época.

Abdalla Haddad foi feitor da prefeitura de Homs e, "após casar as irmãs na Síria, se viu livre para imigrar à América", diz Juca. Isso porque "os cristãos só podiam trabalhar em atividades subalternas, pois a alta burocracia era reservada apenas aos muçulmanos".

Quando passou pela alfândega em 1893, deixando o território otomano, disse que estava indo ao Egito. Desconfiado, o oficial falou que era mentira, que na verdade ele estava fugindo da Síria para imigrar para a América. O Império Otomano, afinal, não queria que seus súditos abandonassem o território. Abdalla Haddad perguntou, então, se aquela tal América ficava perto do Egito. Estupefato, o oficial disse para outro funcionário da alfândega: "Deixa esse idiota passar", conta Juca. Liberado, Abdalla Haddad embarcou rumo a Santos. Um primo o recebeu e o levou a São Paulo. Deu-lhe um crédito para trabalhar como caixeiro-viajante, vendendo bugigangas no interior de São Paulo. Abdalla Haddad caminhava com a caixa com seus produtos em uma mão e, na outra, a matraca com a qual atraía os clientes.[206]

Depois de alguns anos, descobriu que havia um outro brimo chamado Abdalla Haddad na região — tanto o nome quanto o sobrenome são comuns na comunidade. O homônimo dava golpes na praça, diz Juca, então seu avô mudou o nome para Assad Abdalla.

O nome vingou. Assad Abdalla é lembrado ainda hoje como um dos pioneiros da rua 25 de Março. Na virada do século, abriu duas lojas na região árabe. Casou-se em 1930 com a prima Corgie Haddad e passou a adquirir imóveis nos entornos do centro de São Paulo. O casal teve dez filhos, incluindo Rosa, mãe de Juca.

Assad Abdalla espalhou seus investimentos pela cidade. Era dele o terreno do parque São Jorge, que foi vendido em 1926 para o Sport Club Corinthians Paulista. Era dele também a casa no número 1636 da avenida Paulista, onde viveu com a família ao deixar a 25 de Março. Foi ele que colocou a pedra fundamental da Catedral Metropolitana Ortodoxa de São Paulo, na rua Vergueiro. Afinal, tinha sido um dos principais responsáveis pela arrecadação de fundos para a construção, que foi iniciada em 1942.

Naturalizado brasileiro, Assad Abdalla morreu em 1950. Quatro anos depois, em 1954, a catedral foi, por fim, inaugurada — o templo, com domos inspirados na Hagia Sofia de Istambul, de certo modo dá testemunho de sua passagem pelo Brasil.

Outra de suas heranças, é claro, é o neto Juca, filho de Rosa com José. O banqueiro passa quase sempre incógnito pelas notícias. Não gosta muito de falar sobre o pai, provavelmente pela imagem negativa que carrega, mas também evita discutir acerca dos próprios negócios. O Banco Clássico, do qual é dono, tem apenas dez funcionários e somente um cliente: o próprio Juca, segundo uma reportagem da revista *Exame* de 2016.[207]

Apesar da discrição, em outubro de 2017, esse patrício foi parar no noticiário nacional. Naquela data, seu banco surpreendeu ao investir na compra de 20% de participação da multinacional Andrade Gutierrez na Companhia Energética de Minas Gerais (Cemig), segundo um texto do jornal *O Estado de S. Paulo*. "Aos 72 anos, o investidor é uma figura folclórica no mercado empresarial", escreveu a repórter Renée Pereira. Todo mundo já tinha ouvido falar dele, mas poucos o conheciam pessoalmente. Mesmo com um patrimônio de 5 bilhões de reais, o dono do Banco Clássico era discreto. "Não aparece em nenhuma lista de bilionários, não dá entrevistas, não tem registro fotográfico e nunca sai em colunas sociais, mesmo sendo sócio do clube mais seleto da elite carioca, o Country Club."[208]

A tentativa de ampliar a sua fatia na Cemig a princípio não vingou. Em paralelo, o anonimato de Juca — solteiro e avesso a demonstrações de opulência, preferindo por exemplo automóveis populares — dá coceiras nos círculos de elite, porque contrasta não apenas com o patrimônio bilionário, mas também com sua participação em algumas das firmas mais importantes do país, como a Petrobras, a Eletrobras, a Cemig, a Engie Energia e a CEG Rio. "Em vez de ternos bem-cortados, gosta mesmo é de usar calça e sapatos brancos, um estilo de quem é apaixonado por Carnaval e pela escola de samba Beija-Flor", descreve Renée.

A fortuna de Juca vem em parte da desapropriação da área que abriga o parque Villa-Lobos, em São Paulo. O terreno era propriedade da família, e a indenização paga nos anos 1990 bateu um recorde na época: 2,5 bilhões de reais. Juca ficou com 70% desse valor, quitado em dez parcelas. Multiplicou o capital ao se especializar no setor de energia, que tradicionalmente paga bem seus bônus. "Uma fonte no mercado financeiro afirma que ele estuda muito o segmento energético e sempre procura 'galinhas mortas' — ações que estão muito baratas na bolsa", diz Renée. Juca investe, ainda, em imóveis, de casarões a grandes edifícios.

Certa feita, em 2006, o banqueiro tentou gastar parte de seus bilhões para entrar na política, como tinha feito seu pai José nos anos 1940. Candidatou-se como suplente de senador na chapa de Teresa Surita (MDB), em Roraima. Teresa é ex-esposa de Romero Jucá, que foi presidente do PMDB. O Ministério Público Eleitoral tentou impugnar a candidatura alegando que ele não tinha vínculos com o estado para o qual concorria.[209]

De todo modo, Teresa não foi eleita. Teve apenas 43% dos votos, sendo derrotada por Mozarildo Cavalcanti. Juca não conseguiu seguir os passos do pai, que tinha sido um dos primeiros brimos a entrar para a política brasileira.

10. Califado do Minhocão

Nas três ou quatro vezes em que Paulo Maluf visitou Hadath, o vilarejo de seu pai, foi recebido como um messias. Os moradores ainda se lembram das ocasiões, como aquela do distante ano de 1984. Narram uma festança: carregaram o brimo nos ombros da entrada do povoado até a antiga casa de seu pai, no topo da montanha, o que deve ter sido um esforço e tanto. Trouxeram cavalos formosos para exibir em uma parada. Ninguém guardou vídeos ou fotografias, mas não é estapafúrdio imaginar que a celebração tenha sido em tudo tradicional, com mulheres ululando no típico som da região: ululululululululululai!

Há, sim, uma foto escondida na gaveta de uma das casas da família, como único registro daqueles dias: no retrato, Paulo aparece cumprimentando Hussein al-Husseini, que era à época o presidente do Parlamento libanês. A imagem foi tirada em Beirute, onde o político se hospedou, a caminho do povoado. Vestia um terno azul-marinho.

Jerje Maluf, 67, narra essas histórias três décadas depois. Ele é o guardião da memória do vilarejo de Hadath, de onde Salim Farah Maluf, pai de Paulo, imigrou para o Brasil no início do século 20. Jerje é um brimo distante de Paulo — explica que Salim era o tio de sua mãe, Salma. Mas, enquanto escava suas lembranças em busca de informações sobre Salim e a família, Jerje deixa escapar um lamento. "A maioria dos Maluf já foi embora daqui. Foram para os Estados Unidos ou para o Brasil." Eles abandonaram o povoado de Hadath.

Hadath está a oitenta quilômetros de Beirute, perto da fronteira com a Síria. A região é conhecida como vale do Beqaa, um espaço entre duas faixas de montanhas. O vilarejo e seus entornos têm cerca de 5 mil pessoas, das quais metade é cristã — todas do clã Maluf — e a outra metade é xiita. A situação era bastante diversa há um século, quando Salim foi embora dali. Os cristãos eram a maioria, mas imigraram em massa para longe, a maior parte deles ao Brasil. Com isso, a região foi progressivamente virando uma fortaleza xiita.

O vale do Beqaa é hoje um dos principais pontos de apoio da milícia xiita Hizbullah, considerada pelos Estados Unidos e por Israel uma organização terrorista. A meia hora de Hadath está a cidade de Baalbek, conhecida pelo imponente templo romano do século 1 d.C. e também por ser um dos quartéis-generais da facção. Entre Hadath e Baalbek, passa-se de carro por uma plantação de maconha inacreditavelmente extensa e verde, um dos segredos mais escancarados da região. A planta é contrabandeada pela milícia, assim como a papoula, matéria-prima da heroína. O lucro serve para financiar, entre outras coisas, as batalhas do Hizbullah na guerra civil da Síria.

Os mortos dessa guerra, na qual o Hizbullah mergulhou em 2013, assistem a quem passa pela estrada rumo a Hadath: a milícia colocou os retratos de seus mártires no acostamento. As fotografias ocupam o espaço do que, em outras cidades, seriam outdoors comerciais. Eles aparecem segurando fuzis e metralhadoras, observando com olhos de papel.

✳

No século 19, a família de Salim trabalhava no campo colhendo pequenos vegetais como grão-de-bico, trigo e ervilha. A água é escassa por ali e isso restringe as opções dos fazendeiros. "Eles eram muito pobres. Não havia trabalho para ninguém", Jerje explica. Sua casa, toda remendada, está em um dos barrancos amarronzados desse vilarejo, que não tem comércio ou serviços, mas conta com três igrejinhas para os fiéis que sobraram. O único verde nos arredores é o das parreiras, de onde despencam cachos de uva como luminárias.

Quando a região era ainda mais pobre e havia ainda menos trabalho, Salim decidiu ir embora. Essa história está contada na bastante elogiosa — quase uma hagiografia — biografia de Paulo Maluf escrita pelo jornalista Tão Gomes Pinto, *Ele Maluf — Trajetória da audácia*. No livro, o autor afirma que Salim imigrou para o Brasil em 1910 aos dezessete anos. Nagib, seu irmão, veio alguns anos depois. Um terceiro Maluf foi a Boston, nos Estados Unidos, e um quarto viajou para Bagdá: chamava-se Ibrahim e foi supostamente médico da família real iraquiana até que o rei Faisal II foi assassinado, encerrando a breve experiência monárquica do Iraque.

"No Brasil, afastado dos problemas políticos do Oriente Médio, o imigrante Salim revelava uma vontade determinada, quase alucinada de progredir", escreve Tão Gomes Pinto.

Todos os dias ele pegava uma carroça puxada a burro e ia na firma Ernesto Dias de Castro, na rua Barão de Limeira. Ali comprava uma barrica de cimento. Cada barrica pesava duzentos quilos. O Brasil não produzia cimento. Era importado, geralmente da Bélgica. E Salim puxava a carroça e seus burros até Santo Amaro. Viajava — a ida do centro de São Paulo até Santo Amaro era uma verdadeira viagem — pela então chamada "estrada de Santo Amaro", um caminho de terra, poeirento na seca e enlameado no período de chuvas. Em dias normais, Salim e sua carrocinha levavam doze, treze horas para fazer o percurso. Muitas vezes ficavam atolados no barro. Aí passavam a noite na estrada. Chegando em Santo Amaro, Salim exercitava seus dons naturais de comerciante. Eram dez quilos de cimento para cada um, vinte para outro etc. Recolhia o dinheiro e no dia seguinte, outra vez, estava na estrada rumo à Barra Funda, com a barrica de cimento vazia.[210]

Salim se casou em 1921 com Maria Estefno, filha do patrício Miguel, que havia imigrado em 1879. Em português, o nome da família Estefno por vezes aparece como Estéfano. O casal teve ao todo cinco filhos, entre eles Paulo.

Tão Gomes Pinto diz que o carroceiro Salim, ao juntar algum capital, tornou-se sócio de três imigrantes húngaros em uma pequena serraria na cidade de São Paulo. Mais tarde deixou a parceria e entrou com 10% do capital da grande serraria Santisi, na Mooca. Em 1923, fundou a Serraria Americana, uma das maiores do ramo na América Latina. A empresa mais tarde foi transformada na Eucatex, que hoje é chefiada por Flávio, filho de Paulo.

Salim era um dândi. Comprava sapatos na Casa Guarany, na rua 15 de Novembro, e só usava gravatas francesas. "Desde seu casamento com Maria até sua morte, sempre fez questão de ter na garagem um Lincoln do ano, de preferência metálico, combinando com azul-claro. Não tinha vícios", relata a biografia, na qual também consta a seguinte história: quando Paulo tinha oito ou nove anos, quebrou a ponta do lápis com que estava estudando em uma sala próxima ao banheiro dos pais. Não encontrava de jeito nenhum o apontador. Começou a chorar até que viu surgir na porta a figura de Salim coberto por um roupão. Seu pai lhe perguntou por que, afinal, estava choramingando.

Paulo lhe contou o desastre do sumiço do apontador. Salim encontrou o objeto debaixo da escrivaninha e o devolveu ao filho seguido de uma lição. "Nunca chore por uma coisa pequena."[211]

Salim parecia destinado a operar milagres em terras tropicais. Mas morreu cedo, em 1943, quando Paulo tinha apenas onze anos. Era 25 de dezembro, Natal. Segundo Paulo, a família toda estava reunida para o almoço festivo. Tios, brimos. Salim não desceu de seu quarto porque estava gripado. Por volta de três da tarde, sua esposa subiu para ver como ele estava se sentindo. Encontrou o marido sofrendo um infarto fulminante. A família chamou um médico às pressas, em vão. Salim morreu aos 49 anos.[212]

A partir daquele dia, Paulo foi criado pela mãe, Maria Estefno, sobre quem sabemos bastante devido ao depoimento que ela deu às historiadoras Betty Loeb Greiber, Lina Saigh Maluf e Vera Cattini Mattar, autoras de *Memórias da imigração*. Seu pai Miguel chegou ao Brasil em 1879, sozinho, com dezessete anos. Queria juntar dinheiro e voltar ao Líbano para ser padre. Ele retornou ao país de origem em 1883, mas voltou em seguida. Tinha se acostumado com o Brasil.

"Foi naqueles primeiros anos que ele mascateou. Foi a Ribeirão Preto, Rio de Janeiro, Campinas... Tudo a pé", descreve Maria. Dureza. Naqueles anos, no interior do país, os fazendeiros escondiam seus filhos explicando que um turco havia chegado e que poderia comer crianças. "O turco tinha que dizer: 'Não tenham medo, não vou fazer mal para ninguém. Eu quero pousada, porque estou trabalhando'. Eles davam pousada, mas escondiam os filhos."[213]

Maria Estefno nasceu em 1905 em São Paulo e fez parte de uma incipiente elite libanesa. Era próxima de Latife Racy, por exemplo, avó de outro dos personagens deste livro, Carlos Eddé. Ela narra o cotidiano na 25 de Março e as suas partidas de tranca. O depoimento foi dado em 1982, quando já se aproximava dos oitenta anos.

Um dos episódios-chave da vida de Maria, e por consequência da trajetória de Paulo, foi quando sua irmã, Genoveva, se adoentou em 1918. Contraíra a gripe espanhola. O médico recomendou à família que a levassem à praia, em Santos, para um banho de mar. Seu pai Miguel alugou um chalé no Guarujá. Foi quando viu pela primeira vez a praia da Enseada, que lhe pareceu de imediato um bom investimento. Quis comprá-la. "Mamãe disse 'Você está louco, ninguém mora aí, é um mato!' E ele: 'Não, mas eu vou comprar esta praia'. E foi o futuro da família inteira. A praia teve muita valorização", relatou Maria Estefno.[214] Miguel foi dono de uma das maiores fortunas do estado de São Paulo, e aquela sua casa na Enseada hoje abriga o luxuoso hotel Casa Grande Hotel Resort & Spa. Ele morreu em 1951, um ano depois de sua mulher — de tristeza, sugere sua filha.

As histórias de Maria Estefno nos ajudam a preencher lacunas na biografia de Salim, que, salvo engano, nunca deu esse tipo de depoimento. Ela diz, por exemplo, que o documento de desembarque dele punha sua nacionalidade como síria, e não libanesa. Narra também, com detalhes, a decisão do pai de Paulo de ir ao Brasil, em vez de aos Estados Unidos.

Quando meu marido veio no navio todo mundo queria convencê-lo a ir para Boston. Os amigos que vieram, os libaneses, vieram todos de terceira classe. Todos se reuniram em Marselha e comentaram: "Como é que você vai descer em Santos? Como é que você vai pegar o navio que vai para o Brasil e não o navio para Boston?". Porque em Marselha eles se separavam: os que iam para os Estados Unidos pegavam um navio, os que vinham para o Brasil, outro. Então quiseram convencer meu marido a seguir para Boston, porque ele tinha um irmão lá. Ele dizia: "Não. Os libaneses nos Estados Unidos... O truste não os deixava vencer". Ele tinha dezesseis anos! "Eu vou para o Brasil, porque é o país do futuro."[215]

Maria Estefno e Salim se conheceram por meio do irmão dela, Teófilo. "Eles se encontravam muito! Iam almoçar juntos quando solteiros. Como gostavam de comida árabe, iam a um restaurante árabe, e se tornaram amigos." Um dia, Salim passou pela casa dos Estefno com Teófilo e conheceu aquela moça. "Que namoro? E naquele tempo havia namoro? Era o pedido direto!"[216]

A julgar pelos relatos dela, Salim era o que chamaríamos hoje de workaholic. "Trabalhava tanto, tanto, tanto, que não tinha muito tempo para muitos amigos." Os pais dela se afeiçoaram a ele. "Adoravam! Porque, de fato, meu marido foi um vencedor. É verdade que meus filhos continuaram a obra do pai, mas meu marido, quando morreu, já deixou a maior parte dessa fortuna. Os filhos nunca sentiram aquelas aperturas."[217]

Com a morte de Salim, Maria Estefno teve de assumir as empresas sem nunca ter se preparado para tal. Ela diz ter sido uma das primeiras mulheres da colônia a trabalhar. Não pôde nem contar com a ajuda de seu pai Miguel, que oito dias depois da morte de Salim foi para Catanduva. "Ele não entendia de madeira. Eu também não entendia, mas peguei o contador e tomei aulas de balanço. Eu tinha 38 anos de idade. Eu entendia de vender, mas de comprar, não."[218] Dez anos após a morte de Salim, ela entregou as empresas ao filho Roberto.

"Graças a Deus o Roberto tem muito valor. Da idade dele, da geração dele, o rapaz que mais valor tem em São Paulo. Ele perdeu o pai com dezessete anos e se meteu no trabalho! Com dezessete anos", Maria Estefno narra com orgulho às três historiadoras. "E montou essa grande empresa que é a Eucatex. Eu posso dizer que ele fez sozinho", diz.[219]

Com o irmão Roberto nos negócios da família, Paulo ficou com o caminho livre para estudar. Ele entrou na Escola Politécnica da USP, onde se formou em 1954. Casou-se com a patrícia Sylvia, uma das filhas de Fuad Lutfalla, do setor têxtil, e só então se uniu ao irmão por doze anos no comando do conglomerado familiar. Paulo foi vice-presidente da Serraria Americana Salim Maluf S.A., diretor-superintendente da Imobiliária Santa Teresinha S.A., diretor-superintendente da Loma S.A. Agricultura, Administração e Comércio, diretor-gerente da Salfema Ltda. e diretor-superintendente da Eucatex S.A. Indústria e Comércio.[220]

A política por fim chegou em 1967 por "vocação", ele disse para o seu biógrafo oficial. Com um tom bastante sóbrio, e não muito elogioso, Maria Estefno resume em seu depoimento a virada na carreira do filho: "Se meteu na política".[221] Aos 35 anos Paulo foi nomeado pelo ministro da Fazenda, Antonio Delfim Netto, para a presidência da Caixa Econômica Federal. Aquele foi seu primeiro posto de destaque, projetando seu nome em plena ditadura militar.

Apesar dos primeiros anos no âmbito federal, Paulo logo se consolidou no que seria sua fortaleza por décadas, o estado de São Paulo. Em 1969, um ano após o Ato Institucional nº 5, foi nomeado pelo governador Roberto Costa de Abreu Sodré para o cargo de prefeito daquela capital. Àquela época o posto era dado por indicação, e não por voto direto. Foi nesse mandato que Paulo protagonizou o primeiro escândalo de sua carreira, e um dos mais relembrados ainda hoje. Para celebrar a vitória da seleção na Copa do Mundo do México em 1970, ele ofereceu um automóvel modelo Fusca para cada jogador. Ao seu biógrafo, disse que o gesto foi "um mimo". Mas o mimo levou a uma ação na Justiça.

Paulo ganhou na primeira instância e no Tribunal de Justiça. "Mas no Supremo tinha um ministro que detestava futebol. Acabou puxando os votos contra mim. Aí veio o pior: 'Maluf condenado por improbidade administrativa!' Como se os 25 Fuscas estivessem na minha garagem. Estavam nas garagens do Pelé, do Rivelino..."[222]

Paulo deixou a prefeitura em 1971 e assumiu a Secretaria de Transportes do Estado, outra vez a convite. Foi presidente da

Associação Comercial de São Paulo e, em 1978, derrotou Laudo Natel na convenção da Arena paulista, responsável por indicar o candidato do regime a governador. A manchete do *Jornal da Tarde* estampava: "É fogo! Maluf é governador".

Com a chegada ao governo de São Paulo, voltaram a surgir acusações de corrupção. Seus adversários quiseram que ele fosse declarado inelegível porque uma empresa de seu sogro tinha tido seus bens bloqueados pelo Banco Nacional de Desenvolvimento Econômico (BNDE) devido a um empréstimo. Paulo venceu na Justiça ao argumentar que ele não tinha vínculos com aquela empresa, além dos familiares.[223]

Em 1982, Paulo deixou o governo do estado para concorrer a deputado federal pelo Partido Democrático Social (PDS), do qual foi presidente. Foi eleito com mais de 600 mil votos, à época uma votação recorde. Apenas um ano depois, quando assumiu o mandato, Paulo se apresentou como candidato à presidência, em substituição a João Baptista Figueiredo. Ele era apoiado pelo ex-presidente Emílio Garrastazu Médici, mas sofria a oposição do ex-presidente Ernesto Geisel e do próprio Figueiredo. Sua candidatura foi prejudicada por duas acusações paralelas de corrupção.

No primeiro caso, o empresário paulista Armando Ferraz de Almeida Prado apresentou à Assembleia Legislativa de São Paulo provas de que ele havia pagado uma comissão ao governo, um ato irregular. No segundo, o ex-governador da Bahia Antônio Carlos Magalhães acusou Paulo de oferecer suborno a delegados da Arena, em 1978, em troca de votos na convenção que o escolheu como governador paulista naquele ano.[224] Suas chances de ser presidente azedaram. Paulo foi, inclusive, alvo de tentativas de agressão durante sua campanha nas ruas. Em 1985, o Colégio Eleitoral de 686 membros lhe deu 180 votos, contra os 480 de Tancredo Neves, em chapa com José Sarney.

Paulo concorreu à prefeitura de São Paulo em 1988, mas foi derrotado por Luiza Erundina, do PT. Também foi vencido em 1989, no primeiro turno, quando tentou outra vez a presidência. No ano seguinte, perdeu mais uma vez ao disputar para governador de São Paulo. Finalmente, foi eleito à prefeitura da capital paulista em 1992, com a promessa de transformar a cidade no seu "canteiro de obras".[225]

Tentou ainda chegar à presidência nas eleições de 1994, e mais uma vez foi prejudicado por uma enxurrada de denúncias. Quatro de seus auxiliares diretos, incluindo o patrício tesoureiro de campanha Calim Eid, foram denunciados por crime eleitoral devido a um levantamento de milhões de dólares. Paulo foi, em seguida, acusado de receber propina do bicheiro Castor de Andrade. Ele desistiu, por fim, da candidatura.

Foi em São Paulo, em seus diversos mandatos tanto no governo do estado quanto na prefeitura, que Paulo ganhou a fama de mestre de obras. A biografia escrita por Tão Gomes Pinto detalha muitas delas com fotografias e apresenta uma lista de 265 itens.[226] É, afinal, o legado que o ex-governador quer deixar, fazendo figas para que suplante a persistente imagem — construída por uma imprensa obcecada por sua figura, ele insiste — de político corrupto.

Esse brimo está de fato ligado a alguns dos ícones do tecido urbano de São Paulo. Paulo foi o responsável pela construção da avenida Faria Lima, por exemplo, ligando o Largo da Batata à avenida Cidade Jardim. Também inaugurou a marginal Pinheiros, a rodovia dos Imigrantes, a rodovia Ayrton Senna, o sistema Cantareira e, por fim, o projeto Cingapura.

Em seus esforços de se projetar como tocador de obras,[227] Paulo contratou por meio da prefeitura, a um custo de 1,2 milhão de reais na época, a Rede Globo para que organizasse e transmitisse a primeira maratona internacional de São Paulo. O trajeto passava por nove de suas obras, como o túnel Ayrton Senna, inaugurado um dia antes do evento. Seus adversários acusaram o prefeito de utilizar verba pública para se promover tendo em vista as eleições presidenciais de 1998, às quais se esperava que Paulo concorresse.[228]

Paulo tentou mais duas vezes o governo de São Paulo, derrotado por Mário Covas e Geraldo Alckmin, e a prefeitura, vencido por Marta Suplicy e José Serra. Em 2006, preferiu se arriscar como candidato a deputado federal: foi o mais votado do país. Em 2008, fez uma última tentativa de voltar à prefeitura de São Paulo — ficou em quarto lugar.

Mais do que o ex-presidente Michel Temer e o ex-prefeito de São Paulo Fernando Haddad, a carreira de Paulo esteve demasiadamente relacionada à sua origem levantina. Há registro de diversas situações em que sua capacidade para exercer cargos públicos foi posta em dúvida justamente devido à origem de seu pai.

O general João Baptista Figueiredo ficava enfurecido diante da ideia de que Paulo pudesse ser o próximo presidente — dizia em reuniões com ministros: "esse turco não se sentará na minha cadeira", segundo o biógrafo Tão Gomes Pinto.[229] De acordo com a biografia, o mandachuva do jornal *Estadão* Julio de Mesquita Filho disse sobre a nomeação de Paulo à Prefeitura paulista: "Esse Maluf eu nem conheço. Foi bem na Caixa. Mas o que não podemos concordar é que a cidade de São Paulo seja governada por alguém que come quibe". O biógrafo observa, aliás, que Paulo ainda come aquele quitute árabe.[230]

Para além de todo preconceito, Truzzi diz que Paulo também foi um exemplo de como a origem libanesa era em alguns casos determinante na trajetória política. De acordo com um estudo feito à Fundação Ford por Cristiane Abdon Cury, muitos políticos de origem libanesa revelavam sua predileção pelo gueto ao atribuir cargos de confiança a outros brimos. Tanto que, durante a gestão de Paulo, o palácio do governo levava a pecha de ter se tornado um califado. Em 1979, cinco de seus 22 secretários eram patrícios.[231]

Truzzi vai mais longe na análise e afirma que uma das razões do sucesso de Paulo, há décadas um ícone da política paulistana, é justamente a maneira como recrutou aliados a partir de uma origem étnica em comum, mais do que por sua filiação partidária.

Paulo conseguiu, segundo o sociólogo, reintroduzir uma base étnica no domínio da política. Ele atraiu para perto de si outros descendentes de sírios e libaneses, tanto ademaristas quanto janistas. Ele descartava os rótulos partidários e fazia com que fossem apenas políticos. "Os reiterados investimentos na formação de uma rede política abrangente, traduzidos em apoios a bases regionais muitas vezes capitaneadas pessoalmente por patrícios ou por elementos a eles ligados, explicam parte considerável do vigor do malufismo."[232]

O pesquisador oferece alguns exemplos, como o caso de Athiê Jorge Coury, quatro vezes deputado federal pelo MDB e, em 1980, convertido ao malufismo. A mesma conversão foi operada na trajetória de Fauze Carlos, janista histórico que se transladou para o lado de Paulo.

Outros libaneses e descendentes já tinham tido sucesso na política, mas o caso de Paulo foi excepcional. Paulo foi o primeiro patrício disposto "a reinvestir os dividendos da atividade política na própria política".[233] Ou seja, ele foi o primeiro a usar suas vantagens políticas para conseguir ainda mais vantagem política.

José João Abdalla, retratado no capítulo anterior, subordinava sua atividade política à formação do próprio patrimônio, enquanto Ricardo Jafet era rico, mas foi incapaz de transferir o seu capital econômico para a política. Paulo foi, pois, um pioneiro.

No vilarejo de Hadath, enquanto conta causos da família de Maluf, seu brimo Jerje fala de Paulo como se fosse uma entidade. Seus olhos brilham. Nas ruas da vila, um pouco mais cedo, outros habitantes tinham se animado também quando ouviram falar do político. "Graças a ele o nome Maluf é grande no Brasil", afirma Jerje. "É famoso no mundo todo!"

Quando Paulo visitou Hadath, Jerje ouviu dele as histórias de sucesso de Salim, que tinha saído daquele vilarejo décadas antes. "Ele nos contou que o pai tinha trabalhado com uma caixa nas costas até a exaustão para criar os filhos", diz.

A antiga casa de Salim ainda está lá, um pouco acima na montanha, mas ninguém mais vive nela. A fachada parece recente, com blocos de concreto. O interior, entretanto, entrega seu custoso século de vida. O teto tem as vigas de madeira originais, grossas. No chão de um dos dois cômodos, a despensa subterrânea onde guardavam a comida está aberta. Jerje usa a residência como depósito, mas não descarta reformar o lugar algum dia. Apesar de já não haver tanta gente em busca de casa em Hadath. Os quatro filhos de Jerje foram procurar trabalho na cidade grande mais próxima, Zahlé — onde vive, segundo consta, o ramo mais extenso dos Maluf, que não é necessariamente aparentado.

Nos arredores da casa abandonada está uma das três igrejas de Hadath. O templo é dedicado a são Jorge, que dá nome a Jerje (quando se apresenta a estrangeiros, ele diz ser "George"). Esse santo é um dos mais recorrentes entre os cristãos do Oriente Médio.

Jerje é também político. Mas não exatamente como Paulo. É o *mukhtar* de Hadath, um cargo informal típico do Líbano que pode ser traduzido como "o escolhido". É uma espécie de síndico e de tabelião do vilarejo, resolvendo disputas entre os moradores e registrando as suas propriedades. É o ponto de contato entre o governo e os camponeses.

O cargo de *mukhtar* remonta aos governos mamelucos no Líbano, durante os quais as aldeias da região eram administradas por pessoas de confiança da população local. Com o tempo, aquele cargo de chefe da aldeia se transformou em *mukhtar*. O *mukhtar* é eleito por voto direto pelos eleitores de sua circunscrição (bairro, aldeia) para um mandato de seis anos, em paralelo às eleições municipais. É algo previsto por uma lei de 1947. Também dirige o conselho local e representa seu eleitorado na hora de negociar com as autoridades municipais. É só por meio do *mukhtar* que um cidadão tem acesso aos seus documentos pessoais, da mesma forma como um tabelião no Brasil. Pessoas como Jerje, portanto, têm poderes nas esferas da administração, da segurança pública, do registro civil, da gestão da água, da agricultura, da saúde pública e mesmo de questões artísticas. Eles representam, ainda, todas as esferas administrativas do Estado junto aos cidadãos da aldeia e da vila.[234]

Um poder e tanto.

"Sou a pessoa mais importante do vilarejo", gaba-se Jerje. Mas há algo nos libaneses que faz deles políticos mais hábeis, a exemplo do que aconteceu no Brasil? "Demos certo no mundo todo porque somos pessoas diretas. Não tomamos atalhos", responde.

Jerje não tem do que reclamar. Apesar de não viver no luxo, está feliz. "Somos um vilarejo pobre, sim, mas de gente importante." O porém são as doenças cardíacas que levaram tantos na família, como Salim. O próprio Jerje já precisou ser operado.

No caso de Paulo, há ainda os imbróglios na justiça. Jerje dá de ombros. "O problema dele é por causa dos judeus, que põem e tiram os políticos do poder." Hoje em dia essa é uma das explicações recorrentes no Líbano para uma diversa gama de problemas, da falta de energia elétrica à má economia. Israel de fato ocupou o sul do Líbano por quase duas décadas, entre 1985 e 2000, mas acabou servindo de bode expiatório também em assuntos nos quais nunca esteve envolvido, como a vida de Paulo no Brasil.

Como Jerje, o restante da família de Paulo acompanha sua sorte e revés. Alberto Haddad, de 34 anos, observa de São Paulo os acontecimentos envolvendo o parente. Ele chama Paulo de "tio". "Desde que nasci convivo com ele", conta por telefone. O seu "Haddad" vem do norte do Líbano e não tem nenhuma relação com a família do ex-prefeito de São Paulo, Fernando Haddad, que imigrou do sul.

A bisavó de Alberto, chamada Adul, era prima de Salim. Ela se casou com Abdalla Haddad. Adul permaneceu no Líbano e morreu ali, mas seu filho, Youssef, veio para o Brasil. Deu origem ao ramo da família de Alberto. "Meus avós tinham notícias de amigos e de familiares que já tinham tido sucesso no Brasil e queriam aquilo também", diz. "Havia problemas com o Império Otomano e perseguições religiosas, e o Brasil era uma oportunidade de crescer. Minha avó era apaixonada por aqui."

Ele lamenta que o "tio" Paulo esteja enrolado com a polícia, após anos de trabalho árduo. "Odeio política. Não gosto de falar. Mas tudo o que aconteceu com ele foi injustiça", Alberto afirma a respeito das denúncias contra Paulo e de sua detenção. "Ele se dedicou muito à política, trabalhou muito. Era a vida dele. O Paulo tem um bom coração, você sabe."

O orgulho familiar é óbvio no discurso de Alberto, mesmo quando fala de Salim, um parente distante que não conheceu. "O pai do Paulo veio para o Brasil em busca de crescimento e trabalhou muito. Pegava carroça, atravessava a cidade. Mascateava. Construiu a maior serraria da América Latina. Virou um industrial. Dos libaneses, ele foi um Matarazzo."

11. Da casa de pedra ao Jaburu

Foi um orgulho e tanto para o povoado libanês de Btaaboura, de quatrocentos habitantes, quando Michel Temer se tornou vice-presidente do Brasil em 2011, na chapa da presidente Dilma Rousseff. Seu pai, Nakhul, havia imigrado poucas décadas antes em busca de uma vida melhor. A ascensão de Michel, no intervalo de uma geração, parecia um milagre.

Entusiasmados, os moradores se reuniram e, com o apoio da embaixada brasileira, fincaram uma placa dando nome à "rua Michel Tamer, vice-presidente do Brasil". Essa grafia do sobrenome respeita a maneira como ele costuma ser registrado no seu país de origem.

A histeria coletiva veio, no entanto, anos depois. Quando, em 2016, Michel articulou o impeachment de Dilma e galgou a presidência, as famílias do vilarejo se amontoaram em torno da placa e fizeram uma rápida correção nela: com um spray azul, apagaram a palavra "vice" tanto no texto em português quanto na versão em árabe ("naib"). Como a tinta é um pouco mais clara do que o fundo, fica evidente a retificação tosca. Mas a mudança estava feita: a rua agora tinha nome de "Michel Tamer, presidente do Brasil".

A festa foi organizada pelo então prefeito Bassam Barbar, aparentado da mãe de Michel, que se chamava Marchi Barbar Lulia. Ele encomendou um banquete de cordeiros, comprou mil bandeirolas brasileiras em Trípoli e contratou dançarinas do ventre.

Btaaboura está setenta quilômetros ao norte da capital, Beirute. A duração do trecho depende do trânsito, que é quase uma entidade no Líbano. Algo em torno de uma hora e meia ou duas horas de carro. O caminho pela região de Koura, predominantemente cristã, passa por abismos vertiginosos. Há várias igrejinhas ao redor, além de um tanto de mesquitas, solidificando em pedra a diversidade religiosa que caracteriza o país. A meia hora dali, em Hardine, vivia no século 19 o santo Kassab, parente distante do ex-prefeito Gilberto Kassab.

O solo é pedregoso, mas a paisagem é esverdeada pelas oliveiras. A presença do mar a apenas meia hora dali, ladeira abaixo, alivia nos dias muito quentes, frequentes no local. A praia de Batroun, nas redondezas, é uma das mais procuradas no Líbano — no fim de semana banhistas se sentam nas pedras, salpicadas pela água das ondas, e comem peixinhos fritos entre um cigarro e outro. Pelo celular, ouvem canções árabes.

Não há registros formais sobre a origem do nome do povoado de Btaaboura, pouco conhecido mesmo dentro do país. Mas a população insiste que a palavra é uma redução de "bait abura", uma expressão dialetal que pode ser traduzida para o português como "celeiro".

Btaaboura, contam seus habitantes, era um importante reduto para as plantações de tabaco até eclodir a Primeira Guerra Mundial, em 1914. Com o fim do conflito em 1918, porém, o centro dessa economia se deslocou para o sul, e os btaabourenses perderam o ganha-pão.

Foi possivelmente por essa razão que os pais de Michel, Nakhul e Marchi, deixaram o vilarejo em 1925. Três de seus filhos nasceram no Líbano. O caçula Michel nasceu no Brasil em 1940.

Os Temer se instalaram em Tietê, no interior de São Paulo. Muitos outros libaneses escolheram paragens como aquelas, distantes da capital paulista, para se estabelecer depois da Primeira Guerra Mundial. Havia menos competição que na rua 25 de Março, onde tantos já tinham fincado raízes.

Em sua nova cidade, Nakhul e Marchi não seguiram a trajetória típica dos imigrantes libaneses, estereotipados como vendedores ambulantes ou como donos de armazéns. Em vez disso, compraram uma chácara no bairro da Bela Vista e cultivaram a terra. Ficaram conhecidos por seu trabalho beneficiando arroz e café, aproveitando a experiência que traziam de casa. Nakhul abandonou seu nome árabe e passou a se chamar Miguel.

Mantive boas relações nos últimos anos com diversas famílias libanesas envolvidas na política brasileira e conheço por nome e rosto os tantos brimos com os quais conversei nos povoados. Mas o caso dos Temer é especial. Estive várias vezes em Btaaboura, onde fui recebido gentilmente pelos brimos de Michel, sempre com o mesmo ritual: sentado na varanda, embaixo de cachos de uva e ladeado por uma árvore de jasmim.

Evitei muitos convites para almoçar. Tinha receio de incomodá-los, além de não saber se seria capaz de manter a conversa em árabe dialetal por tanto tempo. Mas em julho de 2018 decidi dizer "aywa", a palavra em árabe coloquial para o "sim". Eu sabia, afinal, que há um limite de recusas antes de soar mal-educado. As mulheres da família, Ghada e Sumaya, rechearam a mesa: pão árabe, homus, tabule, pasta de alho, berinjela recheada com arroz, frango e batata frita. Para beber, abrimos uma garrafa do áraque destilado pela família, em casa, feito com uva e anis.

O lar dos Temer é bastante simples, ainda que com os luxos que só se pode permitir no interior, longe da bolha imobiliária de

Beirute. É uma casa espaçosa de dois andares, com um pé-direito alto, e onde raramente se acendem as lâmpadas durante o dia. Do outro lado da rua, descendo um morro, eles cultivam dezenas de oliveiras, de onde vem o sustento da família.

No lobby da casa, há uma foto de Michel emoldurada com flores e escondida entre estátuas de santinhos. O conjunto está em cima de um antigo aparelho de vhs, empoeirado. No salão que serve de escritório, há um grande retrato de Nakhul, sisudo e com um bigodão. Os traços do rosto do patriarca evocam de imediato a imagem do ex-presidente. Os moradores dizem que um dia Michel viu a foto de Nakhul na parede e gritou: "Meu pai!".

É comum no Líbano que as casas das famílias congreguem diversos parentes. Vivem no lar dos Temer cinco pessoas. O núcleo dos anciãos é formado por Nizar, sua esposa Ghada e sua irmã Sumaya. Também moram lá os dois filhos do casal, os jovens Alain e Jad.

Nizar, de 70 anos, é o parente mais próximo do ex-presidente em Btaaboura, e com quem ele mantinha mais contato, em especial nos anos 1990. Seu pai era irmão de Nakhul. Nizar e Michel são, portanto, primos de primeiro grau — até se parecem fisicamente, apesar de Nizar ser muito mais informal, vestindo shorts e uma camisa aberta.

Por muito tempo os laços entre os Temer de Btaaboura e os do Brasil estiveram quase rompidos. "Depois da imigração do Nakhul, ficamos cinquenta anos sem ouvir falar deles. Era um período difícil no Brasil, e também complicado no Líbano", diz Nizar.

A retomada das relações foi em parte obra de Sumaya, irmã de Michel, que era bastante próxima de outra Sumaya, a irmã de Nizar. A Sumaya que havia imigrado ao Brasil voltou diversas vezes ao Líbano, país com o qual seguiu conectada até a morte. Hospedava-se na casa de Nizar, onde se comunicava em árabe —

algo que Michel nunca fez. Marchi, mãe de Michel, também foi ao Líbano em várias ocasiões, recebida na mesma casa.

Antes de imigrar, Nakhul e Marchi viviam em uma casa de pedra atrás da residência de Nizar. A construção hoje está desmoronada, restam apenas alguns de seus elegantes arcos, testemunhas de dias melhores. A família no vilarejo diz que, se Michel ajudar a financiar, eles podem cuidar de sua reforma.

Michel esteve no Líbano pela primeira vez em 1997, quando era presidente da Câmara dos Deputados, e conheceu ali o primo btaabourense, Nizar. Nizar retribuiu a visita e foi ao Brasil naquele mesmo ano, hospedando-se em São Paulo na casa de Marchi e depois em Brasília na casa de Michel. É dessa época a imagem que Nizar mostra, em um antigo álbum de fotografias: ele e Adib, um irmão de Michel, fumando narguilé.

Temer voltou a Btaaboura em 2011, já vice-presidente. Àquela ocasião, ele discursou à população e, em tom de gentileza, afirmou que, se a sua família não tivesse imigrado para o Brasil, ele gostaria de ter sido o prefeito do povoado. "Eu disse que era sorte a minha, então, ele estar no Brasil", conta Bassam Barbar, que era prefeito naquele ano. A chefia do vilarejo está agora com os Temer, desde a eleição em 2016 de Issam, parente distante de Michel.

Os Temer de Btaaboura se interessam pelos sucessos de seu brimo brasileiro como quem acompanha uma telenovela. Nas vezes em que estive no vilarejo, coincidindo com mudanças políticas, eles perguntavam de imediato coisas como "qual é a chance, em porcentagem, de que ele seja o presidente?". Como os anciãos não falam inglês, com exceção de Nizar, a intermediação entre as notícias é feita por Jad e Alain, de 24 e 26 anos.

Foram eles que traduziram as reportagens sobre a família, com a ajuda do Google Tradutor, o que levou a confusões. Quando a Câmara aprovou a abertura do processo de impeachment contra a então presidente Dilma Rousseff, a família a princípio entendeu que Michel já havia se tornado presidente. Comemoraram até se dar conta de que ainda faltava a votação no Senado.

As histórias do sucesso dos Temer no Brasil oferecem um contraste quase melancólico com a vida cotidiana de Btaaboura. Em uma visita mais recente, enquanto esperávamos para almoçar, conversei com Alain, filho de Nizar e afilhado de Michel.

Alain formou-se em engenharia, como o pai. Mas não encontrou oportunidades de emprego na esquecida região de vilarejos cristãos. "Não tem nada aqui", confessou, largado na cadeira de plástico, sem ânimo. "Você veio nos visitar há dois anos e nada mudou": como o asfalto diante da casa, que segue rachado. "Os libaneses tiveram muito sucesso no Brasil, nos Estados Unidos. Mas não tiveram por aqui..."

Enquanto conversamos, vemos imigrantes sírios passarem de moto diante da casa. Alguns param para pedir informação. Alain diz que os reconhece de imediato pela predileção pelas duas rodas. "Desde o início da guerra síria, em 2011, recebemos tantos refugiados que acho que já temos mais sírios aqui em Btaaboura do que libaneses." Esses imigrantes trabalham nas plantações, em especial quando chega a hora de colher as azeitonas do povoado, por volta de novembro.

Não é o caso da família Temer, mas há algum desconforto no Líbano devido à presença de tantos refugiados sírios, que acusam de sobrecarregar o sistema. É uma relação complicada, não só porque são pessoas que chegaram de repente, fugindo do conflito no país vizinho, mas também porque, até 2005, a Síria ocupava o leste do Líbano, interferindo em sua política. Os anos de atrito geraram uma rivalidade entre os povos.

O dinamismo desses refugiados, que ocupam os postos de trabalho que os libaneses recusam, em cargos de baixo escalão, lembra de certo modo o período da imigração libanesa para o Brasil no fim do século 19 e no início do século 20.

Quando era um pouco mais jovem, Alain tinha planos entusiasmados de imigrar para o Brasil, como seus parentes distantes e o padrinho Michel. Mais recentemente, porém, seu desânimo ficou patente. "Como é que ele pode se mudar para o Brasil?", pergunta Nizar, dando de ombros. "O que fazemos se ele chegar lá e o nosso primo não o receber?"

Nizar menciona diversas vezes que Michel nunca lhe respondeu os e-mails enviados a uma conta pessoal e nem retornou os telefonemas. Em uma das visitas, segundo os moradores do vilarejo, o ex-presidente brasileiro deixou um cartão com contatos privados — mas, quando ligaram, sempre foram atendidos por alguém que não falava árabe nem francês. Eles não falam inglês, e a conversa foi tão impossível a ponto de o outro lado desligar. O primo, imaginam, estava provavelmente ocupado transitando nos corredores do poder.

Ele espera agora que Temer volte ao Líbano, talvez com a agenda mais livre desde que deixou de ser presidente, e inaugure a pracinha erguida em sua homenagem diante da placa. É um lugar um pouco estranho, em uma curva na estrada, longe das casas. Ninguém costuma se sentar nos bancos ou andar pelas rosas plantadas ali. "Ele disse que, se um dia fosse presidente, retornaria", conta seu primo libanês. Foi enviado também um convite mais formal, por meio do ex-prefeito Barbar, que segue sem resposta.

Os parentes de Michel ouvem, com alguma surpresa, que o presidente se diz católico apostólico romano. A família segue o ramo greco-ortodoxo do cristianismo. Acabam de reformar a igreja local.

Essa questão causou tanta confusão, nos últimos anos, que mais de uma vez foi preciso confirmá-la com a assessoria da presidência antes de registrar que Michel segue esta ou aquela religião. Perdeu-se o momento em que os pais de Temer, de greco-ortodoxos, passaram a se dizer católicos romanos. Uma das possibilidades é de natureza pragmática: no início não havia igrejas ortodoxas em Tietê. Eles frequentaram, então, os templos católicos e se acostumaram à nova religião, não tão diferente daquela que haviam praticado no Líbano. Esse tipo de conversão era comum entre os árabes cristãos de outras denominações, como vimos na primeira parte deste livro — mas é algo difícil de engolir ali, na terra ancestral.

Foi o que aconteceu com a família Suaid, que também imigrou de Btaaboura para Tietê, segundo conta Maria, que tinha 82 anos quando falou comigo. Ela é conhecida na comunidade também como Mery. Seu pai, Jorge, mudou-se do Líbano em 1930, aos 26 anos. Veio ortodoxo, mas a família se converteu ao catolicismo. Jorge escolheu Tietê porque um primo dele já estava ali, assim como dois conterrâneos — Nakhul e Marchi, os pais do ex-presidente. Ali, mascateou e abriu uma lojinha de tecido e um armazém. A família se deu bem e foi ficando. São hoje mais ou menos vinte pessoas. São a maior parte da comunidade local de libaneses, que inclui além deles e dos Temer a família dos Chamma.

Maria conta que, quando tinha em torno de oito anos, acompanhava sua mãe ladeira acima para visitar os pais de Michel. Eles moravam em uma chácara, no bairro da Bela Vista. "O pai dele também descia sempre para conversar com meu pai, na loja."

Ela cresceu ouvindo o árabe em casa e aprendeu a língua. Os anos levaram embora a memória do idioma. Casada com um brasileiro, Maria nunca visitou o Líbano. "Sem contato, a gente vai se esquecendo das coisas." A primeira geração de imigrantes, como seus pais e os pais de Michel, já morreu há muitos anos. Os costumes do Líbano, no entanto, seguem vivos entre os descendentes em Tietê. "Sempre que faço uma comida árabe aqui em casa me lembro da minha mãe."

Quem também se lembra daqueles anos é Elias Suaid, que tinha 74 anos quando me contou a história. Ele é filho de Bahig, um dos irmãos de Maria, e de uma brasileira. Crescendo no Tietê dos anos 1950, Elias conviveu com o ex-presidente — são até aparentados, só que de maneira distante. Elias e Michel estudaram na mesma escola, a Plínio Moreira. "Ele vinha muito em casa. Vinha escutar os vinis do meu pai." Juntos, ouviam clássicos como a cantora Umm Kulthum e os cantores Mohammad Abdel Wahab e Najib Hankash. Elias se lembra bem de Najib, que era um dos queridinhos da comunidade libanesa radicada no Brasil.

Nascido em Zahlé, o artista imigrou para o Brasil em 1922, onde viveu por décadas até retornar ao Líbano e fomentar, ali, a Era de Ouro da canção libanesa. Foi particularmente na diáspora que Najib ganhou fama, a princípio cantando nos clubes da comunidade. Uma de suas canções satíricas, "Kossat Machaal El Kache" [A história do mascate], falava de um patrício cafona que enriqueceu no Brasil e estava em busca de uma mulher adequada para se casar.[235]

Ouvindo músicas como aquela, vendo o vinil rodar na agulha, Elias e Michel viveram sua infância. "Ele era uma pessoa muito simples, gostava de rir, contar anedotas", diz. "Já falava de política, também, desde aqueles tempos. Sentava-se com meu pai e ficava conversando sobre o que estava acontecendo no Oriente Médio, no Líbano."

A amizade foi interrompida quando o pai de Elias decidiu voltar ao Líbano em 1962. Elias tinha dezessete anos e não falava uma palavra de árabe, razão pela qual demorou a se acostumar.

Antes de se mudar, ele tinha feito um curso de eletricista por correspondência. Chegando a Btaaboura, o vilarejo de sua família e também dos Temer, começou a trabalhar. "Era tudo muito diferente. Não tinha força elétrica." Enquanto esperava os fios de eletricidade se espalharem pela vila, Elias abriu uma oficina para o conserto de eletrodomésticos. Ainda hoje ele é o eletricista do lugarejo.

Nas duas vezes em que Michel visitou Btaaboura, em 1997 e em 2011, se encontrou com Elias. "Relembramos tudo, falamos sobre os nossos dias no Brasil", diz o eletricista. Na segunda visita foi um pouco mais difícil, porque Michel já era vice-presidente e vinha acompanhado de um aparato de segurança. Mas Elias deu um jeito. "Passei pelos policiais, avancei na frente dos carros e comecei a falar com ele em português. Ele disse 'pode deixar ele passar, ele também é brasileiro'."

Michel de alguma maneira plasma dois dos modelos de ascensão política descritos pelo pesquisador brasileiro Oswaldo Truzzi. Como as primeiras levas de políticos, ele vem do Largo São Francisco. Ao mesmo tempo, como a maior parte dos políticos que surgiram a partir dos anos 1960, representa uma família do interior.

Bacharel em direito pela USP, formado em 1963, e doutor pela Pontifícia Universidade Católica de São Paulo (PUC-SP), em 1974, Michel Temer se dedicou primeiro à carreira jurídica, antes de se inclinar à política.[236] Foi advogado por sete anos e, em 1983, por indicação do governador Franco Montoro, foi nomeado procurador-geral do estado de São Paulo. Um ano depois, tornou-se secretário de Segurança Pública, promoção que coincidiu com uma onda de violência na capital daquele estado. Durante o período, ele reformou as forças de segurança.

Michel foi eleito suplente de deputado federal pelo PMDB em 1986 e, em 1987, assumiu o mandato na vaga de Tidei de Lima. Em 1990, foi reeleito suplente. Voltou em 1991 à Procuradoria-Geral de São Paulo, e no ano seguinte — em 8 de outubro, seis dias depois do Massacre do Carandiru, em que 111 presos foram mortos — retornou ao cargo de secretário de Segurança Pública de São Paulo, nomeado pelo governador Luiz Antônio Fleury Filho para administrar aquela crise.

Na campanha que elegeu o tucano Fernando Henrique Cardoso presidente da República, em 1994, Michel foi reeleito deputado federal. Sua proposta de reforma da previdência sofreu duras críticas naquele período, em especial após a denúncia de irregularidades em seu próprio pedido de aposentadoria proporcional como procurador do Estado. A oposição afirmaria que, ao pedir sua aposentadoria antecipada, Michel queria gozar de privilégios que seriam eliminados em sua reforma.[237]

Michel foi eleito presidente da Câmara dos Deputados em 1997. Contou com o apoio do governo, porque sinalizava simpatia à emenda que abria caminho para a possibilidade de reeleição. Na Casa, triplicou a verba de despesa dos gabinetes e permitiu o aumento do salário de assessores parlamentares. Promoveu, também, um movimento de independência do Legislativo em relação ao Executivo, dentro do que ficou conhecido como Agenda Parlamentar 97 ou Agenda Brasil. Em 1998, Temer assumiu a cadeira de presidente por quatro dias, durante viagens de Fernando Henrique Cardoso e de seu vice, Marco Maciel. Foi reeleito deputado naquele ano, com a maior votação dentro do PMDB. Foi reeleito, no ano seguinte, à presidência da Câmara.

Nessa época Michel participou de um evento organizado pela vereadora Myryam Athie em homenagem aos libaneses no Brasil. Discursou como convidado de honra e, de maneira retórica, perguntou para a plateia que país permitiria que descendentes de imigrantes como Myryam e o governador Pedro Simon chegassem tão longe na política. Que nação aceitaria "que um modesto tietense chegasse a Brasília e fosse presidente da Câmara? Que país permitiria isso, exceto o Brasil?". Encerrando o discurso, Michel disse que eles deveriam agradecer a Deus "por terem pais libaneses e terem nascido no Brasil".[238]

Esse filho de um camponês dos campos de tabaco de Btaaboura permaneceu na Câmara dos Deputados com mais uma reeleição em 2002 e outra em 2008. Voltou também à sua presidência, já com o apoio do PT, em 2009. Temer deu, então, um importante passo em direção à presidência da República: concorreu como vice na chapa de Dilma Rousseff, que foi eleita para dois mandatos.

Sua escolha era explicada, à época, como maneira de garantir estabilidade política ao governo do PT, em parceria com o PMDB. Mas, apesar de ser um reconhecido estrategista, Michel era tido pela liderança petista como peça decorativa. Tanto que, quando Dilma propôs uma Constituinte para a reforma política em 2013, ela ignorou os protestos do vice — um renomado constitucionalista — e o projeto empacou. Aliados de Dilma apelidaram Michel de "aspirador de pó", porque, de acordo com eles, só servia para limpar a sujeira.[239]

O segundo mandato de Dilma, a partir de 2015, foi muito mais problemático. Com Eduardo Cunha, do PMDB, na presidência da Câmara, o governo do PT passou a sofrer uma série de revezes entre legisladores. Michel foi escolhido, naquele contexto, para fazer mais do que limpar manchas no carpete: foi promovido a articulador político, responsável por apaziguar os ânimos no Planalto. O papel era de certa maneira próximo ao de um premiê.

Sua atuação naqueles meses dividia as opiniões, como já acontecia havia muito tempo. Em 1999 o político baiano Antônio Carlos Magalhães tinha dito que ele parecia um "mordomo de filme de terror".[240] Na década seguinte, circulava entre sites evangélicos o boato de que Michel era um satanista — algo ainda corrente. A repercussão foi tamanha que o próprio Michel precisou desmenti-la.[241]

Quando a derrocada da presidente Dilma começava a parecer provável, ela e Michel passaram a se desentender em público. Em dezembro de 2015, ele enviou uma carta ao gabinete de Dilma dizendo sempre ter tido "ciência da absoluta desconfiança da senhora e do seu entorno em relação a mim e ao PMDB".[242] A missiva tornou-se, por assim dizer, um clássico instantâneo. Começava com uma frase em latim, "verba volant, scripta manent" [as palavras voam, os escritos se mantêm]. Michel reclamava de ter sido um vice decorativo por tantos anos. Memes inundaram as redes sociais.

A carta representou uma espécie de rompimento público entre o PMDB e o PT — apesar de Michel ter declarado que não tinha a intenção de que o texto fosse divulgado. O processo de impeachment contra a petista já tinha sido aceito pelo presidente da Câmara dos Deputados e, com a articulação de Temer, foi encerrado com a saída dela em 31 de agosto do ano seguinte.

Com a derrubada de Dilma pelo Congresso — a partir de uma acusação de pedalada fiscal e com desaprovação popular altíssima —, Michel foi nomeado presidente da República. O mandato foi curto, apenas um ano e meio. Mas pareceu o suficiente para todo o tipo de dissabor, a ponto de ele dizer a quem o visitava às vésperas do fim de seu governo que a cadeira de mandatário do Brasil carrega uma sina.

Getúlio Vargas se suicidou. Jânio Quadros renunciou. Tancredo Neves morreu. José Sarney foi impopular. Fernando Collor de Mello e Dilma Rousseff foram defenestrados do Alvorada. "Os amigos do presidente contam que ele nunca achou que seria fácil, mas também não imaginava que seria tão difícil. Certa vez, ao ser questionado, disse que não sentirá falta de nada quando deixar o mandato", diz uma reportagem.[243]

Michel enfrentou uma série de desafios. Uma greve de caminhoneiros paralisou o país. As concessões que ele teve de fazer a seus aliados no Congresso impediram o avanço de parte de seus projetos — Michel entregou mais de metade dos ministérios para deputados e senadores. E, ainda, a Procuradoria-Geral da República apresentou denúncias por irregularidades em seu mandato.

Há suspeita de que Michel tenha beneficiado empresas no setor de portos após receber propina. Também se investiga se o ex-presidente e seus aliados negociaram doações ilícitas da empresa de construção e engenharia Odebrecht para o PMDB. Além disso, ele foi apontado como o líder de uma organização criminosa que teria recebido 587 milhões de reais de propina para favorecer empresas em contratos com Petrobras, Furnas e Caixa. Há, por fim, a acusação de que Michel era o destinatário de uma mala de propina com 500 mil reais.

A tudo isso se somou, ainda, a polarização política no país. Naqueles meses, seus opositores o descreviam como um golpista vampírico e oportunista e repetiam o mantra "Fora Temer". Não surpreende que, em junho de 2018, 82% dos brasileiros considerassem o governo como ruim ou péssimo, segundo pesquisa realizada pelo Datafolha. Michel foi, naquele momento, o presidente mais impopular desde o fim da ditadura.[244]

O filho de Btaaboura, herdeiro de uma casa de pedra no interior do Líbano, deixou o Palácio do Jaburu, a residência do vice-presidente da República, onde ainda morava. Voltou a São Paulo com dois planos já desenhados: concentrar-se em sua defesa, tendo em vista as denúncias de corrupção, e escrever um livro.

12. O retrato do padre

Quando nos anos 1920 o Exército colonial francês chegou ao vilarejo de Ain Ata, no sul do Líbano, enfrentou uma resistência inesperada: um padre greco-ortodoxo.

Naquele dia, todo vestido de preto e com uma enorme cruz pendurada no pescoço, Habib al-Haddad desceu os vertiginosos caminhos de terra montanha abaixo acompanhado de outros anciãos para lutar com a única arma que tinham: a palavra. Conversaram com o general e lhe convenceram a ocupar a vila, sim, se realmente fosse necessário. Mas sem bombardeá-la. Dessa maneira, conseguiram salvar a população de um morticínio.

Tantas décadas depois, o episódio ainda toca fundo naquela região, localizada na fronteira entre Líbano, Síria e Israel. É uma história que faz de Ain Ata um lugar diferente de Btaaboura e Hadath. Os moradores dos povoados de onde saíram os pais de Michel Temer e de Paulo Maluf celebram aqueles brasileiros como os grandes evangelistas de sua terra. Já em Ain Ata, apesar do orgulho que os habitantes sentem de Fernando Haddad, que foi prefeito de São Paulo e ministro da Educação, o monstro sagrado é outro: seu avô Habib, cujo nome significa "querido" — uma descrição deveras pertinente, dado o imenso carinho que ele inspira até hoje na vila.

No início do século 20, quando Habib ainda morava ali, Ain Ata era um pequeno povoado de duas fés. Metade de seus habitantes era cristã, e a outra metade, drusa. Era entre essas duas comunidades que Habib fazia sua milagrosa intervenção, garantindo a paz nas montanhas. "Habib era visto como um mediador quando havia problemas no vilarejo", conta o ex-prefeito Talih Khodr, enquanto serve o café encorpado típico dos árabes. "Se havia uma disputa, os moradores diziam 'vamos ao padre e faremos o que ele disser'."

No entanto, com a pobreza e a fome trazidas pela Segunda Guerra Mundial, foi Habib quem teve de fazer o que seus familiares queriam. Bastante a contragosto, foi convencido a imigrar para o Brasil com seu filho Khalil — diferentemente dos católicos, os padres ortodoxos podem se casar. Ainda hoje os moradores de Ain Ata preferiam que ele tivesse permanecido na vila.

Khalil chegou ao Brasil em 1947 com 24 anos. Passou a ser chamado de Felipe. Casou-se com Norma Teresa Goussain, uma brasileira filha de libaneses, e abriu um negócio de tecidos na rua 25 de Março. Khalil e Norma são os pais de Fernando Haddad.

Não foram apenas Habib e Khalil que deixaram Ain Ata. Boa parte dos moradores — em sua maioria cristãos — decidiu ir embora durante aqueles anos de crise. Alguns escolheram a Argentina, e outros tantos, o Brasil. "Os cristãos tinham mais oportunidades para sair daqui", conta o ex-prefeito Talih, que é druso. Eram a porção mais rica da vila.

Hoje os cristãos são, com otimismo, 10% do povoado do qual décadas antes representavam metade. Sobraram cinco famílias: os Khuri, os Thabit, os Mawal, os Zain e, finalmente, os Haddad. Destes, há apenas um último representante: o ancião Assad.

Assad, de 74 anos, chega ao nosso encontro na casa de Talih. Tem um sorriso perene, os olhos claros e a pele manchada pelo sol. Conta o pouco que sabe da família do ex-prefeito de São Paulo.

"Mas outra vez? Você já me perguntou essas mesmíssimas coisas há alguns anos", ele se recorda de minha visita ao povoado anos antes. Naquela primeira ocasião, em 2015, ele levou consigo um papelzinho com o resumo da vida do "professor Haddad". "Temos orgulho dele, queremos que seja presidente." Fernando tentaria o cargo em 2018, sem sucesso.

Assad é um parente distante de Fernando, com laços tão frouxos que já não existem palavras em árabe para descrevê-los. Os avôs de Habib eram aparentados de seu avô.

"Eu conheci o Habib, quando era pequeno. Era um homem muito gentil, que não fazia distinção entre as pessoas de acordo com a religião delas. Íamos muito à sua casa." Hoje Assad frequenta outro dos lares de Habib, a Igreja de São Elias, da qual o avô de Fernando foi o último padre. O templo foi construído há mais ou menos cem anos, pelo que os moradores dizem. Segue sendo o único local de culto na vila de Ain Ata.

A igrejinha de São Elias tem poucas fileiras de bancos de madeira diante da parede de ícones — um componente típico do cristianismo ortodoxo. Há uma pintura de São Elias puxando um inimigo pelo cabelo e pisando em suas costas enquanto ergue sua cimitarra, de onde já escorre o sangue de outros homens decapitados.

Do lado de fora da igreja, Assad aponta para uma tumba vazia, sem adornos. Está dedicada ao padre Habib. Mas está vazia. Habib morreu em 1961 e foi enterrado no Brasil, decepcionando a vila. "Habib construiu essa tumba nos anos 1940, quando não pensava em viajar", conta o ex-prefeito de Ain Ata. "Deixamos ela vazia. É dele, e apenas dele."

Há poucos detalhes sobre a viagem de Habib. Com a sua morte — e a de Khalil, em 2008 — não sobraram na família testemunhas daqueles dias. Mas um outro filho de Ain Ata segue vivo, e as suas lembranças ajudam a reconstituir parte da epopeia dos Haddad.

Aos 93 anos quando conversou comigo, Mohamad Khodr se recorda nitidamente do povoado em que nasceu. Ele era amigo de Habib e de Khalil. "Nós trabalhávamos juntos na lavoura de trigo durante a Guerra, para sobreviver", conta. "Mas a cidade era muito pequena. Não tinha trabalho", afirma. Decidiu imigrar em 1949, aos 23 anos, dois anos depois da família Haddad.

Muitos moradores de Ain Ata já haviam cruzado aqueles mares. Chegavam ao porto de Santos sem referências, pensando em uma América imaginada, enfrentando uma língua que ainda não conheciam. Isso no caso dos que sobreviviam. "Muita gente fazia essa viagem, morria no caminho e ninguém ouvia falar. Graças a Deus eu tive sucesso."

"Sofri muito no começo. Fui mascate. Passei quase um ano trabalhando com uma mala nas costas. Juntei meu capital e fui a Goiânia, onde não tinha nem rua asfaltada", conta. "Quando soube que estavam vendendo terrenos em Brasília fui para lá de jipe e, em 1959, comecei a construir a minha lojinha", diz. Era a Loja Brasília, uma das primeiras da capital.

Mohamad foi um dos pioneiros de Brasília e um dos fundadores do Clube Monte Líbano local, fatos que o colocam em uma posição privilegiada para narrar os primeiros anos — até os primeiros dias — da intersecção entre políticos de origem libanesa e a capital. "Conheço Brasília desde que era mato. Estava ali quando colocaram a pedra fundamental", conta. "Um dia o Juscelino Kubitschek foi visitar as obras e, na hora do almoço, ficou atrás de mim na fila da comida. Ofereci meu lugar, ele não aceitou. Fez um prato de peão e se sentou com os operários para comer", relembra Mohamad, com admiração.

Alguns anos depois de chegar ao Brasil, Mohamad reviu os Haddad, que havia abandonado em Ain Ata. "Sempre que eu ia para São Paulo passava na casa deles para visitar o Habib e conversar sobre o Líbano. Era um daqueles velhos muito respeitados."

Como os Haddad, os Khodr também tiveram os seus políticos no Brasil — algo que faz Ain Ata parecer um vilarejo saído de um conto de realismo fantástico, com seu azeite de oliva mágico garantindo eleições. Sandra Faraj, filha de um primo de Mohamad, foi deputada de 2015 a 2018 pelo Partido Republicano (PR). O irmão dela, Fadi, foi suplente de senador.

Sandra é filha do casal Fayez Naaman Faraj, natural de Ain Ata, e Zahia Raiden, de Beirute. A política estava no sangue. Fayez militava em um partido de esquerda no Líbano e, mesmo depois de imigrar, ainda seguia conectado à sigla. "Tínhamos fitas cassete antigas do partido em casa, e ele chorava assistindo às imagens", conta Sandra.

Mas a história da família Faraj é um pouco diferente daquela dos Haddad. Eles não imigraram para o Brasil devido às agruras econômicas nem fugindo de conflitos étnicos. "Meu avô, pai do meu pai, tinha ido à Argentina e feito uma fortuna. Quando ele morreu, meu pai viajou para receber a herança. Passou pelo Brasil, gostou do país e mandou buscar a minha mãe." Eles se estabeleceram em São Paulo e, depois, em Brasília.

Apesar de sua conexão com a comunidade, e de ressaltar a origem libanesa em sua página oficial na internet, Sandra nunca esteve no Líbano. Ela conta que programou uma viagem em 2002, mas a morte de seu pai cancelou os planos. Em 2017, quando tentou uma segunda vez, interrompeu o projeto devido à sua primeira gravidez. "Mas tenho a maior vontade de ir."

No meio-tempo, sua família mantém algum contato com os parentes que ficaram para trás, incluindo um dos filhos de seu pai de outro casamento. Quando ela foi eleita, em 2014, um jornal libanês local celebrou a chegada de um descendente de Ain Ata aos salões de Brasília. A comemoração envolveu uma festança. "Fiquei muito empolgada quando eu soube", diz. "Mas, então, falei para meus tios: Como assim não me convidaram?"

✳

Enquanto os Khodr desbravavam o Planalto Central, a família Haddad seguia a sua labuta em São Paulo. Um novo integrante da família nasceu em 1963: Fernando. Não conheceu o avô, que tinha morrido dois anos antes, mas cresceu ouvindo suas histórias na lojinha do pai na rua 25 de Março. Escutava, atento, como aquele padre havia desafiado o poderoso Exército francês e poupado, dessa maneira, seu pequeno e indefeso vilarejo.

Apesar de estar cercado por comerciantes, Fernando quis ser engenheiro. Até que seus pais perderam a casa em que moravam. Segundo uma reportagem da revista *piauí* — em que há alguma confusão, dizendo que Habib era um "padre druso" —, a súbita crise familiar e a ideia de que ele poderia defender seus interesses na justiça empurraram Fernando para o curso de direito da Universidade de São Paulo no Largo São Francisco. "A vida da minha família foi farta sem ser fácil", Fernando contou à revista. "Faltou dinheiro em alguns momentos críticos. Era o suficiente para viver bem, mas não acumulamos capital."

Fernando entrou nas Arcadas, como tantos outros brimos. Todos os dias, depois das aulas, ia a pé até a 25 de Março para ajudar o pai na lojinha de tecidos. "Costuma dizer que sua formação na rua dos comerciantes de origem levantina foi tão importante quanto a da USP", segundo a repórter Clara Becker, da *piauí*, a quem ele disse: "Lá, quem não aprende rápido a fazer a leitura das pessoas vai à falência. É toda uma economia baseada no crédito".[245]

Formado, Fernando fez mestrado em economia e doutorado em filosofia, ambos também na USP. Em 1983, alinhado à esquerda antistalinista, se filiou ao PT, do qual viria a se tornar um dos principais expoentes. Exerceu a política ainda na universidade, quando se uniu ao amigo Eugênio Bucci na chapa The Pravda, que concorria à presidência do histórico Centro Acadêmico XI de Agosto do Largo São Francisco em 1985. Fernando foi o tesoureiro da agremiação e depois seu presidente. Casou-se em 1988 com a odontóloga Ana Estela Haddad, uma antiga amiga, também de origem libanesa, que por coincidência carregava o mesmo sobrenome Haddad.

Em 2000, na gestão da prefeita Marta Suplicy, Fernando foi convidado pelo economista patrício João Sayad para ser seu número dois na Secretaria de Finanças e Desenvolvimento Econômico de São Paulo. Foi sua estreia em um cargo público.

Quando Lula foi eleito presidente, em 2002, levou Fernando ao Planalto Central para o cargo de assessor especial do Ministério do Planejamento, Orçamento e Gestão, onde ajudou na elaboração da lei de Parcerias Público-Privadas, chamadas PPPs. Dois anos depois, chegou a secretário-executivo do Ministério da Educação, envolvido com o ProUni (Programa Universidade para Todos). O projeto, um dos pontos altos da carreira de Fernando, dá bolsas de estudo para a graduação em ensino superior. Em 2004, com a saída de Tarso Genro da pasta da Educação, Fernando assumiu todo o ministério.

Foi nessa época que conviveu intensamente com Lula, segundo o texto da *piauí*.

"Tem um ditado árabe que diz que você só conhece de verdade uma pessoa depois que trabalhou com ela", lembrou o ministro. "Eu fui conhecer o Lula no Ministério. É inspirador vê-lo no trabalho, tomando decisão, sendo convencido, convencendo, debatendo, exigindo, cedendo, concedendo." E o presidente passou a gostar do ministro devido à clareza de ideias e operosidade. Uma vez, Lula lhe perguntou: "Você nunca votou em mim, não é, Haddad?". Ele respondeu que, exceto em 1982, quando votou no pedetista Rogê Ferreira, sempre votou em Lula. E acrescentou: "Mas sem nenhuma convicção". O que lhe rendeu uma repreensão da mulher do presidente, Marisa: "Haddad! Como você diz uma coisa dessa?".[246]

Seu maior desafio como ministro foi possivelmente o Exame Nacional do Ensino Médio (Enem), que em dois anos seguidos foi alvo de intensa crítica, comprometendo a imagem de Fernando. Em 2009, a prova foi roubada da gráfica e o gabarito foi divulgado com erro. No ano seguinte, as provas tiveram questões duplicadas e folhas repetidas. Apesar dos tropeços, sua gestão na Educação se estendeu até 2012, já dentro da presidência de Dilma Rousseff. Fernando tornou-se, assim, uma das principais figuras do Partido dos Trabalhadores.

Foi naquele período como ministro que, em 2006, Fernando voltou ao Líbano de seu avô. Até então, Habib e sua família eram figuras lendárias em Ain Ata — lembrados como fatos distantes, sem laços com o mundo real. Os moradores falavam deles sem saber o que tinha acontecido depois de partirem para o Brasil. "Não tínhamos contato com os imigrantes, e muitos deles morreram", explica Talih. "Seus filhos não mantiveram nenhum contato com o vilarejo."

Foi Mohamad Khodr quem convenceu o ex-prefeito a visitar o povoado naquele ano. O evento está registrado no livro *Caminhos de um imigrante*, publicado por Mohamad em 2009. O texto foi escrito em português, mas só tive acesso à tradução em árabe, que me deram de presente em Ain Ata, em 2015, com uma dedicatória do próprio autor.

"Chegamos ao aeroporto de Beirute. O ministro libanês da Educação, o dr. Khaled Kabbani, recebeu-nos", registra o livro. "O povo de Ain Ata amontoou-se no lobby do aeroporto, vindos para receber o filho de sua terra, o proeminente ministro brasileiro Haddad." Em Ain Ata, Fernando foi recebido por bandeiras brasileiras tremulando ao lado das libanesas.[247]

Naquele dia, segundo o texto, foi consagrada uma placa de bronze em Ain Ata, "berço da família Haddad, cujos filhos puderam com seu empenho e força entrar no mundo político, cultural e laboral do Brasil e chegaram à mais alta hierarquia do poder".[248]

"Lembro-me bem de como as mulheres de salto alto subiam e desciam as ruas e becos estreitos de Ain Ata", afirma Mohamad. Fernando rezou na igreja "onde por mais de cinco décadas serviu o seu avô" e seguiu viagem — foi a Rachaya, cidade de origem de sua mulher, Ana Estela, e depois a Zahlé, de onde imigrara sua mãe, Norma. Sentia-se em casa.[249]

A experiência deixou uma ótima impressão em Mohamad. "O Fernando é muito boa pessoa, vem de uma família muito honesta. Mas, depois que assumiu esses cargos importantes, ele não gosta mais de receber ligações. Eu mandava mensagens por meio de sua mãe, quando precisava falar com ele. Faz bastante tempo que já não nos falamos."

De volta ao Brasil, Fernando se candidatou à prefeitura de São Paulo. Ele tinha o apoio de Lula e de outro patrício, Gabriel Chalita. Beneficiado ainda pela popularidade de Dilma e do próprio PT, foi eleito ao cargo em 2012, derrotando José Serra, seu rival tucano.

Sua chefia na capital paulista teve resultados contraditórios. As ideias de abrir a avenida Paulista para os pedestres aos domingos e de pintar ciclovias ao longo da cidade tiveram grande apoio em setores específicos da sociedade. Houve, no entanto, uma grande rejeição à sua gestão, incluindo a insatisfação pela redução da velocidade máxima em algumas vias e pelo reajuste na tarifa dos transportes públicos. Nas eleições de 2016, quando tentou a reeleição, Fernando foi derrotado ainda no primeiro turno por João Doria. Pela primeira vez, o pleito municipal não teve uma segunda rodada.

Fernando voltou às manchetes dos jornais dois anos depois, durante a disputa presidencial. O principal candidato do PT, Luiz Inácio Lula da Silva, havia sido condenado por corrupção e lavagem de dinheiro — uma decisão revertida pela Justiça em

2021. Entregou-se à Polícia Federal em abril de 2018. Com isso, a sigla de esquerda escolheu o filho de libaneses para enfrentar Jair Bolsonaro nas urnas.

A candidatura de Fernando foi complicada. Em parte, foi tratada como um plano B. Ademais, a polarização política e a crescente rejeição popular ao PT — após as pilhas de denúncias de corrupção, culminando na detenção de Lula — levaram à derrota para Jair Bolsonaro no segundo turno.

Segundo uma reportagem da *Folha de S.Paulo*, Fernando passou parte da campanha de mau humor. Quando um de seus assessores perguntou por que estava irritadiço, ele respondeu: "Minha vida está fácil. Só me pediram para entrar no lugar do Lula, ganhar a eleição, tirá-lo da cadeia e arrumar a economia. Depois, volto a ser Fernando Haddad".[250]

Em 28 de outubro, Fernando teve 45% dos votos contra os 55% de Jair. No discurso em que reconheceu a derrota, lembrou-se do Líbano de seu pai Khalil e de seu avô Habib. Cercado por aliados, como Manuela d'Ávila, do Partido Comunista do Brasil (PCdoB), disse:

> Em primeiro lugar, eu gostaria, pela minha formação, de agradecer meus antepassados. Eu aprendi com meus antepassados o valor da coragem para defender a justiça a qualquer preço. Aprendi com a minha mãe, com o meu pai, aprendi com a memória dos meus avós, que a coragem é um valor muito grande quando se vive em sociedade. Porque todos os demais valores dependem dela.[251]

Referia-se, supõe-se, à coragem do avô de ter enfrentado os franceses no vilarejo de Ain Ata, no sul do Líbano, e à coragem do pai de ter cruzado os mares rumo ao Brasil. Com eles em mente, não planejava abandonar a política — segundo os relatos circulados nos dias seguintes à derrota eleitoral, Fernando pensava em concorrer outra vez à prefeitura de São Paulo.

A bravura de Habib é de fato um símbolo recorrente na carreira de Fernando. Quando conversamos pela primeira vez sobre seu avô, em 2015, ele falou sobre uma fotografia do padre guardada, dobrada, dentro de sua carteira. "Sempre penso nele quando estou diante de um dilema moral. A figura dele me vem à cabeça. O meu avô é uma referência para nós. Era uma pessoa muito forte, um líder religioso. Deixou um legado de conciliação, de justiça. Foi procurado para moderar conflitos. Salvou vidas. Era uma pessoa incomum."

Décadas depois de sua morte, Habib ainda vive nos retratos. Além da fotografia no bolso de Fernando, há uma enorme imagem dele no salão social da igreja em Ain Ata. A sala passa boa parte do tempo fechada, então só é possível vê-lo através de um vidro opaco. Está em cima de uma mesa, solitário, aguentando o tempo como um duro pilar de fé.

Outra foto do padre enfeita aquele povoado. Está na casa antigamente habitada por Habib, hoje o lar de uma família drusa. A construção foi comprada por Ismail Abd al-Haq quando também morava no Brasil e conhecia o padre. Hoje em dia sua filha Nazira mora ali. Cobrindo parte do rosto com um pano branco, como pede a tradição drusa, a anciã mostra o retrato de Habib na parede rachada de sua sala, ao lado dos antepassados da família. O avô de Fernando adorna o ambiente quase como um ícone sagrado. Mas, dos políticos brasileiros de origem libanesa, não é Fernando quem de fato descende de um homem santo.

13. Santo do grão-de-bico

Kassab é um santo.

Nesse caso, não é um juízo de valor: existiu, de fato, um personagem sagrado no Líbano com esse sobrenome, o mesmo do ex-prefeito de São Paulo, Gilberto Kassab. A família insiste em que ambos sejam aparentados, ainda que de uma linhagem bastante distante.

O santo Nimatullah Kassab al-Hardini nasceu em 1808 na vila de Hardine, a mil metros de altitude nas montanhas libanesas. Seus pais eram cristãos devotos, segundo um livreto publicado pelo bispo Joseph Mahfouz duzentos anos depois. Chamavam-se Girgis e Maryam.[252] De acordo com Mahfouz, os Kassab vêm originalmente do vilarejo de Qlaiat. Em 1796 o avô do santo Kassab se mudou para Hardine. A família tinha clara vocação eclesiástica: dos cinco irmãos do santo, três viraram padres.[253]

Hardine está incrustada em uma região onde as igrejinhas e os monastérios prosperaram como os cachos de uva que despencam verdes das varandas das casas. A pista que vem de Btaaboura, o vilarejo da família Temer, toma meia hora até ali, sempre subindo. Cruzes e capelas ladeiam o caminho esburacado. Lojas de beira de estrada vendem santos de gesso em tamanho real, alguns deles assustadoramente verossímeis, com as mãos espalmadas para cima e os dois olhos mortos observando os compradores indecisos.

As placas dão as boas-vindas à "terra sagrada" e apontam para a casa do santo Kassab, uma antiga construção perigando rolar abaixo no desfiladeiro. É onde Nimatullah nasceu, segundo a tradição. A igreja edificada no mesmo local celebra sua vida, com o orgulho de uma ordem católica de poucos santos canonizados. Além de Kassab, os santíssimos são Charbel, Rafqa al-Rayes e Maron — vem deste último a denominação de "maronitas".

Em 2018, monges maronitas de todo o país se reuniram ali para um retiro espiritual. O padre Fadi, com 48 anos à época, tinha acabado de chegar quando conversamos. Ele falou com orgulho do santo. "Não proclamamos santos na igreja a não ser que os milagres tenham sido confirmados. Estudamos toda a vida do santo Kassab para descobrir se havia qualquer coisa ruim. Mas não havia. Ele viveu uma vida de santo."

O livreto publicado pelo padre Mahfouz diz, por exemplo, que o santo Kassab era tão dedicado à confissão religiosa que queria se acusar mesmo quando não havia um pecado. Um dia, por exemplo, Nimatullah viajava entre Hardine e Tannourine para visitar a sua avó. Passou por Harissa, no meio do caminho entre os dois vilarejos, entre campos de grão-de-bico. Faminto, colheu um pouco do grão e comeu. Jamais se esqueceu daquela pequena infração, segundo Mahfouz. "Ele se lembrou disso por toda a vida e chorava como o santo Ephram, que se recordava de ter perseguido uma vaca que caiu num penhasco e morreu."[254] Dedicado à reza, costumava sacrificar o sono para passar a noite ajoelhado de braços abertos em forma de cruz — é essa a imagem pela qual foi imortalizado.

Segundo os relatos da época, morreu em 1858 no monastério de Kfifan devido a uma pleurisia — uma inflamação aguda na região dos pulmões. Ele tinha cinquenta anos e sua fama já havia se espalhado pela região. Kassab era um hábil reparador de livros antigos e costurador de capas, função importante para o cotidiano de monastérios e igrejas.

Seu cadáver, diz a lenda, não se decompôs. Impressionados, os moradores dos arredores passaram a peregrinar para lhe pedir a bênção. Entre seus diversos milagres reconhecidos pela Igreja há algumas salvações esdrúxulas. Kassab impediu uma vez que uma parede desmoronasse e matasse bois, o que dá ideia da importância da pecuária à região.

Foi proclamado "venerável" em 1989 pelo papa João Paulo II, que em 1997 reconheceu os milagres operados por ele. O santo Kassab foi por fim canonizado em 2004. Naquele ano, o mesmo papa declarou que Nimatullah foi um exemplo para toda a ordem dos maronitas, assim como foi um modelo a todos os libaneses e, de modo mais amplo, para todos os cristãos do mundo. Ele entregou toda a sua vida a Deus, disse o papa, e com isso seguiu o caminho de Jesus, "demonstrando que o amor de Deus é a única verdadeira fonte de alegria e felicidade".[255]

Do lado de fora da igreja, na praxe de museus, a lojinha da casa vende badulaques relacionados ao personagem. Uma estátua de Nimatullah Kassab ajoelhado custa cerca de 20 reais. Já a hagiografia dele, publicada em 2008 pela ordem maronita, sai por quase 50.

O município de Hardine engloba hoje também o vilarejo de Beit Kassab, que em árabe quer dizer "casa de Kassab". É nesse segundo endereço que a família se concentra hoje. Um dos membros, Al--Mazbut Tanus, de 68 anos, nasceu ali. "Não sabia que estávamos no Brasil!", diz quando ouve falar do ex-prefeito paulista. "Sabia que tínhamos chegado aos Estados Unidos e à Colômbia. Mas ao Brasil?", diz e gargalha.

Mazbut, conhecido no bairro pelo apelido Charbel, diz que os Kassab compõem uma centena de pessoas ali. Mas a família se esparrama pelo Líbano: também estão em Tannourine e Kfarhalda. E em Aabadie, de onde veio o ramo específico no qual nasceu Gilberto — o político brasileiro que, quando deu uma entrevista para este livro, fez a brincadeira de que "há dois santos na família. O segundo deles sou eu, Gilberto Kassab".

Gilberto nasceu em 1960 em uma família com propensão aos estudos — os familiares, ao menos, costumam ressaltar sua cultura de exigir de seus filhos a dedicação à escola.

Seu avô paterno se chamava Salomão. Havia imigrado para o Brasil no início do século 20 — "1900 e algo", diz Gilberto. Salomão viajou do Líbano àquelas novas terras não devido à pobreza, mas por "vocação". "Era a vocação do libanês, imigrar, e ele tinha cada vez mais esse vínculo com o Brasil." Seu avô foi o primeiro da família a pisar no Brasil, abandonando o pai no Líbano. "Chegando aqui, veio para o estado de São Paulo. Conheceu a minha avó materna, que tinha nascido em Poços de Caldas, e se casaram. Tiveram oito filhos. Meu pai, Pedro, era um deles." A mãe de Gilberto, Yacy Palermo, também tinha origem libanesa — era, além disso, filha de outro aabadiense.

"As histórias que eles nos contavam, quando éramos pequenos, eram sempre coisas da família. Da imigração, do trabalho dos meus avós, do crescimento deles no Brasil", explica o ex-prefeito. "Dedicaram-se ao comércio, educaram os filhos, formaram as suas famílias. Conseguiram efetivamente cumprir o objetivo de se enraizar no Brasil. Como quaisquer pais preocupados, eles sempre procuraram nos dar uma boa educação."

Gilberto estudou no colégio Liceu Pasteur, dirigido por seu pai Pedro, e depois seguiu o caminho de tantos outros políticos descendentes de libaneses, incluindo Paulo Maluf: foi estudar engenharia na Escola Politécnica da Universidade de São Paulo.

Gilberto cursou, ainda, economia na Faculdade de Economia e Administração da mesma universidade.

A carreira de Gilberto foi determinada por seu encontro com outro descendente de libaneses, Guilherme Afif Domingos,[256] que havia criado o Fórum de Jovens Empreendedores, do qual Gilberto fez parte em 1984. Cinco anos depois, Gilberto participou da frustrada campanha presidencial de Guilherme. Foi apadrinhado por ele a partir de então.

Sua primeira eleição decorreu em 1992, para vereador em São Paulo pelo Partido Liberal (PL). Dois anos depois, nessa mesma sigla, foi eleito deputado estadual.

A carreira foi feliz. No Partido da Frente Liberal (PFL), que presidiu em São Paulo, chegou em 1997 ao cargo de secretário municipal de Planejamento da administração do prefeito Celso Pitta, por sua vez apadrinhado por Paulo Maluf. Um ano depois, deu um salto e foi eleito deputado federal com 92 mil votos. A base de apoio quase triplicou nas eleições seguintes, em 2002, quando foi reeleito com 234 mil votos.

Gilberto retornou a São Paulo para ser vice do prefeito José Serra nas eleições de 2004 e, quando em 2006 seu chefe abandonou o cargo para concorrer ao governo do estado, chegou à prefeitura. Seu marco foi a chamada Lei Cidade Limpa, que restringiu amplamente os anúncios na cidade — e lhe deu a popularidade necessária à reeleição em 2006.

Encerrado seu mandato, Gilberto entregou a prefeitura de São Paulo ao patrício Fernando Haddad, fazendo com que quase se pudesse confundir a capital paulista com um distante povoado libanês, na troca de assentos entre Maluf, Kassab e Haddad.

Gilberto voltou, então, ao Planalto Central: assumiu a pasta das Cidades em 2015, sob o governo de Dilma Rousseff, e foi ministro da Ciência, Tecnologia, Inovações e Comunicações na gestão de Michel Temer. Com a eleição de João Doria ao governo de São Paulo em 2018, foi nomeado secretário da Casa Civil. No mesmo ano, uma operação de busca e apreensão da Polícia Federal encontrou 300 mil reais em dinheiro vivo em sua casa. A PF também rastreou pagamentos de 23 milhões de reais da JBS a empresas ligadas ao ex-ministro.[257] Gilberto nega as irregularidades, mas foi licenciado do cargo de secretário da Casa Civil no início do mandato, no decorrer de sua defesa.

Na época da entrevista a este livro, em meados de 2018, Gilberto disse ter uma ligação bastante forte com a comunidade libanesa. E, além disso, com a italiana, ressaltou, já que sua avó materna veio daquele país europeu. "Estou ligado a todas as outras comunidades, ainda mais estando na vida pública." De algum modo, parecia tentar tirar o peso de sua origem libanesa, em um gesto contrário àquele feito pelo ex-prefeito Fernando Haddad — quando fala de suas origens, Fernando enfatiza as histórias de seu avô e de seu pai.

No caso de sua visita ao Líbano em 2009, Gilberto insiste: "Fiz várias outras viagens internacionais, e aquela não teve nenhuma relação com a minha família. Era uma visita de prefeito, a convite do Líbano, para falar sobre a cooperação entre as cidades". Apesar disso, ele percorreu não apenas Beirute, mas também Aabadie, do avô Salomão. Esteve no cemitério da cidade para ver os túmulos.

Foi um passeio de três gerações. Gilberto estava acompanhado do pai e de um sobrinho. Sua avó paterna havia morrido durante uma viagem anterior ao Líbano e foi enterrada na cidade de Aabadie, daí a parada no vilarejo. "Também quis conhecer a casa em que meu avô morou", diz Gilberto. "Era uma casa pequena. Um sobradinho com uma varanda que dava para o campo. De classe média. Está lá ainda."

São poucas as evidências visíveis do contato de Kassab com o Líbano de seus antepassados. Seus avós já tinham morrido quando nasceu, e quando vivos se comunicavam só em português. "Da culinária, sim, sou especialista. Especialista em comer."

Ao ser questionado, como outros entrevistados deste livro, sobre haver algo nos libaneses ou em sua história que explique seu êxito na política, ele foi dos poucos que responderam um "não" categórico. "O percentual grande de libaneses na política é por conta do enorme número de libaneses no Brasil. Temos também muitos libaneses em diversas áreas profissionais: na medicina, na política, no comércio. Eu mesmo sou formado em engenharia, e foi o tempo que me levou à política. Foram as circunstâncias."

A história dos Kassab, como a da maior parte das demais famílias da região, não dispõe de registros exatos. Em algum momento de um longo tempo, um de seus ramos chegou à cidade de Aabadie, a meia hora de Beirute. É uma dura estrada montanhas acima, com vistas a penhascos cobertos de pinheiros. No fim da tarde, o sol queima partes do céu.

Muitos dos Kassab deixaram Aabadie no início do século 20 por perseguições religiosas, a maior parte deles com destino à Argentina. A vila ganhou uma considerável população drusa.

Dos 15 mil moradores quase mil ainda mantêm o sobrenome Kassab, pelas contas de Tony, de 54 anos, um dos líderes da família e um parente não tão distante de Gilberto. Seu avô Hana era um primo de Salomão, o avô do político. Em sua casa, ele conta os causos de sua família em bom espanhol — viveu por anos em Barcelona, onde estudou ortodontia.

Tony é membro da Liga Kassab (em árabe, Rabitat Kassab), uma espécie de clubinho da família. Há duzentos parentes, mas Gilberto não está entre eles. "Tentamos convidar os Kassab do Brasil, mas nunca nos responderam. Muitos de nós querem saber mais deles."

A Liga Kassab organiza uma série de eventos familiares durante o ano, incluindo um grande jantar e uma festa de Dia das Mães. Os membros também distribuem presentes entre as crianças no Natal e se articulam para viajar juntos. A liga é financiada por contribuições obrigatórias anuais de cerca de 100 reais e, ainda, por doações voluntárias.

Tony — filho de Nacif e Laure, ambos Kassab — tem dois empregos, além de ser líder da família. É guia turístico e trabalha na Agência dos Estados Unidos para o Desenvolvimento Internacional (USAID, na sigla em inglês), uma organização humanitária americana. Mas, como Gilberto, Tony também tem um cargo. "Todos nós estamos metidos na política." Ele é o presidente municipal do partido cristão maronita Kata'ib, conhecido em português como Falanges Libanesas. Por isso, considera que entende bem as agruras pelas quais o primo já passou no Brasil, entre as tantas críticas lançadas pelos adversários.

A Kata'ib foi fundada em 1936 por Pierre Gemayel como uma sigla secular, apesar de suas fileiras serem tradicionalmente formadas por maronitas. Sua inspiração não é muito louvável — o partido foi instituído nos moldes da Falange espanhola e do fascismo italiano.

Gemayel afirma que teve a ideia quando participou, como jogador de futebol, das Olimpíadas de 1936 em Berlim, em plena Alemanha nazista. Ele notou a disciplina dos espanhóis e dos italianos, que viviam em ditaduras, e pensou: por que não podemos fazer o mesmo no Líbano? Essa história foi narrada por ele ao jornalista Robert Fisk, que escreveu sobre o episódio em seu livro *Pobre Nação*. "No Oriente Médio, precisamos de disciplina."

Durante a Guerra Civil Libanesa, que durou de 1975 até 1990, a Kata'ib teve papel fundamental. Naquele confronto, casas da família Kassab foram destruídas em Aabadie, incluindo a de Tony, que precisou ser reerguida após os embates.

"Há sempre pessoas que não gostam de você. Por isso às vezes penso em abandonar a política, mas o partido não deixa. Mas há também, é claro, as pessoas que são corruptas e que não valem nada, pelas quais nós levamos a culpa."

Tony conheceu Gilberto brevemente. Tiveram algum contato a distância e então se cumprimentaram quando o ministro esteve ali em 2009. "Ele foi bastante sério, talvez porque não conhecia a gente." Gilberto visitou a prefeitura, a igreja e a escolinha.

Outro Kassab brasileiro, descendente de imigrantes, esteve em Aabadie nos últimos anos: o galerista Paulo, de 38 anos, que é Kassab ao quadrado. Seu nome completo é Paulo Cassab Kassab. Seu pai, que também se chama Paulo, é primo de Gilberto.

O galerista discorda da afirmação de Tony de que todos os Kassab acabam deslizando para a política. A família que imigrou para o Brasil é formada em sua maioria por médicos. Era o caso de seu avô, Fuad, e do pai de Gilberto, Pedro. Quando seu tio Fábio pensou em entrar na política, há uma década, os pais não celebraram. "Meu avô não gostava muito dessa ligação." Ele, por fim, desistiu da candidatura.

Paulo teve algum contato com o brimo Gilberto enquanto crescia. Por um tempo seus pais se reuniam uma ou duas vezes por mês. Nos anos 1990, quando estava no ensino fundamental, seu parente lançou a campanha "quem sabe vota Kassab". Por causa do slogan, Paulo foi alvo de piadas na escola.

Mas nunca se incomodou com o sobrenome. Sua família sempre teve orgulho das origens. "Temos essa coisa de ficar falando da nossa história, do passado. Falamos muito sobre a história do Líbano." Por exemplo sobre como foi uma epidemia de tifo que fez com que seus bisavôs imigrassem. "Vieram de navio muito pequenos, sem nada."

Seu lado materno, os Cassab, se dirigiu ao setor da construção.

Era deles o edifício paulistano Joelma — o nome homenageia Jorge, Elias e Mansur —, que em 1974 ficou conhecido por ter sido destruído em um incêndio que matou 187 pessoas.

O próprio Paulo, apesar de já ser um descendente um tanto distante, por acaso se conectou com o Líbano. Fez um amigo libanês, da família Basbus, enquanto cursava o mestrado em Paris. Eles decidiram ir juntos ao país em 2010. Passaram um mês por lá.

Paulo se hospedou na casa da família de seu colega, cujo pai um dia abriu a lista telefônica e procurou um a um os Kassab do povoado de Aabadie. Eles subiram as montanhas e encontraram um homem de oitenta e poucos anos chamado Assad, um parente remoto.

O galerista também esteve em Hardine, a terra do santo Kassab. Já conhecia seu sagrado antepassado das histórias que tinha ouvido na mesa de jantar. "Não sabemos exatamente qual é a nossa ligação com o santo, mas me lembro de que, quando ele foi canonizado, tivemos um jantar de família. Distribuímos santinhos com o nome dele, um button escrito 'Kassab' e umas correntinhas tipo essas de Nossa Senhora Aparecida."

Gilberto não participou do evento porque estava viajando.

14. Esfinge no Tatuapé

A intersecção entre os descendentes de libaneses e a política brasileira se institucionaliza, no Congresso Nacional, no chamado Grupo Parlamentar Brasil-Líbano. Criada por uma resolução de 1979 na Câmara dos Deputados, essa organização é atualmente liderada pelo deputado Ricardo Izar Jr., do PP, que contou essa história à noitinha, sentado na cafeteria do Parlamento, enquanto legisladores passavam de um lado ao outro em conchavo — fazia tanto calor em dezembro de 2018 que os políticos limpavam o suor com o guardanapo. O cargo tinha sido exercido antes por seu pai, que morreu em 2008.

O grupo parlamentar congrega deputados e senadores de origem libanesa. Na legislatura encerrada em 2018, eram 35 membros, representando, portanto, 5,9% do Congresso (de 513 deputados e 81 senadores). Em outros mandatos, a porcentagem esbarrava nos 10%. Mas, como a participação não é obrigatória, esse número não indica a parcela exata de legisladores descendentes de libaneses.

A lista de membros dessa organização é um bom documento para visualizarmos duas características da imigração libanesa para o Brasil. A primeira delas é a distribuição geográfica. Apesar de os integrantes do grupo parlamentar estarem distribuídos por todas as regiões, eles estão concentrados, em especial, no Sudeste, bastião da diáspora. Dos 35 membros, dezenove vêm dali — nove deles, ou 25%, vêm de São Paulo. A segunda particularidade é a pluralidade de posições políticas. O grupo tem membros de treze partidos. Dito isso, a maior parte é conservadora — 23 foram eleitos por partidos de direita ou de centro-direita, enquanto doze vieram dos partidos de esquerda ou de centro-esquerda.

O Grupo Parlamentar Brasil-Líbano é um instrumento para fomentar as relações comerciais entre os dois países, e não para impactar diretamente na política brasileira no que se refere ao Líbano ou para beneficiar os descendentes dos libaneses. É um trabalho simbólico, de certa maneira, de interesse econômico. A organização tentou, sem sucesso, incentivar a importação de azeite de oliva libanês e a exportação de palmito brasileiro. Esbarrou em entraves dentro do Mercosul, o bloco comercial do qual o Brasil faz parte. No final, "os resultados costumam ser mais no terreno da amizade", diz o deputado.

Na falta de um escritório próprio, o grupo se reúne no despacho de Ricardo Jr. na Câmara. Eles organizam, uma vez por ano, uma viagem ao Líbano. Lá, deputados e senadores se encontram com representantes políticos de alto escalão, incluindo o premiê e o presidente, além de alguns membros do congresso libanês.

Ricardo Jr. é neto de quatro libaneses. Seus dois avôs paternos vieram da região de Bikfaya, no Monte Líbano. A avó materna era natural de Zahlé, e o avô materno, de Ehden.

Seu tio-bisavô, Chucri Curi, nasceu em Bikfaya em 1870 e imigrou para o Brasil em 1895. Como mencionado na primeira parte deste livro, Chucri foi um influente intelectual libanês radicado em São

Paulo. Ele fundou, em 1898, o primeiro jornal em língua árabe da cidade, *Al-Assmahi*. Em 1906, criou o popular veículo nacionalista *Abu al-Hul*, em que criticava o Império Otomano. *Abu al-Hul* era conhecido também por seu nome em português, *Sphynge*.

Com essas publicações, Chucri foi um dos principais expoentes da Nahda, o renascimento árabe vivido no fim do século 19 e início do 20. Intelectuais como ele, no Brasil e nos Estados Unidos, reviveram a cultura com jornais e poemas. No bairro paulistano do Tatuapé, sua casa — onde, casado com Mathilde, teve cinco filhos — se transformou em uma espécie de consulado informal. O edifício, à rua Filipe Camarão, era procurado pelos patrícios que precisavam de algum amparo em seu novo país. Foi, de certa maneira, a primeira representação diplomática do que viria a ser, algum tempo mais tarde, o Líbano.

"Eu ainda era mocinha quando os rapazes, amigos do meu pai, vinham em casa", diz Isabel Curi Nader, filha de Chucri, sobre as décadas de 1920 e 1930. Aos 98 anos quando falou comigo, ela ainda se lembrava daqueles dias. "Eles se reuniam todas as terças-feiras. Engenheiros, advogados e tal. Muitos vinham do interior e levavam as informações de volta para as suas cidades."

Como Chucri, eles eram nacionalistas. Movimentavam-se pelo Brasil, circulando estratégias para fortalecer a pátria que haviam deixado para trás. Produziam jornais, revistas, fundavam clubes esportivos, associações beneficentes — queriam que seu povo tivesse corpo e mente sãos.[258] "Era uma conduta maravilhosa", conta Isabel. "Eles tinham um patriotismo..." Quando Chucri e seus colegas se reuniam, no Tatuapé, a esposa dele cozinhava quitutes típicos do Líbano. "Ela fazia uns pratos que os descendentes de hoje nem conhecem."

O *Sphynge* era editado no porão de casa e impresso em uma gráfica na rua Formosa. "Ele mandou vir uma máquina enorme dos Estados Unidos", conta Isabel. "Tinha muitos assinantes.

Ele mandava cópias para o Líbano, para a Europa. Eu e minhas irmãs falávamos árabe e líamos as reportagens dele. Se não entendíamos alguma das ideias, ele nos explicava, dizia que eram decisões importantes para o futuro do Líbano. Ele tinha amor e coragem." Já se foram tantos anos, mas Isabel ainda tem memórias nítidas daqueles dias — e muita admiração pelo pai. "Ele se sentava à noite e nos contava sobre nosso país. Toda a história do Líbano está dentro da gente desde então. Era um homem incansável."

Incansável e engajado. Chucri foi um dos pioneiros do movimento nacionalista árabe. Na virada do século, imigrantes sírios e libaneses nas Américas começaram a se organizar para libertar seu território do controle otomano — antes mesmo de o movimento ganhar força entre os que ficaram no Líbano. Assim, um ano depois de Naoum Mokarzel fundar a Liga Libanesa do Progresso em Nova York, Chucri abriu uma filial em São Paulo em 1912.[259] Seu escritório foi a primeira organização da diáspora a se revoltar abertamente contra o Império Otomano. Em 1914, ele imprimiu uma circular no *Sphynge* pedindo que os imigrantes libaneses se unissem para se libertarem do controle turco.

Chucri também foi um dos primeiros a defender a criação de um país para os libaneses, quando muitos ainda falavam em estabelecer uma só nação no território que hoje se divide em Síria e Líbano. Isabel me deu uma cópia de um livreto em árabe de 1941 que deixa clara a frustração de Chucri com aqueles que negavam a existência do Líbano. No texto de ficção, um imigrante no Brasil tenta telefonar para a terra natal. Quando a operadora telefônica lhe pergunta onde quer falar, ele diz "Beirute, Líbano". Ela responde que na lista aparece Beirute como cidade síria. Ele se revolta. "Ó, a queda do macaco!", diz em árabe, em uma expressão de desgosto comparável à "macacos me mordam" do português. "Beirute, minha filha, é a capital da república libanesa!"[260]

Chucri pensou em voltar ao Líbano, mas abandonou os planos quando seu filho mergulhou em uma lagoa e, em um acidente, quebrou a coluna. Ele passou os 55 anos seguintes paraplégico, sem trabalhar. "Isso abateu muito meu pai, porque meu irmão era muito hábil na tipografia. Tínhamos oito máquinas de impressão, além daquela do jornal. Fazíamos convites de casamento, cartões, e era o meu irmão quem dirigia todo aquele trabalho", segundo Isabel. Com o acidente, Chucri passou a supervisionar as atividades e não pôde retornar.

O jornal *Sphynge* foi uma das principais publicações da diáspora libanesa no Brasil. Seus registros, porém, foram infelizmente quase todos apagados. Isabel enviou suas cópias para um arquivo no Líbano, destruído durante a Guerra Civil. "Só ficou um exemplar aqui conosco, porque nos esquecemos de enviá-lo. Pesquisadores do mundo todo vêm aqui em casa e me pedem para ler. Ponho na sala de jantar, em cima da mesa, e eles vão lendo tudo, anotando. Nós fazemos tudo o que podemos para ajudar quem precisa estudar."

Chucri morreu em 1937. A família enviou o corpo para o Líbano, acompanhado de um busto de bronze. Isabel nunca visitou seu túmulo. Jamais esteve no país do pai.

Chucri não fez política no sentido oficial. Não foi eleito a cargos legislativos nem participou do Executivo. Mas sua atuação como nacionalista libanês galvanizou movimentos políticos em ambos os lados do Atlântico. Alguns de seus descendentes, por sua vez, chegaram ao Congresso Nacional. É o caso de Ricardo Izar e seu filho Ricardo Izar Jr. Outro político da dinastia Izar é José Izar, que foi eleito vereador em São Paulo, em 1996.

Ricardo Izar (que vou chamar de "Ricardo pai" para não confundir com Ricardo Jr.) nasceu em São Paulo, em 1938. Era filho de Nagib e Najla Curi. Estudou direito na PUC, onde presidiu o centro acadêmico. Formou-se em 1962 e cursou pós-graduação em direito penal. Sua carreira começou em 1963 como vereador por São Paulo. Participou do Partido Libertador (PL) e, na ditadura, da Aliança Renovadora Nacional (Arena). Ricardo pai administrou, em 1969 e 1970, os bairros da Penha e da Vila Mariana. Ele se elegeu outra vez em 1970 e em 1975. Em 1982, no PDS, ganhou seu quarto mandato estadual, antes de mudar para o PFL. Isabel conta que ela e suas irmãs ajudaram nas campanhas do político, seu sobrinho. "Íamos para todos os lugares, mesmo na periferia. Levávamos os panfletos dele."

Em 1986, Ricardo pai foi eleito deputado federal constituinte por São Paulo. Nessa época começa sua atividade política pelo incremento das relações bilaterais entre Brasil e Líbano. Em 1989, fez parte de uma comitiva parlamentar de políticos de origem libanesa que, nos Estados Unidos, reuniu-se com o então secretário-geral da ONU, Javier Pérez de Cuéllar. A visita coincidiu com um dos momentos mais duros da Guerra Civil Libanesa. O deputado pai pediu paz.

A carreira quase ininterrupta foi renovada em 1990 com sua reeleição. Ele deixou o posto para integrar a administração municipal de Paulo Maluf — atuou como secretário de administração regional da prefeitura. Em 1993, mudou para o Partido Progressista Reformador (PPR). No ano seguinte, voltou à Câmara e foi reeleito deputado federal, dessa vez pelo novo partido. É uma biografia bastante longa e repetitiva: ele foi novamente escolhido como deputado federal em 1998 e em 2002. Os anos 2000 romperam com a monotonia de sua carreira política.

Ricardo pai assumiu a chefia do Conselho de Ética e Decoro Parlamentar da Câmara em 2005, razão pela qual participou de diversos casos relacionados ao escândalo de corrupção conhecido como Mensalão. Reeleito em 2006, ele se manteve à frente do conselho. Pessoas próximas contam como o cargo pesava sobre seus ombros — ele próprio chegou a ser acusado de corrupção. Em 2008, morreu em decorrência de problemas cardíacos.

"Ele era um deputado muito atuante e sofreu muita pressão quando estava na CPI da corrupção", diz Carlos Alberto Dabus Maluf, professor da Faculdade de Direito da USP cuja prima era casada com Ricardo. "Foi ameaçado, teve um aneurisma e morreu. Agora seu filho segue o trabalho do pai, com boas votações."

Além de ter criado e presidido o Grupo Parlamentar Brasil--Líbano, Ricardo pai participou de diversos outros esforços para articular as relações entre os países. Em 1985, foi a Damasco participar de um congresso de deputados de origem árabe. Em 1995, organizou o Segundo Congresso Internacional de Parlamentares de Origem Libanesa, no Brasil. De acordo com seu obituário no jornal libanês *L'Orient-Le Jour*, ele visitou o Líbano em 1997 a convite do governo.[261] Em 2000, quando o Exército israelense deixou o país, integrou uma missão da federação de instituições líbano-brasileiras para pedir, nas Nações Unidas, a soberania do Líbano. Durante a guerra com Israel, em 2006, discursou na ONU lamentando o recrudescimento da tensão. "Nós nunca nos esquecemos do Líbano nem nos desinteressamos sobre a história desse formidável país."[262]

À época da morte de seu pai, Ricardo Jr. não pensava em ser político. Era dono de uma corretora. Mas, dois anos depois, decidiu entrar para o ramo familiar. Em 2010, foi eleito deputado federal pelo Partido Verde (PV), representando São Paulo. Conseguiu se reeleger nos dois pleitos seguintes, em 2014 e em 2018, prolongando-se no poder — desta vez, como um membro do PP. Sucedeu o progenitor e presidiu, no biênio 2012-14, o Conselho de Ética e Decoro Parlamentar. Em importantes votações recentes, optou pelo impeachment de Dilma Rousseff e contra a investigação de Michel Temer. Entre seus projetos de lei está o de regulamentação das profissões de design de interiores e de esteticista.

Com tamanho conhecimento da colônia e de suas articulações, Ricardo Izar Jr. parece ser o homem ideal para responder se, afinal, a colônia vota em massa em candidatos de origem libanesa, como ele próprio. Conforme os demais, ele afirma que não. "Tenho, sim, bastantes votos no Clube Líbano, entre os maronitas, mas são só 1% dos meus eleitores." Há muitos libaneses no Brasil — mas não o suficiente para coroar seus candidatos.

15. O vinhedo das divas libanesas

Entre tantos libaneses e descendentes que se destacaram na política brasileira, há uma lacuna: faltam mulheres nos altos escalões. A política é dos brimos, raramente das brimas. Dos 31 deputados filiados ao Grupo Parlamentar Brasil-Líbano na legislatura iniciada em 2015, só quatro eram mulheres: Jandira Feghali, Margarida Salomão, Clarissa Garotinho e Elcione Barbalho. Com isso, as mulheres representavam menos de 12% do grupo legislativo.

Antes de falarmos de Jandira e Margarida, que aceitaram contar a trajetória de suas famílias para este livro, vale a pena recapitular de que maneira os estudos sobre a imigração sírio-libanesa para o Brasil escantearam as mulheres. Esse problema, afinal, começa lá atrás. Nos livros em que narraram sua imigração, os árabes restringiram as brimas a papéis familiares como o de avós, mães, irmãs e esposas. Não só nos livros, aliás, pois estruturas patriarcais tentaram mantê-las em casa. E os pesquisadores por muito tempo incorreram nesse mesmo erro, com o que mulheres de origem árabe raramente protagonizaram as histórias contadas por eles.

O livro *Syrios e libaneses no Brasil*, publicado em 1933 por Taufik Kurban, é um bom exemplo desse escanteio: o volume traz mais de trinta retratos em preto e branco de patrícios radicados no Brasil. Entre eles, Nami Jafet, Jorge Bey Maluf, Kalil Aidar Aun, Ássade Filho e Miguel Hiss. São imagens históricas. Não há uma única mulher. Não terá sido por falta de espaço, já que o autor gasta uma considerável porção de sua obra para descrever teorias pseudocientíficas sobre a chegada dos fenícios ao Brasil antes dos portugueses. Se ele não incluiu fotografias das libanesas da comunidade, foi por desinteresse.

O livro *A emigração sírio-libanesa às terras de promissão*, publicado em 1944 por Taufik Duoun, é um pouco mais generoso. Dedica duas páginas ao que chama de "a ação da mulher". Ele admite que muitas delas "suportaram o que era insuportável e venceram todas as dificuldades". Trabalhavam ao lado dos maridos como mascates. Quando o marido não conseguia mais labutar, por doença, elas também assumiam os negócios da família. Mas o que parecia agradar mais a Duoun era a castidade e a virtude das brimas. Mesmo quando estavam cuidando dos negócios, escreve, elas jamais abandonavam sua honra.[263]

Quando o americano Clark Knowlton publicou o livro *Sírios e libaneses*, em 1960, a situação já tinha começado a mudar. As mulheres, segundo ele, haviam descoberto que eram tão competentes quanto seus maridos — ou mais. Com isso, ganharam alguma autoridade dentro da família, e suas filhas puderam trabalhar fora de casa, como secretárias, por exemplo.[264] Em 1966, no entanto, Wadih Safady escreveu em *Cenas e cenários de minha vida*: "A mulher não deveria trabalhar senão em casa e para sua família".[265] Assim, não surpreende que a ascensão social quase milagrosa de famílias como os Maluf, os Temer e os Kassab tenha catapultado seus homens à política, e não as mulheres.

Foi só muito recentemente que as brimas começaram a contar suas histórias. O livro *Memórias da imigração*, das historiadoras Betty Loeb Greiber, Lina Saigh Maluf e Vera Cattini Mattar, publicado em 1998, reúne relatos de várias mulheres, além dos homens. Estão ali as entrevistas feitas com Maria Estefno Maluf, mãe de Paulo Maluf, e com Violeta Jafet, a primeira diretora do Hospital Sírio-Libanês. Na obra *Imigração árabe no Brasil*, publicada em 2011, a historiadora Samira Adel Osman também ouviu algumas patrícias, entre elas Lamia Mustapha Rajab e Salua Mohamad Abou Jokh.

Ainda assim, temos poucos detalhes daquelas vidas. Há personagens históricos que merecem não apenas menções passageiras, mas seus próprios livros. Para isso, é preciso que pesquisadores busquem as vozes de quem foi calado por tanto tempo. Um excelente exemplo é a imigrante síria Salwa Salama Atlas. Ela foi um influente membro da comunidade sírio-libanesa em São Paulo, mas raramente aparece nos relatos — em geral, o protagonista é o seu marido, o sírio Jurj Atlas. Apesar de eles não terem nascido no Líbano, Salwa e Jurj circulavam pela diáspora em uma época em que existia apenas o Império Otomano.

Nascida em 1883 em Homs, Salwa se casou com Jurj em 1913. Na lua de mel, eles viajaram às Américas. Passaram pelo Brasil, onde vivia um irmão de Salwa, em 1914. Começou naquele mesmo ano a Primeira Guerra Mundial, interrompendo as viagens transatlânticas e encalhando o casal em um país em que eles não tinham planos de ficar.[266]

Salwa e Jurj não perderam tempo. Fundaram no ato a revista semanal *Al-Karma*, que editaram juntos até a morte de Jurj, em 1926. Salwa chefiou a publicação ao lado de um de seus filhos até o final de sua vida, em 1949. Em árabe, a icônica revista circulou por mais de trinta anos, com um extenso conteúdo voltado para as mulheres e para a família.[267]

Conhecida também por seu nome em português, *O Vinhedo*, *Al-Karma* foi uma das primeiras publicações ditas femininas no mundo de fala árabe. A primeira revista do gênero no Líbano, *Fatat*

Lubnan, surgiu em 1914, no mesmo ano de *Al-Karma*. Dito isso, surpreende que Salwa permaneça marginalizada pela história.[268] A revista desapareceu quase por completo. Foi só quando o neto de Salwa, George, me enviou alguns exemplares que eu pude entender melhor a importância daquela imigrante para a história do Brasil. George guarda em casa um tesouro: uma coleção das publicações de sua avó, em árabe e em português.

O casal Atlas também criou, em 1920, a fraternidade síria Al-Nadi al-Homsi, que hoje chamamos de Clube Homs. Salwa fundou uma escola em 1914 e liderou o orfanato sírio Dar al-Aytam al-Suriyya em São Paulo. Seus escritos foram compilados em antologias como *Hadiqat al-Khutab* [Jardim de discursos], de 1928, e *Amam al-Mawqid* [Na frente da lareira], de 1948.[269] Nesses textos, ela defende a educação das mulheres árabes.

Um dos contos mais fascinantes de Salwa é "Al-Umm al--Ghariba" [A mãe estranha]. Trata-se da história de uma mulher chamada Husna que está à espera de seu marido, que saiu para trabalhar há alguns dias e não voltou. Seu bebê chora de fome. Desesperada, Husna vai à luta. Consegue um emprego recolhendo gravetos no jardim de uma casa nas redondezas. Um dia, ela deixa o filho no chão e se afasta um pouco dele. É quando ela vê, de longe, uma vaca se aproximando e se deitando onde estava a criança. Husna corre, pensando no pior, mas encontra a vaca amamentando seu bebê. Por um lado, a narrativa parece alertar as mulheres para o risco de trabalhar fora de casa enquanto cuidam da prole. É a parte moralista do texto — esse tipo de mensagem era comum na obra de Salwa e de outras escritoras da época, para quem o papel natural da mulher era a maternidade. Por outro, o foco está no marido que se ausenta e ameaça a família com seu desaparecimento. Salwa parece dizer, de certa maneira, que milagres acontecem para a mulher que precisa trabalhar e cuidar dos filhos.[270]

Dois membros da família Atlas viraram logradouro em São Paulo. Jurj, o marido de Salwa, foi homenageado com a rua Reverendo George Michel Atlas, na Zona Norte da cidade, na versão local de seu nome. Já Júlio, filho do casal, foi celebrado com a praça Júlio Atlas, em Santo Amaro. Salwa não ganhou nenhuma placa. Mas seu nome, apesar de esquecido pela história com agá maiúsculo, ainda ecoa entre a comunidade. A família ainda se lembra do exemplo dela. "Meu pai falava que ela era uma mulher muito forte", lembra o neto George.

O pai de George era o médico Samoel Atlas, rebento de Salwa e Jurj. Em um depoimento nos anos 1990, Samoel disse que quando Jurj conheceu Salwa "ela estava no auge da carreira, era professora, diretora... Não era moça mais, brotinho não, tinha trinta anos". O que mais impressionou Jurj, naquele encontro, foi justamente a cultura da moça, que falava árabe, inglês, francês e russo.[271] Samoel também menciona a fibra de sua mãe Salwa, contando como ela trabalhava vendendo revistas para pagar as contas. "Se o aluguel vencia depois de amanhã, amanhã chegava um cara, tocava a campainha e: 'Dona Salwa, eu venho lá do Bebedouro, tô trazendo 'bra seniora' cinco assinaturas da revista'. E foi assim a luta."[272]

Mesmo fora da família Atlas o nome de Salwa evoca lembranças fortes. "Ela era uma liderança, não foi esquecida", diz Gabriel Bonduki. Os Bonduki chegaram ao Brasil em 1898, entre os pioneiros. Seus caminhos cruzaram com o de Salwa. O avô de Gabriel, chamado Gabriel Issa Bonduki, foi o primeiro diretor do Clube Homs, fundado por Salwa e Jurj.

Gabriel, o neto, ouviu fartas histórias sobre Salwa e sua proeminência nas reuniões da comunidade, em que se destacava. "Ela tinha uma cabeça incrível, fazia discursos muito incisivos", conta. "Ela defendia ideais feministas, e o fato de que era mulher não a impedia. Ela se bastava. Era uma pessoa de personalidade forte."

Formado em cinema, Gabriel foi diretor cultural do Clube Homs no biênio 1996-1997. Hoje, é conselheiro permanente.

Dos tempos de Salwa e de seu vinhedo feminista até hoje, o salto é de um século inteiro. Chegamos, por fim, às histórias das brimas contemporâneas — aquelas que carregam, sem saber, o legado da imigrante de Homs. A deputada Jandira Feghali, do PCdoB, tem uma história particularmente saborosa: é sobrinha da cantora Sabah, uma das divas do Líbano.

Sabah nasceu com o nome de Jeanette Georges Feghali em Bdadoun, em 1925. Aos 15 anos, lançou sua primeira canção e se tornou um dos milagres da música árabe. Não à toa é apelidada "imperatriz": nos seus setenta anos de atuação, lançou mais de cinquenta álbuns e atuou em 98 filmes. Ela cantou no Olympia, de Paris, e no Carnegie Hall, de Nova York.

Uma de suas músicas mais conhecidas é "Zay al-Assal" [Como o mel], que diz:

Conheci muitos. Por mim, espalharam seda pelo chão.
E vi muitos. Só que não vi um príncipe como meu querido, o príncipe.
Não quero, não quero outro que não seja ele, não quero.
Não adianta, não adianta, a não ser que seja ele, não adianta.
De longe, o amo. De perto, o amo.
Como o mel, o amor dele cobre meu coração.

Mas a história da diva, conhecida até a morte pelo vultoso cabelo loiro que coroava o rosto branquíssimo, terminou amarga. Falida, mudou-se nos anos 2000 para o Hotel Comfort, no Monte Líbano. Mais tarde, em uma estranha coincidência, foi viver no Brazilia Suites, na mesma região. Foi ali que morreu em 2014, dias depois de ter reclamado de boatos que anteciparam sua morte: "Estou incomodando eles enquanto sigo viva?".

＊

Albert, pai de Jandira, imigrou jovem para o Brasil. Como a irmã Sabah, também vinha de Bdadoun, uma vila de 3 mil habitantes a quinze quilômetros de Beirute. "Era o único homem de seis irmãos do primeiro casamento do meu avô", diz Jandira. Tinha viajado a turismo, só que se apaixonou por outra patrícia no Paraná e não quis mais voltar para casa. "Ele trabalhou como funcionário de algumas empresas na área de vendas e, depois, em comércio próprio."

Jandira Feghali nasceu em 1957, em Curitiba. Ela entrou em 1981 para o PCdoB. Segundo uma reportagem da revista *piauí* assinada por Rafael Cariello, àquela época Jandira ainda concluía seus estudos em medicina. "Com 1,79 metro de altura e quadris largos, ela se espremeu num Voyage sem ar-condicionado e rodou o estado do Rio de Janeiro atrás de votos para ocupar uma cadeira na Assembleia Legislativa." Enquanto desbravava as estradas fluminenses em busca de eleitores, escreve Cariello, Jandira teve um problema de coluna e precisou se afastar da campanha por alguns dias. Ainda assim, elegeu-se em 1986 para seu primeiro mandato como deputada estadual.[273] Quatro anos depois, venceu as eleições para deputada federal, e desde então nunca mais abandonou o Congresso Nacional. Foi reeleita em todas as disputas seguintes, incluindo a mais recente, em 2018.

Formada em medicina, Jandira atuou com especial afinco na área de saúde. Foi autora de uma lei garantindo cirurgia reparadora de mama. Foi também vice-presidente da Frente Parlamentar da Saúde. Em paralelo, dedicou-se à defesa das mulheres, sendo relatora em 2005 da lei Maria da Penha, para a proteção contra a violência doméstica.

Seus saltos mais altos na política não foram tão bem-sucedidos quanto os de alguns de seus brimos. Ela tentou, sem sucesso, a prefeitura do Rio em 2008 e em 2016. Na segunda tentativa, teve apenas 100 mil votos, o equivalente a 3% do total, o sétimo posto.

Como tantos políticos de origem libanesa, Jandira foi acusada de corrupção. Seu nome apareceu na delação premiada de Sérgio Machado, ex-presidente da Transpetro. Segundo a delação, Jandira recebeu de maneira indevida 100 mil reais para sua campanha à prefeitura. O inquérito foi aberto em 2016 — e foi arquivado em 2018 por falta de provas.

Quando soube da morte de sua tia Sabah, Jandira escreveu uma mensagem na página oficial da cantora no Facebook. "Sou Jandira Feghali, da família de Sabah no Brasil. Preciso do endereço da família no Líbano para enviar uma mensagem de condolências." Deixou seu e-mail oficial de deputada no post para receber a informação. Ela também se comunicou com a embaixada do Líbano para ajudar no contato com a família. Jandira então mencionou a tia em um discurso no Congresso Nacional. "Sei que há muitos parlamentares de origem árabe. Eu mesma sou filha de pai libanês e de mãe filha de libanesa. O povo libanês, muito pesaroso, vai registrar hoje a perda de uma voz única naquela região, e nós, seus familiares no Brasil, tanto eu como meu irmão, sentimos uma tristeza enorme."

A deputada abriu, em 2013, o restaurante Líbano Rio Express. O empreendimento não teve êxito. Dois anos depois, ela vendeu sua parte na sociedade que mantinha com o irmão e outro parceiro.

Jandira conta que mantém relação com sua família no Líbano a distância e que chegou a conversar com a tia Sabah duas vezes, quando veio ao Brasil para se apresentar. A deputada também visitou o Líbano, em 2015, e lá conheceu mais um tio.

"Sou brasileira, mas obviamente tenho uma parte libanesa. Adoro a música e o cinema libanês. Mantenho contato com a comunidade por meio do consulado no Rio." Jandira faz parte, ainda, do Grupo Parlamentar Brasil-Líbano. "Penso que as relações culturais, comerciais e políticas só acontecem se houver possibilidade de contato."

Como a tia, seu irmão Ricardo Feghali também se enveredou pela música: tecladista, é membro da banda Roupa Nova — vedete das trilhas de novelas, é o grupo da canção "Linda demais", que diz: "Linda/ só você me fascina/ te desejo muito além do prazer". Jandira também fez parte da banda em uma fase embrionária. Tocava bateria.

Outra das poucas brimas que foram eleitas ao Congresso Nacional é a deputada Margarida Salomão, do PT. Porém ela ressalta, na entrevista para este livro, que o Legislativo não é o único lugar onde as mulheres fazem política. Ela mesma começou a sua carreira não nos corredores de Brasília, mas no ambiente acadêmico e em sindicatos. "Sou daquela geração que fez o chamado movimento docente dentro das universidades. Lutamos pela redemocratização lá dentro", afirma aos 70 anos. "Foi isso o que me projetou para me tornar uma liderança importante dentro da universidade. Fui reitora por dois mandatos, e daí me projetei para a política eleitoral." O movimento nos centros de ensino foi particularmente importante, por exemplo, na oposição ao governo do presidente Fernando Collor de Mello.

O pai de Margarida, Alfredo Salomão, imigrou para o Brasil em 1904. Era filho dos libaneses Temer Salomão e Catarina Farhat. A família, originária de Zahlé, foi a princípio morar no município mineiro de Mar de Espanha e trabalhar na cultura cafeeira. Compravam o grão e vendiam na bolsa do café no Rio de Janeiro. "Meu pai tinha dezesseis anos quando chegou e já começou a trabalhar." Criou a empresa Salomão & Martins.

A família acabou indo para Juiz de Fora, mas não deixou de evocar a terra natal. "Eles falavam que Zahlé era uma cidade belíssima." Margarida ainda não teve a oportunidade de conhecer o Líbano de seu pai. "Eu deveria ter ido há alguns anos, mas estou no PT...", afirma. "A luta e a resistência nesse período foram árduas e acabei não indo."

A luta à qual Margarida se refere foi aquela travada em 2016, quando Dilma Rousseff foi derrubada. Dilma foi a primeira presidente mulher no Brasil. Por enquanto, a única. O que nos lembra também que a ausência de brimas na política está relacionada com a predominância de homens em cargos políticos em geral. No mandato iniciado em 2015, eram apenas 51 deputadas, o equivalente a menos de 10% do total de legisladores. "É difícil uma mulher da minha geração chegar ao ponto em que estou."

16. Um muçulmano em um partido cristão

Em 2007, o deputado Pedro Tobias (PSDB) e o deputado Adriano Diogo (PT) se desentenderam na Assembleia Legislativa paulista. O tucano disse que a oposição na Casa deveria ser feita como se faz no Oriente Médio e deveriam aplicar a lei do "olho por olho, dente por dente". O petista perguntou se era uma ameaça: "Do Hizbullah, do Hamas, da Al-Qaeda ou de algum grupo suicida querendo matar alguém dentro do plenário?".

A menção a grupos terroristas incomodou, naquele fim de dezembro, o deputado Said Mourad, do Partido Social Cristão (PSC). De origem libanesa — assim como Pedro —, Said disse que o colega estava vilipendiando a imagem dos árabes e dos muçulmanos. Pediu uma cópia da gravação do encontro e ameaçou pedir a cassação do petista Adriano. "Eu estava no meu gabinete na hora da discussão e, quando soube o que tinha sido dito, desci na hora até a plenária", conta Said, anos depois do embate que ainda lhe traz más lembranças.

A derrocada escalou quando, na semana seguinte, Said mencionou o episódio em outra reunião legislativa. Rui Falcão, que foi presidente do PT de 2011 a 2017, tentou apaziguar os ânimos lembrando os presentes de que Pedro Tobias "é católico, ao contrário de vossa excelência, que é muçulmano, mas faz parte do Partido Social Cristão". Ele se referia à aparente contradição entre a fé de Said e sua liderança naquele partido cristão.

O comentário de Rui Falcão enfureceu Said, que tomou o palanque para dizer que é "condição sine qua non todo muçulmano ser cristão". Ou seja, sem acreditar em Cristo é impossível seguir o islã. "Pasmem todos vocês com o meu pronunciamento!", afirmou. Muçulmanos, explicou, também creem em Jesus. Além disso, creem que ele pode voltar no final dos tempos. O que discordam é de que Jesus tenha sido o último dos profetas — esse posto é do profeta Maomé, que foi enviado ao mundo para corrigir o cristianismo.

O debate se estendeu, com diversos outros legisladores paulistas tomando a palavra para falar de religião, terrorismo e Oriente Médio. A transcrição oficial dos desentendimentos está disponível nos arquivos da Assembleia paulista.[274] Depois do episódio, Said entregou uma cópia do Alcorão, o livro sagrado do islã, aos demais deputados para que conhecessem melhor a religião, antes de se referirem a ela negativamente. Mas desistiu do pedido de cassação do mandato de Adriano Diogo. "Eu sou um cara da paz."

Aquela foi uma das tantas ocasiões em que sua origem libanesa e sua fé islâmica causaram atrito em sua carreira política. Cansou-se de explicar que por acreditar em Cristo não há nada de surpreendente integrar um partido de nome cristão, assim como se estafou de tanto repetir que os muçulmanos não são terroristas por definição.

Uma das razões para tantos episódios de desentendimento é o fato de que Said é um dos poucos políticos brasileiros a professar a fé islâmica. Foi também um dos primeiros.

Said, de 55 anos, nasceu no Brasil em uma família libanesa muçulmana. Seus pais nasceram em Ghazze, no vale do Beqaa, e imigraram em 1950 devido às crises econômicas geradas pela Segunda Guerra Mundial. "A pobreza era muito grande lá e eles passaram por um período de estiagem. Não havia como viver. Então, eles vieram para o Brasil para desbravar mesmo." Seu pai, também chamado Said, chegou ao país com 5 dólares no bolso, com os quais conseguiu trazer a sua mulher no ano seguinte e educar os nove filhos no ensino superior. Fez o milagre da multiplicação. "Com aqueles 5 dólares ele construiu muita coisa." Mascateou e com o tempo conseguiu abrir uma loja na 25 de Março. Em 1965, fundou a Tecelagem Dom Pedro, próxima do Museu do Ipiranga, que permaneceu funcionando até os preços baixos no mercado forçarem o fechamento do negócio em 2015, quase sessenta anos depois.

A família se manteve ligada ao Líbano, que Said visitou duas vezes antes de entrar para a política. Ambas as viagens coincidiram com momentos bastante delicados no país. A primeira delas foi em 1974, um ano antes da Guerra Civil Libanesa. Já àquela época as tensões políticas davam indícios dos confrontos que estavam por vir, algo que Said podia sentir enquanto circulava por Beirute, conhecida como a Paris do Oriente Médio.

A segunda visita ocorreu em 1981, durante o conflito civil e um ano antes da guerra entre Líbano e Israel. Said ainda estava no país quando, no ano seguinte, Israel se envolveu com o massacre da população palestina nos campos de refugiados conhecidos como Sabra e Chatila, dois nomes que ainda hoje causam calafrio pela região. Milícias cristãs invadiram os campos e deixaram centenas de mortos — as estimativas variam entre setecentas e 3500 pessoas. Apesar de Israel não ter participado diretamente do massacre, o país é acusado de ter permitido a passagem de homens armados, em um momento em que seu Exército controlava os arredores do campo. "Cheguei a ver as valas onde colocaram os corpos e senti o cheiro dos cadáveres", conta Said. O episódio marcou sua percepção do governo israelense e contribuiu, em parte, para a sua convicção sobre a necessidade de representar os árabes na política.

Formado em engenharia, como Paulo Maluf e Gilberto Kassab, que ele próprio cita, Said teve seu primeiro contato com a política ao trabalhar na campanha de seu irmão Mohamad. "Frequentei reuniões, participei de tudo e comecei a gostar daquilo."

Mohamad, o irmão, foi eleito suplente de vereador nas eleições de 1992 com a ajuda de Said. Representava o PL, onde já militavam outros patrícios, como Guilherme Afif Domingos e Ricardo Izar. Mas a fé islâmica era motivo de certa desconfiança dos outros. "As pessoas olhavam meio assim. Dava para perceber. Muita gente na câmara municipal não entendia o que significava ser um muçulmano", afirma Mohamad, de 70 anos.

Seguindo os passos do irmão mais velho, Said tentou, sem sucesso, o cargo de deputado na Assembleia Legislativa de São Paulo em 1998. Foi eleito em 2002 e reeleito em 2006. Porém, Said escolheu a sigla cristã PSC, à qual chegou a convite de um amigo. Queria fazer parte do projeto daquele partido de se estabelecer na cidade.

O pai de Said morreu em 2011, ano em que o deputado encerrou seu último mandato. Na ausência do marido, sua mãe Nagib decidiu voltar para o Líbano do qual havia imigrado em 1950. "Tentamos convencer ela a não ir, mas ela é que foi muito sábia", conta Said. Fez com que os nove filhos — dos quais Said é o caçula — prometessem visitá-la todos os anos ali.

A promessa tem sido cumprida, e isso ajuda o deputado a manter e apertar os laços com o país de seus antepassados. Ele fala árabe dialetal libanês e se interessa pela história e pela política da região. Todo o povoado de Ghazze é de alguma maneira aparentado a ele. É uma das tantas vilas libanesas em que o português dos imigrantes retornados é língua franca.

Depois do retorno da mãe, Said também cogitou morar no Líbano. Era um pedido de sua mulher, uma brasileira neta de judeus, católica e convertida ao islã. "Ela quer criar os filhos em um país mais seguro, onde há outros valores, mas meu trabalho está aqui." Ao deixar a política, Said estudou para trabalhar em leilões — recentemente ganhou o certificado que lhe permite dizer "dou-lhe uma, dou-lhe duas... e... vendido!".

Said pratica a religião que aprendeu com os pais. É muçulmano de vertente sunita, o ramo majoritário do islã. A fé, como no caso do embate com Rui Falcão, em 2007, foi motivo de uma série de dissabores em sua carreira, em parte motivados pelos preconceitos vigentes no Brasil, um país em que o islã ainda é associado ao terrorismo.

"Quando cheguei à Assembleia alguns dos meus colegas estranharam. Mas foram vendo que sou um cara supernormal. Corintiano, pai de família, respeito outras religiões."

Tanto o vereador Mohamad quanto o deputado Said contaram com a ajuda de um terceiro irmão, também chamado Mohamad, para fazer a ponte entre a atividade legislativa e a comunidade muçulmana de São Paulo. Esse outro Mohamad foi assessor do vereador e chefe de gabinete do deputado, trabalhando, portanto, por quase vinte anos nos bastidores.

Foi nesse período, a família afirma, que diversas leis foram aprovadas em São Paulo para o benefício da comunidade muçulmana. O governo municipal passou a aceitar, por exemplo, que mulheres posassem com o véu islâmico — o hijab — nas fotografias de suas habilitações de motorista, algo ainda hoje excepcional no resto do país. Os Mourad também estiveram envolvidos no longo processo para que a Escola Islâmica Brasileira fosse, por fim, registrada no Ministério da Educação, após existir por quase duas décadas sem esse aval. Em uma outra medida, cemitérios islâmicos foram ampliados na cidade, atendendo a pedidos de quem já não tinha onde enterrar seus familiares de acordo com os rituais de sua religião.

Outro dos raros políticos muçulmanos no Brasil é Lameh Smeili, vereador em Guarulhos, São Paulo. Ele é conhecido também pela versão aportuguesada de seu nome, Lamé. Seu pai Abdul Rahman Mohamad imigrou do vilarejo libanês de Ghazze — o mesmo da família Mourad — no final dos anos 1950. Pouco tempo depois o pai voltou ao Líbano para se casar. Lameh nasceu lá, em 1963. Abdul Rahman voltou ao Brasil no ano seguinte, e o filho Lameh permaneceu no vilarejo, criado pelos avós.

A juventude idílica, brincando no mato, estudando ao ar livre no vale do Beqaa, não durou muito. Em 1973, quando começou a Guerra do Yom Kippur entre Israel e seus vizinhos árabes, Lameh estava no pátio de sua escola pintando. Um caça israelense, ele relata, passou de rasante a caminho da Síria para um embate. Apavorado, ele cobriu os ouvidos com as mãos cheias de tinta e correu de volta para casa. Naquele dia, perdeu parte da audição. Jamais se esqueceu de como chegou ao lar esbaforido, apavorado e coberto de tinta.

Nos anos seguintes, refugiados palestinos inundaram o Líbano e Lameh, ainda entre a infância e a adolescência, começou a se interessar por aquela causa. "Ganhei uma consciência política." Participava de reuniões com ativistas e chegou a se inscrever para um treinamento militar com uma das facções palestinas no vale libanês. Foi quando seu avô, preocupado com seu envolvimento no que já era uma guerra civil, decidiu enviá-lo ao Brasil em 1976. Foi só então, em São Paulo, que Lameh conheceu o pai.

Abdul Rahman queria que seu filho, aos treze anos, trabalhasse e ajudasse a sustentar a família. Lameh bateu o pé. Queria estudar. Chegaram a um acordo: o menino trabalharia durante o dia e, à noite, poderia permanecer com os estudos.

Apaixonado pela língua portuguesa, Lameh foi contratado no *Diário Popular* para o cargo de revisor. Ele conta que quando foi promovido a chefe de revisão ouviu comentários jocosos de uma colega: "Como é que contrataram um cara que nem fala português?". Ele falava excepcionalmente bem, mas tinha sotaque, que depois perdeu por completo. Aquele foi o primeiro momento em que se sentiu discriminado no Brasil.

Lameh trabalhou em outros veículos de imprensa. Cobriu o movimento das Diretas Já, que pedia o fim da ditadura. Também acompanhou o primeiro comício de Luiz Inácio Lula da Silva: "Foi um dos dias que mais me marcaram".

Em 1996, abandonou o jornalismo para se dedicar à política, intercalando sua trajetória com a da família Mourad. Ele trabalhou primeiro com Mohamad e, em 2003, atuou como assessor de imprensa de Said. Foi Said que lhe convenceu a tentar também a vida pública, dando largada a três eleições consecutivas, em que se tornou vereador representando o município paulista de Guarulhos nos pleitos de 2008, 2012 e 2016. Em 2018, Lameh foi nomeado secretário de direitos humanos da mesma cidade.

A atividade política dos imigrantes muçulmanos e de seus descendentes no Brasil não se limita às decisões tomadas no Executivo e no Legislativo. Desde a sua chegada ao país, aquelas comunidades tentaram se articular para alcançar aqueles que tomam as decisões — reconhecendo sua condição de minoria.

Um caso emblemático é a fundação da Federação das Associações Muçulmanas do Brasil (Fambras), em 1979, pelo libanês Hajj Hussein Mohamed El Zoghbi. Não é a única organização muçulmana no país e tampouco representa todos os seguidores do islã, mas foi uma das mais ativas nessas últimas décadas.

A Fambras esteve envolvida com a implementação do mercado halal no Brasil. O halal é o alimento que segue os preceitos do islã, por exemplo, com um muçulmano presente no momento do abate de um animal, recitando uma prece para abençoá-lo. Com esse certificado, o Brasil se tornou um dos principais exportadores de carne para países de cultura árabe, como o Egito. A Fambras também incentiva a construção de mesquitas e, em projetos educacionais, tenta esclarecer melhor os propósitos do islã ao restante dos brasileiros.

O projeto remonta à aventura de Hussein, que chegou ao Brasil em 1950 vindo do povoado de Kamid al-Lawz. Primogênito de uma família numerosa, ele tinha trinta anos quando abandonou o Líbano no mesmo contexto da viagem da família Mourad e de tantos outros muçulmanos. "Ele fez a mala e viajou para o Brasil para tentar uma nova vida e mandar dinheiro para casa, ajudando a sustentar seus irmãos menores", conta Ali, de 61 anos, um de seus quatro filhos.

"Ele passou por situações bastante comoventes no Brasil. De penúria, de fome. Com fibra, começou a mascatear." Um dos episódios que Hussein contou à família ainda ressoa em Ali, que memorizou os detalhes como quem guarda para si uma valiosa lição.

Em seus primeiros dias em São Paulo, Hussein não conseguiu mercadorias nem clientes para preencher sua caixa viajante. Foi a uma agência de viagens na rua 25 de Março para tentar comprar uma passagem de volta ao Líbano, prometendo pagar o valor depois, quando tivesse o dinheiro em mãos. No caminho, porém, ele encontrou outro patrício, que o reconheceu: "Você não é filho de fulano de tal?", lhe perguntou o libanês.

Ambos vinham da mesma região do Líbano e, lembrando-se dos dias passados, foram a um restaurante conversar. "Meu pai estava se sentindo tão sozinho no Brasil, que não conseguia nem comer", conta o filho. Foi quando o outro imigrante ofereceu uma oportunidade a Hussein: deu-lhe mercadorias, confiando que receberia o dinheiro de volta, e pediu que o brimo levasse sua caixa até o Paraná. "Chegando a Maringá, meu pai começou a visitar as fazendas da região. Vendeu todos os produtos que tinha e pegou gosto, tomou confiança."

Hussein decidiu, então, permanecer no Brasil. Passou a trabalhar com carne, abriu um açougue, depois uma loja de móveis e em seguida um armazém. "Ele era um intelectual orgânico. Não havia estudado, mas tinha uma visão de mundo, uma capacidade de enfrentar as coisas." Com isso, Hussein foi aos poucos se tornando um dos líderes da comunidade muçulmana no Brasil. Não apenas fundou a Fambras, nos anos 1970, como também se tornou um dos principais interlocutores entre os muçulmanos e o restante dos brasileiros, incluindo a classe política. "Vejo, no meu pai, um exemplo de como os imigrantes foram importantes para formar a nossa sociedade."

A interlocução entre lideranças da comunidade islâmica e os políticos brasileiros não beneficiou apenas os seguidores do islã. Hussein foi presidente do bairro Jardim Leonor Mendes de Barros, na zona norte de São Paulo — atuou ali para trazer saneamento básico, água e energia. Seu filho afirma que a ideia do nome do bairro também veio de Hussein, homenageando com o batismo a esposa do ex-governador de São Paulo, Ademar de Barros.

Em um exemplo mais recente da articulação entre muçulmanos e o governo, também envolvendo a família Zoghbi e a Fambras, a comunidade islâmica no Brasil tentou convencer a administração de Jair Bolsonaro a não transferir a embaixada brasileira em Israel. Bolsonaro prometia, desde a campanha, deslocar a representação diplomática de Tel Aviv para Jerusalém. A ideia é criticada porque simboliza o reconhecimento de Jerusalém como capital israelense, enquanto os palestinos reivindicam essa mesma cidade como sua capital. A maior parte do mundo, exceto os Estados Unidos, mantém suas embaixadas em Tel Aviv, respeitando assim os reiterados pedidos feitos pelas Nações Unidas.

Representantes da comunidade muçulmana abordaram membros da administração. "Nosso papel é forçar o diálogo. Como parte da sociedade civil, temos a obrigação de fazer um alerta quanto aos riscos das ações do governo", afirma Ali — ameaçar as exportações de carne halal, por exemplo. "Estimamos uma possibilidade de perdermos quinhentos mil empregos diretos e indiretos, afetando uma balança comercial de quase 14 bilhões de dólares por ano."

Quando este livro foi impresso, o imbróglio ainda não tinha sido resolvido. Mas a própria demora de Bolsonaro em concretizar sua promessa parece apontar para as considerações de seu governo quanto aos impactos negativos levantados pela comunidade. Com todos os debates, os políticos de origem muçulmana concordam: o preconceito vivido nos primeiros anos de imigração libanesa permanece vivo.

17. O turco louco

Quando Iskandar Boulos fazia festa em sua casa em Santo Anastácio, um pequeno município próximo a Presidente Prudente, era festa de verdade. Festa de árabe. Ele morava afastado da cidade, numa casinha perto da indústria de óleo de amendoim onde trabalhava, e convidava os outros patrícios para celebrar. Assava carneiro, dançava em volta da mesa agitando lenços no ar. Os amigos ficavam por um, dois, três dias. Iskandar era um *bon vivant*, diz a família, adorava comer e festejar. Adorava outras coisas também. Esse libanês peripatético que morou em diversas partes do Brasil andava de moto, caçava e pilotava avião. Quando dava rasantes, as pessoas gritavam: "Lá vem o turco louco! Corre, pessoal!".

São histórias que o político Guilherme Boulos, com 39 anos quando conversou comigo, cresceu ouvindo. Ele é neto de Iskandar, que não era turco, mas libanês. Filiado ao Partido Socialismo e Liberdade (PSOL) e ao Movimento dos Trabalhadores Sem Teto (MTST), Guilherme fala com carinho dessa origem. Ele diz até que a ascendência está na cara, nos traços de seu rosto.

Raramente Guilherme figura nas listas de políticos árabes. Quando se fala nesse Líbano brasileiro, aparece gente graúda, das antigas, nomes talhados nos anais do país. Paulo Maluf, Michel Temer, Fernando Haddad e por aí vai. Quando esses políticos concorriam a cargos, jornalistas mencionavam a origem deles. No caso de Guilherme, o assunto não veio tanto à tona na campanha presidencial de 2018 nem na corrida à prefeitura de São Paulo em 2020. Uma das explicações, ele próprio sugere, é o fato de ser da terceira geração. Quem era árabe era o seu avô. Ele também não descarta que o problema esteja em seu sobrenome, que nem todos reconhecem como árabe. "Muita gente me pergunta se sou grego."

Na verdade, Boulos é um sobrenome comum entre cristãos libaneses. É a versão de Paulo em árabe. Assim como o nome de seu avô, Iskandar, é um modo de dizer Alexandre.

Quem conta a história de Iskandar é o pai de Guilherme, o infectologista Marcos, então com 75 anos. É ele que se lembra melhor do turco louco.

Iskandar nasceu em 1908 — ou 1906, pairam dúvidas — em Tiro, na costa sul do Líbano. Outrora uma cidade fenícia, dessas que aparecem em relatos da Antiguidade, Tiro é conhecida pelo hipódromo romano. É também famosa pelas praias, às quais os libaneses acorrem no fim de semana sem se importar com as horas gastas no trânsito, tamanho o seu apelo de sol. "Ele vivia à beira-mar", Marcos conta. "Ficava atrás dos navios, que jogavam melancias para os meninos."

Dessa parte da vida dele não se sabe muito. Iskandar raramente falava sobre essa época. Ele deixou Tiro bastante jovem, em 1924. Marcos supõe que a viagem tenha sido inevitável depois da morte do pai de Iskandar, que deixou o rapaz de dezesseis anos órfão. A mãe já tinha morrido. Provavelmente, assim, sua mudança para o Brasil tenha sido de ordem prática. "Deve ter vindo para ficar na casa dos tios em São Paulo. Era de uma parte mais pobre da família, sem tantas posses, enquanto outros Boulos moravam no norte do Líbano."

Iskandar, o primogênito, viajou com quatro irmãos. O quinto ficou no Líbano. A mais nova, Julieta, tinha apenas dois anos. Chegaram a São Paulo, onde moravam essas tias, e se albergaram ali. "Então os homens foram para a luta. Eles trabalharam como caminhoneiros, fazendo transporte. E viajaram o estado de São Paulo inteiro."

Entre idas e vindas, os irmãos Boulos foram se espalhando. Chikrala decidiu ficar em São José do Rio Preto. Iskandar foi para Campos do Jordão a convite do primo Pedro Boulos, que se apresentava como Pedro Paulo no Brasil. Pedro Paulo tinha se mudado para Campos do Jordão para tratar de sua tuberculose. Ali, conheceu outra enferma e se casou com ela. Abriu uma lojinha de tecido e chamou Iskandar para ser seu sócio. Antes de ir, Iskandar casou-se com Aparecida Abeneder, filha de libaneses nascida no Brasil.

Iskandar podia ter ficado em Campos do Jordão, mas quis ir embora logo. "Ele tinha fogo no rabo e não se adaptou", Marcos ri. Uma das tantas partidas que determinaram seu futuro. Marcos conta que um dia conheceu um dos filhos de Pedro Paulo e ouviu dele: "Você deixou de ser muito rico, Marcos. Seu pai tinha um bom negócio. Quem ganhou dinheiro fomos meu pai e eu". Mas Iskandar era assim. Ele deixava tudo e partia.

Iskandar foi para São Paulo. Chegou a ter uma barraca no Mercado Municipal. Teve também um açougue na rua Vergueiro. Morou no Ipiranga, na Vila Mariana, circulou. Em 1953, conseguiu um emprego numa fábrica de óleo de amendoim e se mudou para Santo Anastácio, onde dava as festanças com carneiros. Alguns anos depois, moveu-se mais uma vez: foi para Guaravera, distrito de Londrina, onde passou a comprar e vender amendoim. Só que, àquela altura, já estava doente. Diabético, cardíaco, hipertenso.

Voltou para São Paulo, seu último pouso, onde abriu uma mercearia em Moema, na rua Tuim. Iskandar morreu de infarto em 1967.

Justamente naquela época Marcos tinha começado a estudar medicina. Formou-se na Pontifícia Universidade Católica em Sorocaba em 1972, emendando mestrado, doutorado e livre-docência na área. Especializou-se em doenças infecciosas, um assunto sobre o qual lecionou. Chegou a ser diretor da Faculdade de Medicina da USP entre 2006 e 2010 e, quando a pandemia de Covid-19 chegou ao país em 2020, fez parte das equipes de combate ao vírus.

Marcos, como tantos outros descendentes, não aprendeu o árabe. "Meus pais usavam para falar mal de mim, e não me ensinaram." Interessado pela origem, o infectologista estudou o idioma já adulto. Diz que pena em aprender línguas, que foi reprovado em português, inglês, francês, espanhol e latim. "No árabe, senti uma facilidade enorme, tanto na escrita quanto no falar. Sei todos os palavrões que você puder imaginar."

Em 2011, o médico decidiu conhecer o Líbano de seu pai. Alugou um micro-ônibus, em que viajaram quinze membros da família, inclusive Guilherme. A visita foi fascinante, mas eles não conseguiram encontrar os parentes. "A gente nem sabia como procurar, um pouco por causa dessa vida nômade do meu pai. Fui para Tiro e perguntei. Até me mostraram uma casinha que podia ter sido a casa da família, mas não sei."

Espalhada pelo estado de São Paulo, a família Boulos teve outros dois políticos além de Guilherme. O primeiro foi Chikrala, um dos irmãos de Iskandar. Depois de se instalar em São José do Rio Preto com o caminhão, mudou-se para Nova Aliança, nos arredores, onde virou fazendeiro. Foi prefeito duas vezes, de 1960 a 1963 e de 1969 a 1973. E chegou a conhecer outro patrício nas suas andanças políticas. "Maluf ligava para ele no aniversário." Uma relação não de amizade, mas de política. Ambos foram da Arena.

Os outros dois políticos que antecederam Guilherme em colocar o nome Boulos nas cédulas vinham do ramo de Pedro Paulo, o primo de Campos do Jordão. Um de seus filhos, Pedro Paulo Filho, foi vereador naquela cidade, eleito em 1959 e 1962 pelo Partido Social Progressista e em 1968 pela Arena. Poeta e historiador, ficou famoso por sua obra sobre Campos, em especial o livro *A montanha magnífica*. Fausi, outro filho do primeiro Pedro Paulo, foi prefeito de Campos do Jordão de 1979 a 1982 e de 1989 a 1992, além de vereador de 1959 a 1961 e de 1963 a 1966.

Mas é Guilherme que tem mais proeminência na vida política — em um período curto de vida, diga-se de passagem. Nascido em 1982, Guilherme começou a carreira em 1997, aos 15 anos, no movimento estudantil, militando na União da Juventude Comunista, ala do Partido Comunista Brasileiro. Formou-se em filosofia na USP e fez ali o mestrado em psiquiatria. Ensinou na rede pública. Em paralelo à carreira acadêmica, Guilherme se uniu em 2002 ao Movimento dos Trabalhadores Sem Teto, abraçando uma das causas pelas quais ele passou a ser conhecido: a do direito à moradia.[275]

Quando tinha 36 anos, em 2018, Guilherme se filiou pela primeira vez a um partido, o PSOL, e concorreu à Presidência da República. Foi a pessoa mais jovem a tentar o cargo. Guilherme recebeu pouco mais de 600 mil votos e ficou, assim, em décimo lugar entre treze candidatos. Ainda assim, aquela campanha, na qual Fernando Haddad chegou ao segundo turno, consolidou o nome de Guilherme no cenário político. Tanto que, quando concorreu à prefeitura de São Paulo, em 2020, em uma chapa com a ex-prefeita e deputada federal Luiza Erundina, Guilherme chegou ao segundo turno. Uma de suas propostas era regulamentar o trabalho de entregadores de empresas como Uber e iFood.

Recebeu mais de 2 milhões de votos, totalizando 40% contra os 59% de Bruno Covas, que morreria em maio de 2021.

Guilherme nunca conheceu o avô Iskandar, a não ser pelas histórias que ouviu da avó Aparecida, de quem foi sempre próximo — ela está prestes a completar cem anos. Um dos casos de que Guilherme se lembra com carinho é o de como Iskandar e Aparecida se conheceram. Ela estava prometida para outro homem. "Aquela coisa de casamento arranjado." Mas Aparecida preferiu Iskandar, com quem fugiu de trem. "Foi uma coisa muito tensa com a família da minha avó, com o velho Bechara, o pai. Mas eles por fim se entenderam."

Apesar de Guilherme nem sempre ser lembrado como um político árabe, sua ascendência libanesa é marcada. Ele foi batizado na Igreja ortodoxa, que não frequenta. Foi mais pela tradição, ele explica. E diz que a origem aparece principalmente, como nas histórias de tantos outros brimos, no estômago forrado de delícias como quibe cru e charuto de folha de uva. "É uma relação muito forte na minha infância, pelos almoços de domingo da minha avó Aparecida, que fazia uma comida muito farta." Guilherme brinca que engordou uns dez quilos na viagem com a família para o Líbano. "Tudo lá é motivo para banquete."

O lado materno de Guilherme aparece também na mesa, levando a uma mistura dessas que parecem acontecer só no Brasil. Sua mãe, Maria Ivete Castro, que conheceu Marcos na residência médica, é paraibana. Com isso, Guilherme comia esfiha, charutinho de folha de uva, grão-de-bico e coalhada seca em uma refeição e, na seguinte, ia de tapioca, manteiga de garrafa e carne de sol.

Mas não foi só a comida que Guilherme herdou de Iskandar e Aparecida. Ele cita os valores que aprendeu em casa e que, de algum modo, estão ligados à sua ascendência. Talvez o melhor exemplo seja sua relação com a causa palestina. Seu apoio aos palestinos, sob ocupação de Israel, vem em parte de sua orientação política — essa é uma bandeira recorrente da esquerda brasileira. "Mas vem em parte também da minha origem."

Na avaliação de Guilherme, a combinação entre sua origem libanesa e seu apoio à causa palestina trouxe algum ruído e má vontade em relação à sua carreira. "Houve uma certa desconfiança de alguns setores da comunidade judaica, principalmente aqueles com uma tendência mais à direita."

Em 2018, Guilherme viajou à Cisjordânia e se reuniu com grupos que apoiam o boicote a Israel. Foi duramente criticado, apesar de ter também se reunido com o partido sionista de esquerda Meretz e visitado o Museu do Holocausto — uma sinalização de que sua crítica não era aos judeus e nem a Israel em si, e sim às políticas de ocupação dos territórios. O PSOL condena a permanência israelense na Cisjordânia e apoia o movimento Boicote, Desinvestimento e Sanções (BDS), algo desafiado por algumas correntes dentro do próprio partido. Por essa razão, uma federação judaica chegou a pedir a desfiliação de judeus do PSOL.

Quando escrevi no meu blog Orientalíssimo sobre a viagem de Guilherme à Cisjordânia, sua equipe me encaminhou uma declaração oficial dele reiterando a intenção de "levar a questão palestina" à campanha presidencial. A luta de que faz parte, Guilherme disse à época, é internacional. "Pude ver de perto a segregação adotada por Israel: muros, demolições ilegais, restrições ao movimento dos palestinos e leis discriminatórias." Tinha sido acompanhado naquela viagem pelo presidente do PSOL, Juliano Medeiros, e por um representante da secretaria de relações internacionais do partido, Fred Henriques.[276]

Em sua campanha à prefeitura paulistana, Guilherme voltou a ser acusado de antissemita e chegou a divulgar um vídeo desmentindo a acusação. "É um disparate completo querer acusar alguém que simplesmente defende a causa palestina, que acha absurda a ocupação ilegal da Cisjordânia." Guilherme afirma que alguns setores judaicos apoiaram a candidatura dele, assim como grupos palestinos, especialmente aqueles que orbitam o restaurante Al Janiah, que em seu quadro de trabalhadores abriga refugiados da Palestina e da Síria, entre outros.

18. Do outro lado do espelho

Carlos Eddé, de 65 anos, não tem uma história exatamente igual à dos outros personagens deste livro. É como se ele estivesse do outro lado do espelho: com nacionalidade brasileira, Carlos fez política no Líbano, onde liderou o partido Bloco Nacional.

Em seu casarão no centro de Beirute, a alguns passos do Ministério da Informação, Carlos diz que tem uma perna em cada país. Afinal, passou uma parte da vida no Brasil e a outra no Líbano, e seus familiares estão espalhados pelos dois territórios.

O Brasil é o de sua mãe, Hilda Racy, descendente das primeiras ondas de imigrantes libaneses ao Brasil no final do século 19 e no início do 20. O sobrenome é o mesmo da colunista Sonia Racy, que escreve para O Estado de S. Paulo, de quem Carlos é primo. O Líbano é o de seu pai, Pierre Eddé, de uma das dinastias políticas libanesas mais tradicionais. Suas origens remontam ao vilarejo de Eddé, na região de Biblos, onde identificaram antepassados no início do século 16. Mais antigo, um texto nos arquivos de Avignon menciona um tal de Raymond Eddé, vassalo de um duque durante as Cruzadas.

O grande nome da família, porém, é o do avô Émile. Ele foi primeiro-ministro do Líbano de outubro de 1929 a março de

1930, durante o mandato francês, e presidente de 1936 a 1941. Émile também foi presidente por dez dias em 1943, com a saída francesa. Devido à instabilidade política daqueles anos, em que o Líbano foi construído, o mandato durou pouco. Já em 1946, ele fundou o Bloco Nacional, que chegou a ser uma das principais siglas do país.

Hilda e Pierre conheceram-se no Líbano em 1947 quase por acaso. Nascida no Brasil, Hilda acompanhava seu pai em uma visita à terra natal da qual ele havia saído 33 anos antes. A viagem só foi possível porque o seu irmão já tinha idade suficiente para chefiar sozinho a fábrica da família na ausência do patriarca. Uma amiga da família Racy, casada com um libanês, apresentou Hilda a Pierre. Apaixonados, os dois se casaram no Brasil, mas Carlos nasceu no Líbano. Ele é brasileiro e paulista por opção.

Carlos nasceu católico maronita como seu pai Pierre, mas tem origem nos outros três ramos cristãos do Líbano. Seu avô Karam Racy era protestante e a avó Latife era melquita. A mãe de seu pai, Lody, era greco-ortodoxa. Já ele é secular por convicção e defende a separação entre Igreja e Estado.

Carlos viveu no Brasil de 1976 a 1981, quando se graduou em administração. De 1981 a 1983, morou em Washington para um mestrado em estudos árabes na Universidade Georgetown, uma das mais célebres nesse campo. Voltou ao Brasil em 1994, onde permaneceu até receber, em 2000, a notícia do falecimento iminente do tio Raymond, que tinha sido eleito líder do Bloco Nacional Libanês com a morte do fundador Émile, em 1949.

O Bloco Nacional estava decadente. Uma das razões era sua recusa, contrariando o consenso, em tomar parte ou se armar na Guerra Civil Libanesa, que durou de 1975 a 1990. Raymond sobreviveu a tentativas de assassinato, uma das quais deixou marcas de bala na fachada do palacete em Beirute. Os buracos ainda estão ali, como um lembrete.

Ele se exilou em Paris, em 1976, onde vivia quando foi visitado pelo sobrinho dias antes de morrer, em 2000. Sem filhos, nomeou Carlos seu herdeiro universal e o aconselhou a nunca entrar na política. Ironicamente, poucas horas depois a assembleia do partido elegeu Carlos — à sua revelia, ele insiste — para chefiar o Bloco Nacional Libanês. "Recusei minha eleição dentro do partido, mas pediram que eu assumisse o posto ao menos de uma maneira transitória. Isso já dura duas décadas", ele diz, com um sorriso introvertido.

Uma série de fatores acabou por convencê-lo. Israel se retirou do Líbano naquele ano, depois de 22 anos de ocupação. O ditador sírio Hafez al-Assad, pai de Bashar, morreu em seguida. Como os israelenses, a Síria também ocupava o Líbano naquela época. Parecia que a política ia entrar, por fim, em uma nova era, sem tantos conflitos. "Muitos amigos me pediram para ficar. Queriam que alguém que não tivesse participado da guerra entrasse na política." Ele aceitou e retornou para tentar contribuir com o projeto.

Mas Carlos era o que ele próprio define como "o contrário de um político". "Estou sempre prestes a perder uma eleição. Parto do princípio de que 'what you see is what you get'", diz, citando a expressão em inglês para "o que você vê é aquilo que recebe". Ou seja: ele não está disposto a fazer promessas que não quer cumprir.

Carlos se lembra, em especial, de uma conversa que teve com o pai na infância. "Em algum momento, eu me referi à política como se fosse uma profissão. Meu pai me corrigiu e disse que não, a política não era uma profissão. Era uma maneira de servitude." Pierre sabia bastante bem do que falava. Foi três vezes deputado no Líbano e quatro vezes ministro: uma vez na pasta de Educação e as outras três nas Finanças. Ele também dirigiu um dos mais célebres jornais de todo o Oriente Médio, o *L'Orient-Le Jour*, de 1971 a 1985.

Um ano depois de seu retorno, Carlos pensou em abandonar o país mais uma vez. Mas outro evento o convenceu a ficar: os atentados de 11 de Setembro nos Estados Unidos, em 2001. "Previ que o Oriente Médio seria transformado e quis permanecer."

O sonho de reformar a sigla não se converteu em resultado eleitoral. Carlos concorreu duas vezes a deputado e foi derrotado em ambas por Michel Aoun, disputando um mesmo eleitorado cristão. Em 2016, Aoun foi escolhido presidente do Líbano.

Carlos foi reeleito à liderança do Bloco Nacional Libanês em março de 2018, e no ano seguinte deu início a um novo período na história de seu partido. Apresentando-se como uma das principais forças de oposição no país, ele incorporou lideranças da sociedade civil e criou um comitê executivo com membros de diversas religiões.

Quando conheci Carlos, em 2015, ele me disse que preferia pensar em si mesmo como uma espécie de ombudsman da política libanesa, mais do que como um candidato. Depois de passar por duas derrotas contra Aoun, consolidou-se como um analista, um respeitado comentarista para buscar sentido nas idas e vindas da política do Líbano.

O cargo lhe cai bem. Carlos é um intelectual e se detém na explicação dos complexos fenômenos políticos que marcaram a história dos dois países. Essa perspectiva provavelmente vem dos anos de seu mestrado em estudos árabes, nos Estados Unidos, além de sua criação, que descreve como repleta de livros e de conversas sobre a política.

"No Líbano, durante o Império Otomano, os libaneses tinham certa autonomia. Mas os otomanos exigiam duas coisas: que pagassem impostos e que fossem alistados", explica. "Os libaneses tinham, portanto, algum medo e desconfiança de qualquer autoridade central que viesse à sua casa tomar as suas galinhas e os seus filhos, e mesmo durante a minha infância muitos vilarejos preferiam não ter estrada para não estarem conectados ao centro."

Nesse contexto social, Carlos diz que existiam pessoas atuando como intermediários. Espécies de "zaim", afirma, usando um termo árabe que pode ser traduzido como "chefe". "Um tipo de coronel que fazia a negociação entre a população e a autoridade central."

Vem daí, segundo Carlos, o sistema político vigente no Líbano, conhecido como "confessionalismo", segundo o qual a política é fragmentada em dezoito denominações religiosas. Cargos são distribuídos de acordo com a religião. O presidente é sempre cristão maronita, por exemplo. O premiê é um muçulmano sunita. Por fim, o líder do Parlamento representa o islã de ordem xiita. A contestação a esse modelo, somada aos atritos com refugiados palestinos, foi um dos estopins da guerra que destruiu o Líbano de 1975 a 1990.

"Quando meu avô Émile veio com sua ideia reformista, nos anos 1940, foi combatido por muita gente." Mesmo pela população. "As pessoas não entendiam que o custo daquele clientelismo era mais alto do que o de um Estado organizado. Especialmente porque as pessoas sentiam que não recebiam nada em troca por pagar os seus impostos", diz Carlos, referindo-se ao costume de resolver as disputas políticas por meio de lideranças sectárias.

Foi com essa bagagem histórica que os libaneses chegaram ao Brasil. Era aquele tipo de política com que estavam acostumados em seu país. Com a profissão de caixeiros-viajantes, eles se tornaram "políticos em potencial": deslocavam-se pelo território, recolhendo as notícias do que acontecia no país no início do século 20. De certa maneira, os mascates eram mediadores também — faziam, por exemplo, o meio de campo entre as capitais e as cidades interioranas e entre a população nativa e os imigrantes libaneses. "Os libaneses eram diferentes dos padeiros portugueses, para quem o mundo se resumia só ao seu bairro."

*

Se existem poucos estudos a respeito da imigração de libaneses para o Brasil, há menos ainda em relação ao retorno de milhares deles ao Líbano. Segundo o americano Akram Fouad Khater, um dos primeiros a investigar o fenômeno, em 1914 quase 80 mil pessoas já tinham regressado, fundindo-se a uma população de apenas 414 mil.[277] "Exceto por uma borrifada de comentários passageiros, nunca encontramos aqueles muitos que voltaram. Não aprendemos nada sobre sua experiência de retorno, o que trouxeram de volta com eles, como foram recebidos e seu papel em construir o Líbano moderno."[278]

A carência de informações é surpreendente, já que os milhares de libaneses que voltaram revolucionaram as sociedades locais. A construção do Líbano moderno envolveu a importação de ideias acerca da família e do papel da mulher, a partir da experiência da diáspora. Foi na diáspora que as mulheres libanesas conviveram mais abertamente com o sexo oposto, e muitas delas puderam inclusive trabalhar no espaço público, algumas como caixeiras-viajantes, atravessando o país.

A volta dos imigrantes que estavam no Brasil impactou, ainda, a política libanesa. Naum Labaki, que em 1900 fundou a primeira associação literária da comunidade sírio-libanesa no Brasil, regressou à terra natal e ocupou uma das cadeiras do Parlamento. Há também o caso do político Abdul Rahim Mourad, da família de Said e Mohamad Mourad e proveniente da mesma vila que Lameh Smeili — de quem falamos no capítulo 16.

Nascido em 1942 em Ghazze, Abdul Rahim vinha de uma família pobre e teve uma educação em uma escola simples, embaixo de uma árvore, como contou em entrevista à *Gazeta de Beirute*.[279] Ele se mudou para Joub Jannine e, anos depois, Sídon. Morou em Damasco e no Cairo. Ao terminar o colegial, em 1961, imigrou para o Brasil, para estudar. Aprendeu português. Mas, quando precisou tomar uma decisão entre se matricular na USP e voltar para o Líbano, escolheu o retorno. "Não queria deixar o país por tanto tempo."

Lá, enquanto seguia ligado aos negócios da família no Brasil, Abdul Rahim se graduou em administração e em direito. Decidiu, então, entrar para o ramo da educação motivado por um episódio de sua infância. Aos quatro anos, tentou atravessar um rio próximo à vila. Afogou-se e perdeu os sentidos. Uma menina chamada Jamile, vendo a cena, gritou por ajuda. Ele foi salvo da morte por agricultores.

"Quando cresci, aquele incidente ficou em minha cabeça. Eu nasci outra vez. Fiquei pensando sobre o que eu poderia fazer para registrar minha passagem neste mundo de uma forma boa." Fundou uma escola, em 1978, depois outra e mais outra. É hoje o dono de uma rede de dezoito universidades, algumas fora do Líbano, além de ser proprietário de dezenas de outras instituições de ensino de diversos graus. Lidera orfanatos, servindo 1 250 jovens. Quem dirige entre Beirute e Damasco, atravessando o vale do Beqaa, é inundado por outdoors anunciando sua Universidade Libanesa Internacional (LIU, na sigla em inglês).

Em paralelo, Abdul Rahim entrou para a política libanesa. Foi parlamentar por catorze anos, de 1991 até 2005. Foi também ministro da Educação Técnica, da Educação e da Defesa — seu maior desafio, já que ele afirma não saber a diferença entre metralhadora e revólver.

Quando a *Gazeta de Beirute* pergunta a Abdul Rahim se ele se sente grato ao Brasil, o libanês afirma que sim. Muito. Além disso, considera que os políticos libaneses de hoje não retribuem a generosidade brasileira à altura. Um tempo atrás, explica, o Líbano estudou importar ônibus brasileiros para modernizar a frota local. No entanto, os libaneses frustraram as expectativas e acabaram fechando negócio com a França. Abdul Rahim dá outro exemplo incômodo: quando participa de comemorações da embaixada do Brasil, nota que há poucos políticos libaneses — mas, quando aquele tipo de evento é feito em embaixadas europeias, estão todos presentes. "É um erro."

Assim que Abdul Rahim se aposentar, o legado da família provavelmente seguirá nas mãos de seu filho Hassan. Nascido em São Paulo, Hassan foi nomeado em janeiro de 2019 ao influente cargo de ministro do Comércio Exterior do Líbano, associando-se ao governo do primeiro-ministro Saad Hariri. Seu desafio contava com um tempero urgente, já que naquela pasta ele teve de lidar com a perspectiva de o Brasil mudar sua embaixada em Israel de Tel Aviv para Jerusalém. Potências árabes ameaçaram boicotar os produtos brasileiros. Hassan é conhecido como ardente defensor dos palestinos, que clamam Jerusalém como sua capital. O governo do qual ele fazia parte, no entanto, durou pouco. No caos político libanês, entre protestos populares, um novo gabinete foi inaugurado em janeiro de 2020 sem o brasileiro.

Com a diminuição da imigração para o Brasil, até quase se interromper nos últimos anos, e com o fim do fluxo de retorno de imigrantes ao Líbano, Hassan pode ser um dos últimos representantes da curiosa e produtiva intersecção das maneiras brasileira e libanesa de fazer política. Essas acabarão sendo histórias que, como este livro, chegam ao fim.

Brimo?

Antes de encerrar este livro, quero incluir aqui algo que não contei na introdução: há mais uma razão que explica o meu interesse pelo Oriente Médio: talvez eu seja um brimo. Digo "talvez" porque a história é um pouco complicada.

Quando minha avó nasceu em São Paulo, nos anos 1930, seu pai tinha desaparecido. A mãe dela, uma imigrante espanhola chamada Remédios, dizia que ele era um caixeiro-viajante de Damasco chamado Jayme. Ele sumiu depois de engravidá-la. Nunca soubemos mais nada sobre o tal Jayme, além de um sobrenome provavelmente escrito de forma incorreta, Cume, e a ideia de que ele pudesse ter sido um dos mascates que desbravavam o país.

Essa lenda talvez carregue a mesma característica simbólica da visita de d. Pedro II ao Líbano no final do século 19, no sentido de que é importante por si mesma, independentemente de ser verdadeira. Descobrir já adulto que eu poderia ter vínculos com aquela região distante me deu um impulso determinante na minha trajetória.

Dediquei este livro ao meu bisavô Jayme, por quem eu imagino que ele tenha sido. Ele passou a representar, de certa maneira, minha crescente familiaridade com a aventura de dezenas de milhares de outros sírios e libaneses que cruzaram o Atlântico para recomeçar a vida em um país do qual mal tinham notícias.

Se Jayme existiu, de fato, como imaginamos — um caixeiro-viajante damasceno, quiçá um sedutor —, ele possivelmente viveu as mesmas agruras de alguns personagens deste livro, como Salim Farah Maluf e Habib al-Haddad. Caso Cume seja uma corruptela de Curi, um sobrenome bastante comum entre os descendentes de sírios e de libaneses, ele era cristão. A palavra "curi", que vem do latim "curia", significa "padre".

Por sua relação com a minha bisavó Remédios, suponho também que ele fosse solteiro. Cristão e solteiro, como a maior parte daqueles imigrantes. Seu desaparecimento, por sua vez, indica que pode ter retornado ao país de origem depois de alguns anos de Brasil (segundo a minha avó, ele quis levar Remédios com ele para Damasco antes de sumir). Era, de fato, o projeto de tantos sírios e libaneses que viajaram para acumular dinheiro e capital social antes de regressar, triunfantes, ao Oriente Médio.

Não sabemos o que aconteceu com Jayme e suspeito que nunca saberemos — salvo se seus descendentes chegarem a ler estas páginas e se identificarem. Mas conhecemos bastante acerca da imigração sírio-libanesa para o Brasil, e este livro coloca sobre a mesa informações que ainda não tinham sido servidas. Espero ter contribuído, assim, à arrecadação de dados e histórias sobre importantes figuras da nossa história, cujos passos estiveram entremeados às pegadas do próprio país. Há mais do que apenas a política amarrando esses personagens. Michel Temer, Paulo Maluf, Fernando Haddad e Gilberto Kassab compartilham experiências únicas dentro da história do Líbano, do Brasil e do mundo.

Seus pais e avós deixaram um império em vias de se desintegrar — o Império Otomano era apelidado "o homem doente da

Europa" àqueles anos — e se aventuraram em um país de cultura e língua completamente distintas. Pois imaginem Salim, pai de Paulo, vendendo seus produtos de porta em porta sem falar nada de português. Imaginem mesmo meu bisavô Jayme, talvez inexistente, desembarcando em Santos, trocando as montanhas amareladas de Damasco pela encosta verde que separava aquela cidade portuária da grande São Paulo.

Conta-se que, como eram poucos os comerciantes que sabiam português, alguns caminhavam pelo país carregando na lapela o número de telefone de alguém que pudesse ajudá-los na tradução, caso tivessem algum problema com fregueses ou com as autoridades. Pois tenhamos em mente que tipo de experiência foi aquela, tão semelhante e distinta da vivida pelos italianos, que se estabeleceram em fazendas com contratos entre o Brasil e seu país de origem, sem a prerrogativa de poder se deslocar.[280]

Não é tão estapafúrdio pensar que meu bisavô, Jayme, tenha voltado à Síria ou ao Líbano depois de sua passagem pelo Brasil. Muitos outros retornaram. Há hoje diversas regiões no Líbano com uma marcada presença de "brasilibaneses" — termo utilizado pelo brasileiro-libanês Roberto Khatlab.

Ele estima que haja hoje cerca de 10 mil "brasilibaneses", organizados em torno da Associação da Amizade Brasil-Líbano, criada em Beirute em 1954 pelo banqueiro Jean Abou-Jaoudé. Estão presentes em todo o território libanês, em especial no vale do Beqaa. Em algumas aldeias, como Sultan Yacoub e Ghazze, falam, em sua maioria, português. Há ruas chamadas Brasil em Zahlé e em Beirute. Em Biblos, no litoral, existe uma capela com o nome de Nossa Senhora da Penha do Rio de Janeiro. Já em Trípoli, quase na fronteira com a Síria, o arquiteto Oscar Niemeyer projetou um prédio para uma feira internacional. "Em todo o Líbano encontramos nomes de lojas, indústrias, produtos e outros em português.

O Brasil também adentrou os hábitos libaneses com seu café e sua bandeira nacional."[281]

A viagem de Beirute ao vale do Beqaa, a caminho da Síria, passa por diversos supermercados de nome aportuguesado, e a bandeira verde e amarela é a segunda mais comum no telhado das casas depois daquela do próprio Líbano. Durante a Copa do Mundo de 2018, eu assisti em Beirute a alguns jogos do Brasil, e a celebração nas ruas era um espetáculo e tanto: paradas de carros buzinando e torcedores ensandecidos. Quase como se seu próprio país estivesse disputando a partida. De algum modo, é claro, era mesmo o caso.

Agradecimentos

Ninguém escreve um livro sozinho. Agradeço primeiro, portanto, à brima Rita Mattar por sua paciência em ler, reler e editar estas páginas.

Agradeço também à *Folha de S.Paulo* por ter acreditado em mim quando eu só tinha 24 anos para ser seu correspondente no Oriente Médio. Sem aquela oportunidade, vinda de meus chefes Sérgio Dávila e Fábio Zanini, este livro jamais existiria.

Brimos também não teria sido publicado se Safa Jubran não tivesse me contaminado com o seu amor pela língua árabe e com suas histórias a respeito de seu vilarejo. Minha mãe Sonia Bercito e meus amigos Gabriella de Lucca, Aliki Ribas, Chico Felitti e Guilherme Magalhães ouviram meus lamentos durante a escrita, pelo que lhes agradeço. Sem o David Alandete e a nossa gata Golda, este livro teria pouco amor.

Do ponto de vista acadêmico, devo mil obrigados à professora Yvonne Haddad — imigrante síria nos Estados Unidos — por ter me contratado como assistente de pesquisa na Universidade Georgetown. Passamos horas conversando sobre a imigração árabe, uma experiência que me deu tanto prazer que me levou a um doutorado em história. Além disso, agradeço a Akram Fouad

Khater, que abriu as portas do arquivo do Centro Khayrallah para o Estudo da Migração Libanesa, na Universidade Estadual da Carolina do Norte. Contei também, na minha carreira, com a gentileza dos colegas Stacy Fahrenthold e John Tofik Karam. A Câmara de Comércio Árabe-Brasileira foi fundamental também. Admiro muito o trabalho que pessoas como Heloisa Dib e Silvia Antibas têm feito para preservar a história de sua comunidade.

Obrigado, por fim, aos libaneses que tiveram a coragem de deixar sua terra desde o final do século 19 e viajar ao Brasil para nos ajudar a construir nossa ainda jovem democracia. Invejo suas aventuras e suas caminhadas com uma caixa nas costas, meu brimos.

Relação de entrevistados

Alain Tamer, Alberto Haddad, Ali Zoghbi, Al-Mazbut Tanus, Antonio Roberto Chacra, Arthur Jafet, Assad Haddad, Bassam Barbar, Carlos Alberto Dabus Maluf, Carlos Eddé, Edgard Madi, Elias Suaid, Gabriel Bonduki, George Atlas, Gilberto Kassab, Guilherme Boulos, Hussein Kalout, Isabel Curi Nader, Jandira Feghali, Jerje Maluf, Juca Abdalla, Lameh Smeili, Marcelo Maluf, Marcos Boulos, Margarida Salomão, Maria Suaid, Marta Schahin, Milton Hatoum, Mohamad Khodr, Mohamad Mourad, Nizar Tamer, Otavio Cury, Paulo Cassab Kassab, Ricardo Izar Jr., Roberto Khatlab, Rui Maluf, Safa Jubran, Said Mourad, Sandra Faraj, Talih Khodr, Tony Kassab.

Notas

INTRODUÇÃO [PP. 12-23]

1. Claude F. Hajjar, *Imigração árabe: 100 anos de reflexão*. São Paulo: Cone, 1985, p. 18.

2. Ibid., pp. 72-3.

3. Murilo Meihy, *Os libaneses*. São Paulo: Contexto, 2016, p. 167.

4. Ibid., p. 18.

5. Montie B. Pitts Jr., "Forging Ethnic Identity Through Faith: Religion and the Syrian-Lebanese Community in São Paulo". Nashville: Faculty of Graduate School da Universidade Vanderbilt, 2006. (Mestrado em Estudos Latino-Americanos), p. 26.

6. John Tofik Karam, *Another Arabesque. Syrian-Lebanese Ethnicity in Neoliberal Brazil*. Filadélfia: Temple University Press, 2007, p. 58.

7. Gustavo Ioschpe, "Aos vencedores, as batatas", *Folha de S.Paulo*, jan. 1999.

8. José Simão, "Ueba! Melô a CPI e fiquemos sem Grana Garib", *Folha de S.Paulo*, jul. 1999.

9. Id., "Grana Garib! Turcocircuito em Sampa", *Folha de S.Paulo*, jul. 1999.

10. Arnaldo Jabor, "Temos de beber desta lama luminosa e vital", *Folha de S.Paulo*, abr. 2000.

11. John Tofik Karam, *Another Arabesque. Syrian-Lebanese Ethnicity in Neoliberal Brazil*, p. 64.

PARTE I

1. FENÍCIA TROPICAL [PP. 27-35]

12. Murilo Meihy, op. cit., p. 27.

13. Taufik Kurban, *Syrios e libanezes no Brasil*. São Paulo: Sociedade Impressora Paulista, 1933, p. 12.

14. Murilo Meihy, op. cit., p. 36.

15. Ibid., p. 38.

16. Ibid., p. 25.

17. Ibid., p. 33.

18. Ibid., p. 51.

19. Eugene Rogan, *The Arabs: A History*. Nova York: Hachette, 2017, p. 91.

20. Ibid., p. 90.

21. Ibid., p. 94.

22. Ibid., p. 67.

23. Ibid., p. 68.

24. Disponível em: <https://www.youtube.com/watch?v=MhezKofA75Q>. Acesso em: 23 jun. 2020.

25. André Gattaz, *Do Líbano ao Brasil*. Salvador: Pontocom, 2012, p. 51.

2. PAVIMENTANDO O MAR [PP. 36-50]

26. Rashid Daif, *Tablit al-Bahr*. Beirute: Riad El-Rayyes Books, 2011, p. 39.

27. Akram F. Khater, *Inventing Home: Emigration, Gender, and the Middle Class in Lebanon 1870-1920*. Berkeley: University of California Press, 2001, p. 48.

28. Betty L. Greiber; Lina S. Maluf; Vera C. Mattar, *Memórias da imigração: Libaneses e sírios em São Paulo*. São Paulo: Discurso Editorial, 1998, p. 613.

29. Clark S. Knowlton, *Sírios e libaneses*. São Paulo: Anhambi, 1960, p. 26.

30. André Gattaz, op. cit., p. 22.

31. Clark S. Knowlton, op. cit., p. 26.

32. Taufik Duoun, *A emigração sírio-libanesa às terras da promissão*. São Paulo: Tipografia Editora Árabe, 1944, p. 75.

33. Ibid., p. 73.

34. Wadih Safady, *Cenas e cenários dos caminhos de minha vida*. Belo Horizonte: Santa Maria, 1966, p. 34.

35. Taufik Duoun, op. cit., p. 83.

36. Clark S. Knowlton, op. cit., p. 23.

37. Betty L. Greiber; Lina S. Maluf; Vera C. Mattar, op. cit., p. 25.

38. Alixa Naff, *Becoming American: The Early Arab Immigrant Experience*. Carbondale: South Illinois University Press, 1985.

39. Engyi D. Akarli, "Ottoman Attitudes Towards Lebanese Emigration". In: Albert Hourani; Nadim Shehadi (Orgs.), *The Lebanese in the World: A Century of Emigration*. Londres: The Centre for Lebanese Studies, 1992, p. 109.

40. Clark S. Knowlton, op. cit., p. 30.

41. Ibid., p. 22.

42. Ibid., p. 172.

43. Oswaldo Truzzi, *Patrícios: Sírios e libaneses em São Paulo*. São Paulo: Hucitec, 1997, p. 30.

44. Samira Adel Osman, *Imigração árabe no Brasil: Histórias de vida de libaneses muçulmanos e cristãos*. São Paulo: Xamã, 2011, p. 194.

45. Ibid.

46. Akram F. Khater, op. cit., p. 57.

47. André Gattaz, op. cit., p. 39.

48. Murilo Meihy, op. cit., p. 174.

49. Wadih Safady, op. cit., p. 73.

50. André Gattaz, op. cit., p. 34.

51. Claude F. Hajjar, op. cit., p. 121.

52. André Gattaz, op. cit., p. 69.

53. Boutros Labaki, "Lebanese Emigration During the War". In: Albert Hourani; Nadim Shehadi (Orgs.), op. cit., p. 606.

54. Ibid., p. 610.

55. Taufik Duoun, op. cit., p. 78.

56. Emil Farhat, *Dinheiro na estrada: uma saga de imigrantes*. São Paulo: T.A. Queiroz, 1986, p. 60.

3. VIAGEM DENTRO DA CAIXA [PP. 51-69]

57. Roberto Khatlab, *As viagens de dom Pedro II*. São Paulo: Benvirá, 2015, p. 154.

58. Ibid., p. 17.

59. Ibid.

60. Rashid Daif, op. cit., p. 49.

61. Taufik Duoun, op. cit., pp. 86-7.

62. Ibid.

63. John Tofik Karam, op. cit., p. 10.

64. Clark S. Knowlton, op. cit., p. 37.

65. Taufik Kurban, op. cit., p. 19.

66. Wadih Safady, op. cit., p. 163.

67. Diogo Bercito, "Passing a Camel Through Ellis Island: Arab-American Press and the Immigration Act of 1924", *Khayrallah Center For Lebanese Diaspora Studies*, ago. 2019.

68. Nancie González, *Dollar, Dove, and Eagle: One Hundred Years of Palestinian Migration to Honduras*. Ann Arbor: The University of Michigan Press, 1992, pp. 64-5.

69. Roberto Khatlab, op. cit., p. 357.

70. Wadih Safady, op. cit., pp. 98-9.

71. Jeffrey Lesser, "(Re)Creating Ethnicity: Middle Eastern Immigration to Brazil". In: *The Americas*, v. 51, n. 1, 1996, p. 53.

72. Clark S. Knowlton, op. cit., p. 34.

73. Lorenzo A. Corbinos, "Árabes y judíos en Chile: Apuntes sobre la inmigración y la integración social". In: Ignacio Klich (Org.), *Árabes y judíos en América Latina: Historia, representaciones y desafíos*. Buenos Aires: Siglo XXI Editora Iberoamericana, 2006, p. 153.

74. Jorge A. Amaya Banegas, *Los árabes y palestinos en Honduras* (1900-1950). Tegucigalpa: Editorial Guaymuras, 1997, p. 74.

75. Oswaldo Truzzi, op. cit., p. 204.

76. Sérgio T. Lamarão, "Identidade étnica e representação política: Descendentes de sírios e libaneses no Parlamento brasileiro, 1945-1998". Centro de Pesquisa e Documentação de História Contemporânea do Brasil, Fundação Getulio Vargas do Rio de Janeiro (CPDOC-FGV), Rio de Janeiro, 2003.

77. Samira Adel Osman, op. cit., p. 174.

78. Taufik Kurban, op. cit., p. 61.

79. Oswaldo Truzzi, op. cit., p. 53.

80. Taufik Kurban, op. cit., p. 63.

81. Wadih Safady, op. cit., pp. 146-57.

82. Claude F. Hajjar, op. cit., p. 146.

83. Wadih Safady, op. cit., p. 181.

84. Samira Adel Osman, op. cit., p. 172.

85. Clark S. Knowlton, op. cit., p 117.

86. Jorge Amado, *Gabriela, cravo e canela*. 13. ed. Mem-Martins, Sintra: Europa-América, 1977, p. 89.

87. Clark S. Knowlton, op. cit., p. 136.

88. Samira Adel Osman, op. cit., p. 175.

89. Oswaldo Truzzi, op. cit., p. 217.

90. Elaine Meire Vilela, "Sírios e libaneses: Redes sociais, coesão e posição de status", *Revista Brasileira de Ciências Sociais*, v. 26, n. 76, 2011, p. 166.

91. Samira Adel Osman, op. cit., p. 183.

92. Clark S. Knowlton, op. cit., p. 114.

93. Wadih Safady, op. cit., p. 139.

94. Claude F. Hajjar, op. cit., p. 110.

95. Ibid., p. 114.

96. Oswaldo Truzzi, op. cit., p. 58.

97. Taufik Kurban, op. cit., pp. 66-7.

98. "Joseph Safra, o banqueiro mais rico do mundo, é brasileiro", *InfoMoney*, maio 2020.

99. Ibid.

100. Ibid.

101. Renato B. Cristofi, *O orientalismo arquitetônico em São Paulo: 1895-1937*. São Paulo: FAU-USP, 2016. 292 pp. Dissertação (Mestrado em Arquitetura e Urbanismo).

102. Taufik Kurban, op. cit., p. 20.

103. Carlos Drummond de Andrade, "Turcos". In: *Boitempo: Esquecer para lembrar*. São Paulo: Companhia das Letras, 2017.

104. Murilo Meihy, op. cit., p. 177.

105. Ibid., p. 178.

106. Clark S. Knowlton, op. cit., p. 114.

107. Jeffrey Lesser, op. cit., p. 55.

108. Jorge S. Safady, *A imigração árabe no Brasil: I volume da tese*. São Paulo: Edições Garatuja, 1972, p. 227.

109. Ibid.

110. Samira Adel Osman, op. cit., pp. 204-5.

4. SÃO FRANCISCO DO LÍBANO [PP. 70-6]

111. Betty L. Greiber; Lina S. Maluf; Vera C. Mattar, op. cit., p. 300.

112. Ibid., p. 302.

113. Taufik Kurban, op. cit., pp. 193-4.

114. Clark S. Knowlton, op. cit., p. 154.

115. Claude F. Hajjar, op. cit., p 177.

116. Clark S. Knowlton, op. cit., p. 160.

117. Ibid., p. 161.

118. Oswaldo Truzzi, op. cit., p. 126.

119. Ibid., p. 143.

120. Samira Adel Osman, op. cit., p. 199.

121. Oswaldo Truzzi, op. cit., p. 154.

5. INTELECTUAIS E ANDALUZES [PP. 77-90]

122. Slimane Zeghidour, *A poesia árabe moderna e o Brasil*. São Paulo: Brasiliense, 1982, p. 58.

123. Ibid., p. 248.

124. Ibid., pp. 56-8.

125. Ibid., p. 250.

126. Ibid., p. 249.

127. Stacy Fahrenthold, "Sound Minds in Sound Bodies: Transnational Philanthropy and Patriotic Masculinity in Al-Nadi al-Homsi and Syrian Brazil", *International Journal of Middle East Studies*, v. 46, n. 2, 2014.

128. Christoph Schumann, "Nationalism, Diaspora and Civilisational Mission: The Case of Syrian Nationalism in Latin America between World War I and World War II", *Nations and Nationalism*, v. 10, n. 4, 2004, p. 601.

129. Slimane Zeghidour, op. cit., p. 73.

130. Taufik Duoun, op. cit., p. 258.

131. Betty L. Greiber; Lina S. Maluf; Vera C. Mattar, op. cit., pp. 491-501.

132. Taufik Duoun, op. cit., p. 268.

133. Betty L. Greiber; Lina S. Maluf; Vera C. Mattar, op. cit., p. 480.

134. Oswaldo Truzzi, op. cit., p. 199.

135. Manuscrito inédito de Shakir Mustafa.

136. Stacy Fahrenthold, op. cit., p. 269.

137. Ibid., p. 271.

138. Milton Hatoum, *A cidade ilhada*. São Paulo: Companhia das Letras, 2009, p. 37.

139. Ibid., p. 43.

140. Marcelo Maluf, *A imensidão íntima dos carneiros*. São Paulo: Reformatório, 2015, p. 93.

141. Paulo R. Pires, *A marca do Z: A vida e os tempos do editor Jorge Zahar*. Rio de Janeiro: Zahar, 2017.

142. Ibid.

6. HOMENS DE MUITAS FÉS [PP. 91-9]

143. Clark S. Knowlton, op.cit., p. 175.

144. Samira Adel Osman, op. cit., p. 191.

145. Oswaldo Truzzi, "Religiosidade cristã entre árabes em São Paulo", *Religião e Sociedade*, v. 36, n. 2, 2016, p. 280.

146. Wadih Safady, op. cit., p. 280.

147. Oswaldo Truzzi, "Religiosidade cristã entre árabes em São Paulo", op. cit., p. 273.

148. Wadih Safady, op. cit., p. 243.

149. Oswaldo Truzzi, "Religiosidade cristã entre árabes em São Paulo", op. cit., p. 270.

150. Ibid., p. 271.

151. Daniel M. Martins, *Imigração árabe e religiosidade em São José do Rio Preto: Igreja Católica Apostólica Ortodoxa Antioquina*. São Paulo:

Universidade Presbiteriana Mackenzie, 2010. 79 pp. Dissertação (Mestrado em Ciências da Religião).

152. Oswaldo Truzzi, "Religiosidade cristã entre árabes em São Paulo", op. cit., p. 173.

153. Ibid., p. 274.

154. Taufik Duoun, op. cit., p. 221.

155. Wadih Safady, op. cit., p. 306.

156. Clark S. Knowlton, op. cit., p. 99.

157. Manuscrito inédito de John Tofik Karam.

158. Ibid.

7. O HOSPITAL DOS PRESIDENTES [PP. 100-12]

159. Betty L. Greiber; Lina S. Maluf; Vera C. Mattar, op. cit., p. 555.

160. Ibid., p. 548.

161. Oswaldo Truzzi, *Patrícios: Sírios e libaneses em São Paulo*, op. cit., p. 89.

162. Máximo Barro; Roney Bacelli, *Ipiranga: História dos bairros de São Paulo*, v. 14, s.d., p. 111.

163. Betty L. Greiber; Lina S. Maluf; Vera C. Mattar, op. cit., p. 548.

164. Oswaldo Truzzi, *Patrícios: Sírios e libaneses em São Paulo*, op. cit., p. 59.

165. Ibid., p. 60.

166. Betty L. Greiber; Lina S. Maluf; Vera C. Mattar, op. cit., p. 559.

167. Ibid., pp. 630-1.

168. Ibid., p. 631.

169. Taufik Duoun, op. cit., pp. 197-8.

170. Disponível em: <https://www.hospitalsiriolibanes.org.br/institucional/sociedade-beneficente-de-senhoras/Paginas/historia.aspx>. Acesso em: 23 jun. 2020.

171. Claude F. Hajjar, op. cit., p. 135.

172. Betty L. Greiber; Lina S. Maluf; Vera C. Mattar, op. cit., pp. 635-6.

173. Oswaldo Truzzi, *Patrícios: Sírios e libaneses em São Paulo*, op. cit., p. 99.

174. Mônica Tarantino, "O hospital do poder", *IstoÉ*, jan. 2011.

175. Paula Scarpin, "O médico (e o) político", *piauí*, fev. 2012.

176. Ibid.

177. Ibid.

178. Igor Gielow, "Atendimento a Bolsonaro opõe hospitais de ponta de São Paulo", *Folha de S.Paulo*, set. 2018.

179. Ibid.

180. Ibid.

181. Cláudia Collucci, "Não sou garoto-propaganda de nada, diz Kalil, que usou outros remédios além de cloroquina", *Folha de S.Paulo*, abr. 2020.

182. Giulia Vidale, "Como a cloroquina se transformou em um instrumento de guerra ideológica", *Veja*, abr. 2020.

PARTE II

8. CEDROS LIBANESES NO PLANALTO CENTRAL [PP. 115-26]

183. Sérgio T. Lamarão, op. cit.

184. Oswaldo Truzzi, *Patrícios: Sírios e libaneses em São Paulo*, op. cit., p. 149.

185. Diogo Bercito, "Nationalism in a New Syria: Antoun Saadeh and the Latin-American Mahjar", *Malala*, v. 7, n. 10, 2019, pp. 70-80.

186. Christoph Schumann, op. cit.

187. Stacy Fahrenthold, op. cit., p. 263.

188. Clark S. Knowlton, op. cit., p. 163.

189. Claude F. Hajjar, op. cit., p. 160.

190. Clark S. Knowlton, op. cit., p. 164.

191. Oswaldo Truzzi, *Patrícios: Sírios e libaneses em São Paulo*, op. cit., p. 152.

192. Ibid., p. 160.

193. Claude F. Hajjar, op. cit., p. 160.

194. Sérgio T. Lamarão, op. cit.

195. Ibid., p. 162.

196. Clark S. Knowlton, op. cit., p. 164.

197. Sérgio T. Lamarão, op. cit.

198. Oswaldo Truzzi, *Patrícios: Sírios e libaneses em São Paulo*, op. cit., p. 167.

199. John Tofik Karam, op. cit., p. 66.

200. Ibid., p. 185.

201. Ibid., p. 67.

202. Consulado Geral dos Estados Unidos em São Paulo, "São Paulo's Arab Community: Diversity and Divisions Dimiish Political Clout". Telegrama do Wikileaks: 06SAOPAULO498_a. Datado em: 12 mar. 1973.

203. "Brazil: Visitor From Lebanon", *Time*, maio 1954.

204. Fernando Rodrigues, "Viagem ao Oriente", *Folha de S.Paulo*, dez. 2003.

9. ESTREIA DESAFORTUNADA [PP. 127-33]

205. "José João Abdalla", Centro de Pesquisa e Documentação de História Contemporânea do Brasil, Fundação Getulio Vargas.

206. Betty L. Greiber; Lina S. Maluf; Vera C. Mattar, op. cit., p. 81.

207. Ana P. Ragazzi, "O bilionário mais discreto do Brasil colocou as asas de fora", *Exame*, maio 2016.

208. Renée Pereira, "Um bilionário quase anônimo", *O Estado de S. Paulo*, out. 2017.

209. Ana P. Ragazzi, op. cit.

10. CALIFADO DO MINHOCÃO [PP. 134-48]

210. Paulo Salim Maluf; Tão G. Pinto, *Ele: Maluf, trajetória da audácia*. Rio de Janeiro: Ediouro, 2008. pp. 26-7.

211. Ibid., p. 34.

212. Ibid., p. 36.

213. Betty L. Greiber; Lina S. Maluf; Vera C. Mattar, op. cit., p. 182.

214. Ibid., p. 187.

215. Ibid., p. 184.

216. Ibid., p. 188.

217. Ibid., p. 193.

218. Ibid.

219. Ibid., p. 196.

220. "Paulo Maluf", Centro de Pesquisa e Documentação de História Contemporânea do Brasil, Fundação Getulio Vargas.

221. Betty L. Greiber; Lina S. Maluf; Vera C. Mattar, op. cit., p. 196.

222. Paulo Salim Maluf; Tão G. Pinto, op. cit., p. 53.

223. "Paulo Maluf", Centro de Pesquisa e Documentação de História Contemporânea do Brasil, Fundação Getulio Vargas.

224. Ibid.

225. Ibid.

226. Paulo Salim Maluf; Tão G. Pinto, op. cit., p. 203.

227. "Paulo Maluf", Centro de Pesquisa e Documentação de História Contemporânea do Brasil, Fundação Getulio Vargas.

228. Ibid.

229. Paulo Salim Maluf; Tão G. Pinto, op. cit., p. 11.

230. Ibid., p. 48.

231. Oswaldo Truzzi, *Patrícios: Sírios e libaneses em São Paulo*, op. cit., p. 167.

232. Ibid., p. 174.

233. Ibid., p. 173.

234. Murilo Meihy, op. cit., p. 16.

11. DA CASA DE PEDRA AO JABURU [PP. 149-62]

235. Disponível em: <https://www.youtube.com/watch?v=Vz9tX-MNZVk>. Acesso em: 30 jun. 2020.

236. "Michel Temer", Centro de Pesquisa e Documentação de História Contemporânea do Brasil, Fundação Getulio Vargas.

237. Ibid.

238. John Tofik Karam, op. cit., p. 55.

239. Andréia Said; Gabriel Mascarenhas, "Vice abriu caminho com estilo conciliador", *Folha de S.Paulo*, ago. 2015.

240. Isabela Bonfim, "Renan mostra a senadores carta em que chama Temer de 'Mordomo de filme de terror'", *O Estado de S. Paulo*, dez. 2015.

241. Ricardo F. Cruz; Rodrigo Barros, "O vice da Dilma?", *Rolling Stone*, ago. 2009.

242. Valdo Cruz; Daniela Lima; Marina Dias, "Em carta-desabafo a Dilma, Temer diz que foi desprezado", *Folha de S.Paulo*, dez. 2015.

243. Gustavo Uribe, "Impopular e alvo de denúncias, Temer foi refém do Congresso", *Folha de S.Paulo*, dez. 2018.

244. Bruno Boghossian, "Reprovação aumenta e torna Temer o presidente mais impopular da história", *Folha de S.Paulo*, jun. 2018.

12. O RETRATO DO PADRE [PP. 163-73]

245. Clara Becker, "O candidato da esquerda", *piauí*, out. 2011.

246. Ibid.

247. Amador de Arimateia, *Durub muhajir: min Ain Ata ila Brasilia*. Goiânia, 2009, p. 186.

248. Ibid., p. 187.

249. Ibid.

250. Marina Dias; Catia Seabra, "Haddad enfrentou tropeços e tentou sair da sombra de Lula", *Folha de S.Paulo*, out. 2018.

251. "Íntegra: Discurso de Fernando Haddad após derrota eleitoral", *G1*, nov. 2018.

13. SANTO DO GRÃO-DE-BICO [PP. 174-83]

252. Joseph Mahfouz, *Saint Nimatullah Kassab al-Hardini*. Jounieh: The Third Centennial Lebanese Maronite Publications, 2008, p. 23.

253. Ibid., p. 24.

254. Ibid., pp. 40-3.

255. "Canonization of Six New Saints: Homily of John Paul II", Vaticano, maio 2004.

256. "Gilberto Kassab", Centro de Pesquisa e Documentação de História Contemporânea do Brasil, Fundação Getulio Vargas.

257. "PF rastreia R$ 23 milhões da JBS a empresas ligadas a Kassab, afastado por Doria", *Folha de S.Paulo*, jan. 2019.

14. ESFINGE NO TATUAPÉ [PP. 184-91]

258. Stacy Fahrenthold, op. cit., pp. 259-83.

259. Stacy Fahrenthold, *Between the Ottomans and the Entente*. Nova York: Oxford University Press, 2019, p. 44.

260. Shukri Al-Khuri, *Muhadathat Tilifuniya*. São Paulo: Tipografia Editora Árabe, 1941.

261. Roberto Khatlab, "Le parlementaire Libano-Brésilien s'Est Éteint à São Paulo. Ricardo Izar, une Grande Figure Politique et un Lobbyiste Infatigable pour le Liban", *L'Orient-Le Jour*, maio 2008.

262. Ibid.

15. O VINHEDO DAS DIVAS LIBANESAS [PP. 192-201]

263. Taufik Duoun, op. cit., p. 99.

264. Clark S. Knowlton, op. cit., p. 175.

265. Wadih Safady, op. cit., p. 223.

266. Elizabeth Saylor, "Salwa S. Atlas". Disponível em: <https://lebanesestudies.omeka.chass.ncsu.edu/collections/show/67>. Acesso em: 23 jun. 2020.

267. Kamil al-Jaburi, *Mu'ajam al-Udaba' min al-'Asr al-Jahili Hatta Sanat 2002*. Beirute: Dar al-Kutub al-'Ilmiyya, 2003, p. 65.

268. Ellen Fleischmann, "The Other 'Awakening': The Emergence of Women's Movements in the Modern Middle East, 1900-1940", *Globalizing Feminisms, 1789-1945*, Karen Offen (Org.). Abingdon: Routledge, 2010, p. 176.

269. Elizabeth Saylor, "Salwa S. Atlas", op. cit.

270. Salwa Atlas, *Amam al-Mawqid*. São Paulo: Dar al-Tiba'a wa-l-Nashar al-'Arabiyya, 1941, p. 6.

271. Betty L. Greiber; Lina S. Maluf; Vera C. Mattar, op. cit., p. 200.

272. Ibid., p. 203.

273. Rafael Cariello, "O quibe da Jandira", *piauí*, fev. 2014.

16. UM MUÇULMANO EM UM PARTIDO CRISTÃO [PP. 202-11]

274. Disponível em: <https://governo-sp.jusbrasil.com.br/legislacao/116508/lei-23-36>. Acesso em: 23 jun. 2020.

17. O TURCO LOUCO [PP. 212-9]

275. Mílibi Arruba, "Quem é Guilherme Boulos?", *O Estado de S.Paulo*, set. 2020.
276. Diogo Bercito, "Inaugurando campanha internacional, Boulos acena aos palestinos", *Orientalíssimo*, maio 2018.

18. DO OUTRO LADO DO ESPELHO [PP. 220-7]

277. Akram F. Khater, op. cit., p. 112.
278. Ibid., p. 2.
279. "Senhor Abdul Rahim Mourad", *Gazeta de Beirute*, abr. 2013.

BRIMO? [PP. 228-31]

280. Samira Adel Osman, op. cit., p. 175.
281. Roberto Khatlab, "Les Libanais Dans le Monde", *L'Orient-Le Jour*, dez. 2007.

Referências bibliográficas

AKARLI, Engyi D. "Ottoman Attitudes Towards Lebanese Emigration". In: Hourani, Albert; Shehadi, Nadim (Orgs.), *The Lebanese in the World: A Century of Emigration*. Londres: The Centre for Lebanese Studies, 1992.

AKMIR, Abdeluahed (Org.). *Los árabes en América Latina: Historia de una emigración*. Madri: Siglo XXI de España Editores, 2009.

_____. Al-Jālīyāt al-'Arabīyah fī Amrīkā al-Lātīnīyah. Beirute: Markaz Dirāsāt al-Wahdah al-'Arabīyah, 2006. p. 21.

AL-JABURI, Kamil. *Mu'ajam al-Udaba' min al-'Asr al-Jahili Hatta Sanat 2002*. Beirute: Dar al-Kutub al-'Ilmiyya, 2003.

AL-KHURI, Shukri. *Histoire de Finianos*. Beirute: Imprimerie Catholique, 1929.

_____. *Muhadathat Tilifuniya*. São Paulo: Tipografia Editora Árabe, 1941.

AMADO, Jorge. *Gabriela, cravo e canela*. 13. ed. Mem-Martins, Sintra: Europa--América, 1977.

ANDRADE, Carlos Drummond de. "Turcos" In: *Boitempo: Esquecer para lembrar*. São Paulo: Companhia das Letras, 2017.

ARIMATEIA, Amador de. *Durub muhajir: min Ain Ata ila Brasilia*. Goiânia: 2009.

ATLAS, Salwa. *Amam al-Mawqid*. São Paulo: Dar al-Tiba'a wa-l-Nashar al--'Arabiyya, 1941.

BANEGAS, Jorge A. Amaya. *Los árabes y palestinos en Honduras (1900-1950)*. Tegucigalpa: Editorial Guaymuras, 1997.

BARRO, Máximo; BACELLI, Roney. *Ipiranga: História dos bairros de São Paulo*, v. 14, s.d. p. 111.

BECKER, Clara. "O candidato da esquerda", *piauí*, out. 2011.

BERCITO, Diogo. "Nationalism in a New Syria: Antoun Saadeh and the Latin--American Mahjar", *Malala*, v. 7, n. 10, 2019. pp. 70-80.

_____. "Passing a Camel Through Ellis Island: Arab-American Press and the Immigration Act of 1924", *Khayrallah Center For Lebanese Diaspora Studies*, ago. 2019.

BOGHOSSIAN, Bruno. "Reprovação aumenta e torna Temer o presidente mais impopular da história", *Folha de S.Paulo*, jun. 2018.

BONFIM, Isabela. "Renan mostra a senadores carta em que chama Temer de 'Mordomo de filme de terror'", *O Estado de S. Paulo*, dez. 2015.

"Brazil: Visitor From Lebanon", *Time*, maio 1954.

"Canonization of Six New Saints: Homily of John Paul II", Vaticano, maio 2004.

CARIELLO, Rafael. "O quibe da Jandira", *piauí*, fev. 2014.

COLLUCCI, Cláudia. "Não sou garoto-propaganda de nada, diz Kalil, que usou outros remédios além de cloroquina", *Folha de S.Paulo*, abr. 2020.

Consulado Geral dos Estados Unidos em São Paulo. "São Paulo's Arab Community: Diversity and Divisions Dimiish Political Clout." Telegrama do WikiLeaks: 06SAOPAULO498_a. Datado em: 12 mar. 1973.

CORBINOS, Lorenzo A. "Árabes y judíos en Chile: Apuntes sobre la inmigración y la integración social". In: KLICH, Ignacio (Org.). *Árabes y judíos en América Latina: Historia, representaciones y desafíos*. Buenos Aires: Siglo XXI Editora Iberoamericana, 2006.

CRISTOFI, Renato B. *O orientalismo arquitetônico em São Paulo: 1895-1937*. São Paulo: FAU-USP, 2016. 292 pp. Dissertação (Mestrado em Arquitetura e Urbanismo).

CRUZ, Ricardo F.; BARROS, Rodrigo. "O vice da Dilma?", *Rolling Stone*, ago. 2009.

CRUZ, Valdo; LIMA, Daniela; DIAS, Marina. "Em carta-desabafo a Dilma, Temer diz que foi desprezado", *Folha de S.Paulo*, dez. 2015.

DAIF, Rashid. *Tablit al-bahr*. Beirute: Riad El-Rayyes Books, 2011.

DELAGE, Paulo. *Igreja Evangélica Árabe de São Paulo: Inserção, estruturação e expansão na adversidade-diversidade sociocultural da cidade de São Paulo*. São Paulo: Universidade Presbiteriana Mackenzie, 2009. 154 pp. Dissertação (Mestrado em Ciências da Religião).

DIAS, Marina; SEABRA, Catia. "Haddad enfrentou tropeços e tentou sair da sombra de Lula", *Folha de S.Paulo*, out. 2018.

DUOUN, Taufik. *A emigração sírio-libanesa às terras da promissão*. São Paulo: Tipografia Editora Árabe, 1944.

FAHRENTHOLD, Stacy. *Between the Ottomans and the Entente*. Nova York: Oxford University Press, 2019. p. 44.

_____. "Sound Minds in Sound Bodies: Transnational Philanthropy and

Patriotic Masculinity in Al-Nadi al-Homsi and Syrian Brazil", *International Journal of Middle East Studies*, v. 46, n. 2, 2014. pp. 259-83.

FARHAT, Emil. *Dinheiro na estrada: uma saga de imigrantes*. São Paulo: T.A. Queiroz, 1986.

FAUSTO, Bóris (ed.) *Imigração e Política em São Paulo*. São Paulo: Sumaré, 1995.

FLEISCHMANN, Ellen. "The Other 'Awakening': The Emergence of Women's Movements in the Modern Middle East, 1900-1940", *Globalizing Feminisms, 1789-1945*, Karen Offen (Org.). Abingdon: Routledge, 2010. p. 176.

GATTAZ, André. *Do Líbano ao Brasil*. Salvador: Pontocom, 2012.

GIELOW, Igor. "Atendimento a Bolsonaro opõe hospitais de ponta de São Paulo". *Folha de S.Paulo*, set. 2018.

"Gilberto Kassab", Centro de Pesquisa e Documentação de História Contemporânea do Brasil, Fundação Getulio Vargas.

GONZÁLEZ, Nancie. *Dollar, Dove, and Eagle: One Hundred Years of Palestinian Migration to Honduras*. Ann Arbor: The University of Michigan Press, 1992. pp. 64-5.

GREIBER, Betty L.; MALUF, Lina S.; MATTAR, Vera C. *Memórias da imigração: Libaneses e sírios em São Paulo*. São Paulo: Discurso Editorial, 1998.

HAJJAR, Claude F. *Imigração árabe: 100 anos de reflexão*. São Paulo: Cone, 1985.

HATOUM, Milton. *A cidade ilhada*. São Paulo: Companhia das Letras, 2009. p. 37.

HAUSER, Karim; GIL, Daniel (Orgs.). *Contribuciones árabes a las identidades iberoamericanas*. Madri: Casa Árabe, 2009.

HOURANI, Albert; SHEHADI, Nadim (Orgs.) *The Lebanese in the World: A Century of Emigration*. Londres: The Centre for Lebanese Studies, 1992.

"Íntegra: Discurso de Fernando Haddad após derrota eleitoral", *G1*, nov. 2018.

IOSCHPE, Gustavo. "Aos vencedores, as batatas", *Folha de S.Paulo*, jan. 1999.

JABOR, Arnaldo. "Temos de beber desta lama luminosa e vital", *Folha de S.Paulo*, abr. 2000.

"José João Abdalla", Centro de Pesquisa e Documentação de História Contemporânea do Brasil, Fundação Getulio Vargas.

"Joseph Safra, o banqueiro mais rico do mundo é brasileiro", *InfoMoney*, maio 2020.

KABCHI, Raymundo (Org.). *El mundo árabe y América Latina*. Madri: Ediciones Libertarias, 1997.

KARAM, John Tofik. *Another Arabesque. Syrian-Lebanese Ethnicity in Neoliberal Brazil*. Filadélfia: Temple University Press, 2007.

_____. Manuscrito inédito. (no prelo)

KHATER, Akram F. *Inventing Home: Emigration, Gender, and the Middle Class in Lebanon 1870-1920*. Berkeley: University of California Press, 2001.

KHATLAB, Roberto. *As viagens de dom Pedro II*. São Paulo: Benvirá, 2015.

_____. "Le parlementaire Libano-Brésilien s'Est Éteint à São Paulo. Ricardo Izar, une Grande Figure Politique et un Lobbyiste Infatigable pour le Liban", *L'Orient-Le Jour*, maio 2008.

_____. "Les Libanains Dans le Monde", *L'Orient-Le Jour*, dez. 2007.

KLICH, Ignacio (Org.). Árabes y judíos en América Latina: Historia, representaciones y desafíos. Buenos Aires: Siglo XXI Editora Iberoamericana, 2006.

KNOWLTON, Clark S. *Sírios e libaneses*. São Paulo: Anhambi, 1960.

KURBAN, Taufik. *Syrios e libanezes no Brasil*. São Paulo: Sociedade Impressora Paulista, 1933.

LABAKI, Boutros. "Lebanese Emigration During the War". In: HOURANI, Albert; SHEHADI, Nadim (Orgs.), *The Lebanese in the World: A Century of Emigration*. Londres: The Centre for Lebanese Studies, 1992.

LAMARÃO, Sérgio T. "Identidade étnica e representação política: Descendentes de sírios e libaneses no Parlamento brasileiro, 1945-1998". Centro de Pesquisa e Documentação de História Contemporânea do Brasil, Fundação Getulio Vargas do Rio de Janeiro (CPDOC-FGV), Rio de Janeiro, 2003.

LESSER, Jeffrey. *Negotiating National Identity: Immigrants, Minorities and the Struggle for Ethnicity in Brazil*. Durham: Duke University Press, 1999.

_____. "(Re)Creating Ethnicity: Middle Eastern Immigration to Brazil", *The Americas*, v. 51, n. 1, 1996. pp. 45-65.

MAHFOUZ, Joseph. *Saint Nimatullah Kassab al-Hardini*. Jounieh: The Third Centennial Lebanese Maronite Publications, 2008.

MALUF, Marcelo. *A imensidão íntima dos carneiros.* São Paulo: Reformatório, 2015.

MALUF, Paulo S.; PINTO, Tão G. *Ele: Maluf, trajetória da audácia*. Rio de Janeiro: Ediouro, 2008.

MARTINS, Daniel M. *Imigração árabe e religiosidade em São José do Rio Preto: Igreja Católica Apostólica Ortodoxa Antioquina*. São Paulo: Universidade Presbiteriana Mackenzie, 2010. 79 pp. Dissertação (Mestrado em Ciências da Religião).

MEIHY, Murilo. *Os libaneses*. São Paulo: Contexto, 2016.

"Michel Temer", Centro de Pesquisa e Documentação de História Contemporânea do Brasil, Fundação Getulio Vargas.

NAFF, Alixa. *Becoming American: The Early Arab Immigrant Experience*. Carbondale: South Illinois University Press, 1985.

OSMAN, Samira Adel. *Imigração árabe no Brasil: Histórias de vida de libaneses muçulmanos e cristãos*. São Paulo: Xamã, 2011.

"Paulo Maluf", Centro de Pesquisa e Documentação de História Contemporânea do Brasil, Fundação Getulio Vargas.

PEREIRA, Renée. "Um bilionário quase anônimo", *O Estado de S. Paulo*, out. 2017.

"PF rastreia R$ 23 milhões da JBS a empresas ligadas a Kassab, afastado por Doria", *Folha de S.Paulo*, jan. 2019.

PIRES, Paulo R. *A marca do Z: A vida e os tempos do editor Jorge Zahar.* Rio de Janeiro: Zahar, 2017.

PITTS JR., Montie B. "Forging Ethnic Identity Through Faith: Religion and the Syrian--Lebanese Community in São Paulo". Nashville: Faculty of Graduate School da Universidade Vanderbilt, 2006. (Mestrado em Estudos Latino-Americanos).

RAGAZZI, Ana P. "O bilionário mais discreto do Brasil colocou as asas de fora", *Exame*, maio 2016.

RODRIGUES, Fernando. "Viagem ao Oriente", *Folha de S.Paulo*, dez. 2003.

ROGAN, Eugene. *The Arabs: A History.* Nova York: Hachette, 2017.

SADI, Andréia; MASCARENHAS, Gabriel. "Vice abriu caminho com estilo conciliador", *Folha de S.Paulo*, ago. 2015.

SAFADY, Jorge S. *A imigração árabe no Brasil: I volume da tese.* São Paulo: Edições Garatuja, 1972.

SAFADY, Wadih. *Cenas e cenários dos caminhos de minha vida.* Belo Horizonte: Santa Maria, 1966.

SCARPIN, Paula. "O médico (e o) político", *piauí*, fev. 2012.

SCHUMANN, Christoph. "Nationalism, Diaspora and Civilisational Mission: The Case of Syrian Nationalism in Latin America between World War I and World War II", *Nations and Nationalism*, v. 10, n. 4, 2004, p. 601.

"Senhor Abdul Rahim Mourad", *Gazeta de Beirute*, abr. 2013.

SIMÃO, José. "Ueba! Melô a CPI e fiquemo sem Grana Garib", *Folha de S.Paulo*, jul. 1999.

_____. "Grana Garib! Turcocircuito em Sampa", *Folha de S.Paulo*, jul. 1999.

TARANTINO, Mônica. "O hospital do poder", *IstoÉ*, jan. 2011.

TEMER, Michel. "Leia poemas de Michel Temer", *Folha de S.Paulo*, jan. 2013.

TRABOULSI, Fawwaz. *A History of Modern Lebanon.* Nova York: Pluto Press, 2007.

TRUZZI, Oswaldo. "Religiosidade cristã entre árabes em São Paulo", *Religião e Sociedade*, v. 36, n. 2, 2016. pp. 266-91.

_____. *Patrícios: Sírios e libaneses em São Paulo.* São Paulo: Hucitec, 1997.

URIBE, Gustavo. "Impopular e alvo de denúncias, Temer foi refém do Congresso", *Folha de S.Paulo*, dez. 2018.

VIDALE, Giulia. "Como a cloroquina se transformou em um instrumento de guerra ideológica", *Veja*, abr. 2020.

VILELA, Elaine Meire. "Sírios e libaneses: Redes sociais, coesão e posição de status", *Revista Brasileira de Ciências Sociais*, v. 26, n. 76, 2011.

ZEGHIDOUR, Slimane. *A poesia árabe moderna e o Brasil.* São Paulo: Brasiliense, 1982.

Índice remissivo

25 de Março, rua em São Paulo, 74; concentração de imigrantes sírio--libaneses na, 11, 62, 65, 151; família Abdalla na, 131; família Estefno na, 138; família Haddad na, 164, 168; família Jafet e, 101; família Khuri na, 82; família Mourad na, 204; igreja greco-ortodoxa na, 95; igreja maronita na, 93

Aabadie, Líbano, 177, 179-81, 183
Abássida, califado, 28
Abdul Rahman ver Mohamad, Abdul Rahman
Abdalla, Amélia, 128
Abdalla, Assad, 131
Abdalla, família: imigração para o Brasil, 128
Abdalla, João, 128
Abdalla, José João, 127-8, 131, 133, 145; em Birigui, 128; carreira política, 129; como empresário bem-sucedido, 129; em Jundiaí, 128; preso por sonegação de impostos, 130
Abdalla, Juca, 127, 128, 130-1; milionário de perfil discreto, 132
Abdalla, Rosa, 130-1
Abdessalém, Mansur, 53
Abeneder, Aparecida, 214, 217

Abeneder, Bechara, 217
Abkar (C. Maluf), 79, 87
Abou-Jaoudé, Jean, 230
Abreu Sodré, Roberto Costa de, 141
Abu al-Hul (jornal), 186
Acordo de Taif, 1990, 34
Acre, 29, 84, 115
"adeus do comandante, O" (Hatoum), 85
Adura, Hussni, 97
Afif Domingos, Guilherme, 22, 178, 205
Agenda Parlamentar 97 ou Agenda Brasil, 159
Ahad, Jabur Abd al-, 71
Ain Ata, Líbano, 10, 19, 36, 38, 118, 163-7, 170, 172-3; religião em, 49
Al Janiah (restaurante em São Paulo), 219
Aladdin (personagem), 28
Al-Afkar (jornal), 58, 78
Al-Assmahi (jornal), 77, 186
Alckmin, Geraldo, 107, 144
Alcorão, 203
Alemanha, alemães: como mascates, 59; na Segunda Guerra Mundial, 32; nazista, 181
Alencar, José, 107
Aleppo, Síria, 64
Alfândega, rua da, no Rio de Janeiro, concentração de imigrantes sírio--libaneses na, 62

Al-Fayha (jornal), 77
Ali Babá (personagem), 28
Ali, Muhammad (príncipe egípcio), 97
Al-Karma [O Vinhedo] (revista), 194
Almeida Prado, Armando Ferraz de, 142
Al-Munazir (jornal), 77
"Al-Umm al-Ghariba" [A mãe estranha] (Atlas), 195
Al-Usba al-Andalusia (revista), 78
Al-Watanie (jornal), 104
Amado, Jorge, 59
Amam al-Mawqid [Na frente da lareira] (antologia), 195
América, como destino de imigrações sírio-libanesas, 39, 47
América do Sul, 125
América Latina, 77, 107, 137; imigração sírio-libanesa para a, 18
Americana (SP), 129
Amin, Esperidião, 22
Anápolis (GO), 109
Andrade Gutierrez, empreiteira, 132
Andrade, Castor de, 143
Andraus, Abrão, 65
Another Arabesque (Karam), 20
Ansarah, Faris Nicolau, 73
Antioquia (greco-ortodoxos), 95
Aoun, Michel, 126, 223
Aparecida do Norte (SP), 128
Arábia Saudita, 97
Arafat, Yasser, 33
Aranha, Oswaldo, 68
Arapi, Sami, 105
Araraquarense, estrada de ferro, 96
Arena (Aliança Renovadora Nacional), 74, 115, 142, 216
Argélia, 77
Argentina, 54, 92, 117, 164, 167; destino das imigrações sírio-libanesas, 40, 49, 79; família Kassab imigra para a, 180; literatura dos imigrantes sírio-libaneses, 79
armênios, 60
Assad, Bashar al-, 222
Assad, Hafez al-, 222
Ássade Filho, 193
Assange, Julian, 123

Assembleia Constituinte (1946), 129
Associação Beneficente A Mão Branca, 69
Associação Comercial de São Paulo, 142
Associação da Amizade Brasil-Líbano, 230
Associação da Imprensa Libanesa, 78
Associação do Sanatório Sírio, 69
Assy, Mamede, 85
Assy, Naha, 84
Athie, Myryam, 159
Atlas, George, 195-6
Atlas, Jurj, 118, 194, 196
Atlas, Salwa Salama, 118, 194, 196; como editora, 195; como escritora, 195; como líder, 196
Atlas, Samoel, 196
Aun, Kalim Aidar, 193
Austrália, imigrantes libaneses para a, 49
avenida Paulista, São Paulo, 75, 103, 171; casa de Assad Abdalla na, 131
Avignon, França, 220
Ayrton Senna, rodovia, 143
Ayrton Senna, túnel, 144
aywa [sim], 151
Azzikra (jornal), 97

Baalbek, Líbano, 74, 135
Baalbek, templo romano, 51
Badaró, José Duarte, 28
Bagdá, 28, 136
Bahia, 142
Balish, Salim e Duaybis, 77
Banco Clássico, 127, 132
Banco da Capital, 129
Banco Interestadual do Brasil, 129
Banco Nacional de Desenvolvimento Econômico (BNDE), 142
Banco Safra, 64
Barbalho, Elcione, 192
Barbar, Bassam, 150, 153, 155
Barcelona, 180
Barra Funda, bairro em São Paulo, 137
Barros Filho, Ademar de, 108

Barros, Ademar de, 93, 96, 129, 210; acusado de corrupção, 21; Hospital Sírio-Libanês e, 104; José João Abdalla e, 128-9

Basbus, família, 183

Bassitt, Bady, 120

Batroun, praia no Líbano, 150

Bdadoun, Líbano, 197-8

Beija-Flor, escola de samba, 132

Beirute, bairro no Acre, 84

Beirute, Líbano, 13-4, 32, 117, 167, 233; após a guerra civil, 35; cidade-irmã de São Paulo, 123; explosão no porto (2020), 126; ocupada por Israel, 34; origem do cristianismo em, 29; Paulo Maluf em, 134; residência de Carlos Eddé, 220, 222; saída dos primeiros imigrantes com destino ao Brasil, 12, 53; superpopulação em, 38

Beirute (time de futebol libanês), 34

Beit El Chaar, Líbano, 70

Beit Kassab, Líbano, 176

Beit Meri, Líbano, 93

Bela Vista, bairro de Tietê (SP), 151, 156

Belém, Cisjordânia, 53

Belo Horizonte, 94, 97

Biblos, Líbano, 220, 230

Bienal Internacional de Arte de São Paulo, 89

Bikfaya, Líbano, 37, 185

Birigui (SP), 128

Bitar, Alejandro, 89

Bloco Nacional Libanês, partido político, 220-3

Boa Esperança (MG), 97

Boicote, Desinvestimento e Sanções (BDS), movimento antissionista, 218

Bolívia, 84

Bolsonaro, Eduardo, 110

Bolsonaro, Jair, 109-10, 126, 172, 210-1

Bonduki, Gabriel Issa, 196

Boston, 136, 139

Boulos Filho, Pedro Paulo, 216

Boulos, Chikrala, 214-5

Boulos, família, em São Paulo, 215

Boulos, Fausi, 216

Boulos, Guilherme, 212-9; apoio à causa palestina, 218; candidato a prefeito de São Paulo, 216; candidato à presidência, 216; carreira política, 216; formação em filosofia na USP, 216; religião, 217; viagem à Cisjordânia, 218; visitas ao Líbano, 215, 217

Boulos, Iskandar, 212, 217; imigração para o Brasil, 213; morte de, 215

Boulos, Marcos, 213-4, 217

Boulos, Pedro Paulo, 214, 216

Brás, bairro de São Paulo, 48

Brasil, como destino da imigração libanesa ver imigração sírio--libanesa ao Brasil

Brasília, 36, 95, 159, 162, 166-7

Brasiliense, editora, 80

Btaaboura, Líbano, 10, 116, 147, 149-54, 156-7, 159, 162-3; origem da palavra, 150

Bucci, Eugênio, 168

Buenos Aires, 18; como destino das imigrações sírio-libanesas, 45

Burj al-Barajne, Líbano, 84

Busaid, Alfredo, 75

Cairo, 14, 225

Caixa Econômica Federal, 141, 162

Câmara de Comércio Árabe--Brasileira, 18

Camasmie, Paulo Taufik, 97

Caminhos de um imigrante (Khodr), 170

Campinas (SP), 138

Campos do Jordão (SP), 214, 216

Campos dos Goytacazes (RJ), 88

Canadá, destino dos imigrantes sírio--libaneses, 39, 54

canal de Suez, abertura do, 38

Canção Nova (canal de TV), 95

Cardoso, Fernando Henrique, 158

Cariello, Rafael, 198

Carioba, indústrias, 129

Carlos, Fauze, 145

carnaval, 132
Carnegie Hall, Nova York, 197
Cartago, 27
Casa Grande Hotel Resort & Spa, 139
Casa Guarany, 137
Cassab, família, 182
Castro, Maria Ivete, 217
Catanduva (SP), 140
Catedral Metropolitana Ortodoxa de São Paulo, 131
Catedral Nossa Senhora do Líbano (São Paulo), 93, 94
catolicismo, 31, 59, 91-4, 96, 156, 164; apostólico romano, 91-4, 155; maronita, 221
Cavalcanti, Mozarildo, 133
Ceará, 121
CEG Rio, 132
Cenas e cenários dos caminhos de minha vida (Safady), 40, 193
Centro Acadêmico XI de Agosto, 168-9
Centro Cultural Árabe-Sírio, 69
Chacra, Antonio Roberto, 106
Chacra, Guga, 82, 106
Chacur, Mussa, 41
Chaib, Nagib, 120
Chalita, Gabriel, 22, 171
Chamma, família, 156
Chamoun, Camille, 125
Chams (revista), 124
Charbel, santo, 95, 175
Chehade, Germanos, 95
Chidiák, escola, 71
Chile, 56
Chohfi, família, 111
Chohfi, Niazi, 99
Chouf, Líbano, 82
cidade ilhada, A (Hatoum), 85
Cingapura, projeto habitacional, 143
cloroquina, 110
Clube Atlético Monte Líbano, São Paulo, 68, 105, 112
Clube Homs (Al-Nadi al-Homsi), São Paulo, 81, 118, 195
Clube Líbano, 191
Clube Monte Líbano, Brasília, 166

Clube Sírio-Libanês do Amazonas, 84
Colégio Arquidiocesano, São Paulo, 71, 92
Colégio Protestante Sírio, 43
Collor de Mello, Fernando, 161, 200
Collucci, Cláudia, 110
Comitê de Contingenciamento para Emergências, 111
Companhia de Cimento Portland Perus, 129
Companhia Energética de Minas Gerais (Cemig), 132
comunidade muçulmana do Brasil, 124
Conchas (SP), políticos libaneses em, 119
confessionalismo (Líbano), 33, 224
conflitos étnicos e religiosos como causa das imigrações sírio-libanesas, 39-41, 43
Constantino (filme), 81
Copa do Mundo, México (1970), 141
Copa do Mundo, Rússia (2018), torcida brasileira em Beirute, 231
copo de cólera, Um (Nassar), 83
Corinthians, 131
coronavírus, pandemia (2020), 110-1
corrupção, políticos de origem árabe e, 20-1
Costa Rica, 56
Country Club, Rio de Janeiro, 132
Coury, Athiê Jorge, 145
Covas, Mário, 105, 144
covid-19, 110-1
Cozen, Claudia, 109
crise econômica, Líbano, 39
crise industrial, Líbano, 38
cristãos, cristianismo, 29, 31-2, 34, 40, 91, 96, 98, 124, 135, 146, 150, 154-5, 164, 174, 203; fatia no poder do Líbano, 34; maronita, 224; ortodoxo, 88, 128, 130, 165; perseguidos no Império Otomano, 39, 40
Cristofi, Renato, 65
Cuba, 54
culinária árabe, 14-5
Cume, Jayme (bisavô do autor), 228-30
Cunha, Eduardo, 160

Curi, Chucri, 77, 185-8; como editor, 17
Curi, Isabel, 187, 189
Curi, Mathilde, 186
Curi, Najla, 189
Cury, Cristiane Abdon, 144
Cury, Otavio, 80-2
Cutait, Daher, 105
Cutait, Raul, 105

Dabus, Munira, 82
Dabus, Raduan, 82
Daif, Rashid al-, 36, 52
Damasco, Síria, 13, 28, 123, 225-6, 228-9; visita de dom Pedro II a, 51
Dar al-Aytam al-Suriyya (orfanato sírio em São Paulo), 195
Datafolha, 162
d'Ávila, Manuela, 172
Del Picchia, Menotti, 68
Delfim Netto, Antonio, 141
Dhour El Choueir, Líbano, 100
Dia da Independência da Síria, 123
Dia do Líbano, 123
Diário do Paraná, 67
Diário Popular, 207
Dib, Heloisa, 18
Dicionário Histórico Biográfico Brasileiro, 116
Din, Fakhr al-, 30
Dinheiro na estrada (Farhat), 50
Diogo, Adriano, 202, 203
Diretas Já, 208
Diretoria de Senhoras (Hospital Sírio--Libanês), 111
ditadura militar, 107, 115, 120, 129-30, 141, 189, 208
Dois irmãos (Hatoum), 83, 86
Doria, João, 111, 171, 178
Drummond de Andrade, Carlos, 66
drusos, 30-1, 40, 91, 164, 173, 180; embates com maronitas, 31
Duailibi, Julia, 83
Duoun, Taufik, 16, 39-40, 50, 52, 78, 97, 103, 193

Eddé, Carlos, 138, 220-4; como analista político, 223, 224; como líder oposicionista no Líbano, 223; mestrado na Universidade Georgetown, 221; religião e, 221
Eddé, cidade no Líbano, 220
Eddé, Émile, 220-1, 224
Eddé, família, 225
Eddé, Lody, 221
Eddé, Pierre, 220-2
Eddé, Raymond, 220-1
Egito, 51, 209
Ehden, Líbano, 185
Eid, Calim, 143
El Salvador, 56
Eletrobras, 132
Elias, são, 165
Embratur, 115
Emergency Quota Act (EUA, 1921), 56
emigração sírio-libanesa às terras da promissão, A (Duoun), 16, 193
Emirados Árabes Unidos, 86
Enem (Exame Nacional do Ensino Médio), 170
Engie Energia, 132
Ephram, santo, 175
Erundina, Luiza, 143, 216
Escola de Cadetes de São Paulo, 104
Escola de Idiomas Yázigi, 71
Escola Islâmica Brasileira, 206
Escola Paulista de Medicina, 106
Escola Politécnica da USP, 76, 140
Escot, Marie, 88
espiritismo, 99
Espírito Santo, 88
Esporte Clube Sírio, 69, 105
Estado de S. Paulo, O, 132, 144, 220
Estado Novo (1937-46), 119-20, 128
Estados Unidos, 54, 61, 100, 108, 123-4, 135, 139, 186, 189; atentados de Onze de Setembro, 223; como destino das imigrações sírio--libanesas, 37, 39-5, 49, 154; e o Império Otomano, 43; limitação na entrada dos imigrantes sírio--libaneses nos, 55-6; literatura dos imigrantes sírio-libaneses, 79; mestrado de Carlos Eddé nos, 223; Oriente Médio e, 210

Estefno, Maria, 10, 137-9, 141, 194
Estefno, Miguel, 137-40
Estefno, Teófilo, 140
Eucatex, 137, 140-1
Eufrates, rio, 28
Europa: e o Império Otomano, 43; imigrantes libaneses para a, 49
Exame, 132

Fábrica de Papel Carioca, 129
Facebook, 199
Faculdade de Direito da USP (São Francisco), 72-5, 77, 158, 190; formação de libaneses na, 119
Faculdade de Medicina da USP, 215
Faculdade de Medicina de São Paulo, 72
Faculdade Nacional de Medicina do Rio de Janeiro, 128
Fadi, padre, 175
Fahrenthold, Stacy, 118
Faisal II, 136
Fajuri, Raul Tarek, 124
Falange espanhola, 181
Falcão, Rui, 202, 206
Faraj, Fadi, 167
Faraj, família, 167
Faraj, Fayez Naaman, 167
Faraj, Sandra, 91, 167
Farhat, Catharina, 200
Farhat, Emil, 50
Farhat, família, 84
Farhat, Said, 84, 115
Faria Lima, avenida em São Paulo, 143
fascismo, 117; italiano, 181
Fatat Lubnan (revista), 194, 195
Federação das Associações Muçulmanas do Brasil (Fambras), 208, 210
Feghali, Albert, 198
Feghali, Jandira, 22-3, 192, 197-8, 200; acusada de corrupção, 199; carreira política, 198; como empresária, 199; na Frente Parlamentar da Saúde, 198; lei Maria da Penha e, 198
Feghali, Ricardo, 200
fenícios, 27, 28

Ferreira, Rogê, 169
Figueiredo, Dulce, 108
Figueiredo, João Baptista, 84, 107-8, 115, 142, 144
Fisk, Robert, 181
Folha de S.Paulo, 14, 20-1, 109-10, 126, 172
Fórmula 1, Grande Prêmio São Paulo, 109
Fortaleza, 97
Fórum de Jovens Empreendedores, 178
França, 31; conquista do Líbano, 19; controle de Síria e Líbano após a queda do Império Otomano, 32, 47; maronitas e, 31; na Segunda Guerra Mundial, 32
Franco Montoro, André, 158
Fundação Ford, 144
Fundação Getulio Vargas, 116
Furnas, 162

Gabeira, Fernando, 22
Gabriel, Catarina, 102
Gabriela, cravo e canela (Amado), 59
Garib, Hanna, 21, 123
Garotinho, Clarissa, 192
Gattaz, André, 41, 47-8
Gattaz, Mentha, 47
Gazeta de Beirute, 225-6
Gebara, família, 103
Gebara, Nakle, 53
Geisel, Ernesto, 115, 130, 142
Gemayel, Pierre, 181
Genro, Tarso, 169
Ghada, família, 151
"gharib" [estranho], 45
Ghazze, Líbano, 203, 205, 207, 225, 230
"ghurba" [estranhamento, separação], 45, 83
Gibran, Gibran Khalil, 79
Gielow, Igor, 109
GloboNews, 83
Goiânia, 166, 170
Gomes Pinto, Tão, 136, 143-4
Goussain, Norma Teresa, 164
Grande Síria, 117

Granja do Torto, 109
greco-ortodoxos *ver* ortodoxos
Greiber, Betty Loeb, 117, 138, 193
Grupo Parlamentar Brasil-Líbano, 121, 184-5, 190, 192, 199
Grupo Ruptura, movimento concreto, 89
Guaratinguetá (SP), 128
Guarujá (SP), 139
Guarulhos (SP), 49, 207-8
Guerra Civil Libanesa (1975-90), 13, 48, 98, 112, 181, 188, 189, 204, 221, 224; final, 34
guerra do pente, 66
Guerra do Yom Kippur (1973), 207
Gushiken, Luiz, 107

Habib's, 15
Hadath, Líbano, 10, 19, 134-5, 146, 163
Haddad, Abdalla (depois Assad Abdalla), 130, 148: imigração para o Brasil, 130
Haddad, Adul, 148
Haddad, Alberto, 148
Haddad, Ana Estela, 169, 171
Haddad, Assad, 164
Haddad, Corgie, 131
Haddad, família, 18-9, 23; no Líbano, 38, 163-5; imigração para o Brasil, 47, 49, 164, 166; em São Paulo, 166, 168; visitas ao Líbano, 167
Haddad, Fernando, 10, 15, 91, 115, 144, 148, 163-73, 213, 229; candidato a presidente, 172, 216; casamento com Ana Estela, 169; como ministro da Educação, 169-70; como prefeito de São Paulo, 171, 178; formação em direito na São Francisco, 168; loja na rua 25 de Março, 62; na Secretaria de Finanças de São Paulo, 169; no Ministério do Planejamento de Lula, 169; orgulho da origem libanesa, 179; política estudantil na São Francisco, 169; relação com o avô, 173; visitas ao Líbano, 19, 118, 170

Haddad, Habib al-, 10, 163-6, 168, 170, 172-3, 229
Haddad, Khalil (Felipe), 62, 164-5, 172
Haddad, Norma, 171
Haddad, Youssef, 148
Haddad, Zacharias, 23
Hadiqat al-Khutab [Jardim de discursos], 195
Hagia Sofia, Istambul, 131
Haidar, Fadlo, 23
Haidar, família, 111
Haidar, Mussa Abu, 95
Haiti, 56
Hajjar, Basílio, 97
Hajjar, Claude Fahd, 14, 58, 117
Hajjar, Ludhmila, 62, 109-10
Hajjar, Samir, 109
halal, produtos aceitos pelo islamismo, 208, 211
Hama, Síria, 96
Hankash, Najib, 157
Hannud, família, 111
Haq, Ismail Abd al-, 173
Haq, Nazira al-, 173
Hardine, Líbano, 150, 174, 176, 183
Hardini, Nimatullah Kassab al- (santo Kassab), 174-6, 183
Hariri, Rafik, 125
Hariri, Saad, 227
Hasbaya, Líbano, 102
Hatoum, Fadel, 84
Hatoum, Hassan, 84-5
Hatoum, Milton, 83-7
Helu, Wadih, 21
Henriques, Fred, 218
Hiss, Miguel, 193
Hizbullah, 34, 98, 135; presença no Líbano, 34
Homs (jornal), 81
Homs, Síria, 80, 82, 130, 194
Hospedaria dos Imigrantes, 17, 57
Hospital Albert Einstein, 106-7, 109
Hospital Beneficência Portuguesa, 103, 106
Hospital das Clínicas, 108
Hospital do Coração, 69, 108
Hospital Italiano, 103

Hospital Matarazzo, 106
Hospital Oswaldo Cruz, 103, 106
Hospital Santa Cruz, 106
Hospital Sírio-Libanês, 100-12, 194
Hotel Comfort, Monte Líbano, 197
Hrawi, Elias, 126
Husseini, Hussein al-, 134

Idade Média, 111
Iêmen, 77
iFood, 216
Igreja Católica *ver* catolicismo
Igreja de São Elias, Ain Ata, Líbano, 165
Igreja de São Francisco, São Paulo, 93
imensidão íntima dos carneiros, A (M. Maluf), 87
imigração, generalizada no final do século XIX, 42
imigração alemã no Brasil, 103, 106
imigração árabe, A (Hajjar), 117
imigração árabe no Brasil, A (J. Safady), 68
Imigração árabe no Brasil (Osman), 16, 194
imigração italiana no Brasil, 106, 116, 121
imigração japonesa no Brasil, 106
imigração de judeus no Brasil, 106, 109
imigração portuguesa no Brasil, 63, 106
imigração sírio-libanesa ao Brasil, 13-23, 44, 50; nas artes plásticas, 89; ascensão social, 102; atividade jornalística, 77-8, 82; atividade literária, 79, 83-9; de cristãos, 48; estereótipos negativos, 20; fortunas acumuladas, 19; de muçulmanos, 48; mulheres e, 192-5, 197-201; na política brasileira, 115-8; preconceito contra, 14, 68; questões de fé, 91-9
imigrantes católicos, preferidos no Brasil, 57
Imigrantes, rodovia dos, 143
Immigration Act (EUA, 1924), 56

Imobiliária Santa Teresinha, 141
império islâmico, 29
Império Otomano, 16, 31, 86, 117, 130, 144, 186, 229; alinhamento à Alemanha na Primeira Guerra Mundial, 32, 46; ameaçado pelos drusos, 30; atuação de missionários cristãos no, 43; conquista do Líbano, 19, 29; decadência a partir de 1800, 17, 31 derrota na Primeira Guerra Mundial, 47; domínio no Oriente Médio, 30; imigração dos sírio-libaneses no final do, 36, 45; Líbano durante o, 223; imigrantes libaneses contra o, 187; perseguições religiosas, 39-40; tentativa de conter as imigrações, 42
InCor, 108
Inglaterra, 47; domínio da Palestina após a Primeira Guerra Mundial, 47; drusos e, 31; exército inglês, 82
Instituto da Cultura Árabe, 50, 106
integralismo, 117
Ioschpe, Gustavo, 20
Ipiranga, bairro em São Paulo, 101, 119
Irã, 98
Iraque, 136
Islã, praça do, São Paulo, 123
islamismo, 28-30, 97-8, 124, 203, 205; divisão do poder no Líbano, 33; no Império Otomano, 40; xiita, 224
Israel, 30, 109, 117, 135, 163; confrontos com palestinos, 33; destino dos imigrantes judeus, 36; governos petistas e, 123; guerra com o Líbano (1981), 204; guerra com o Líbano (2006), 190; Guerra do Yom Kippur, 207; invasão do Líbano, 34; massacre de Sabra e Chatila e, 204; ocupação da Cisjordânia por, 218; ocupação do sul do Líbano por, 147; proposta de mudança da embaixada brasileira, 227
Istambul, 29-31, 131
IstoÉ, 107

Itália e italianos: como agricultores, 60; detenção de imigrantes no Brasil, 68; como mascates, 59; imigração para o Brasil, 36, 58, 63; preconceito contra os imigrantes, 74

Izar Jr., Ricardo, 17, 22, 77, 184, 188; carreira política, 190-1

Izar, família, 22

Izar, José, 188

Izar, Nagib, 189

Izar, Ricardo, 124, 184, 188, 205; atuante na articulação das relações Brasil-Líbano, 190; carreira política, 189-90; discurso na ONU, 190; formação na PUC-SP, 189; viagem à Síria e ao Líbano, 190; visita à ONU, 189

Jabor, Arnaldo, 21

Jafet, Adma, 23, 102-4, 106, 111

Jafet, Alexios, 101

Jafet, Ângela, 102

Jafet, Arthur, 105

Jafet, Basílio, 101, 102

Jafet, Benjamin, 100-2, 106

Jafet, Eduardo, 100

Jafet, família, 46, 79, 100-7, 111, 118

Jafet, Gabriel, 23

Jafet, João, 101

Jafet, Nami, 23, 101, 193

Jafet, Ricardo, 145

Jafet, Violeta, 102, 104-5, 194

Jamil de Omolu *ver* Rachid, Jamil

Jamra, Said Abu, 78

Japi, fábrica de tecidos, 129

japoneses: como agricultores, 60; imigração para o Brasil, 65

Jardim Leonor Mendes de Barros, bairro de SP, 210

Jarouche, Mamede, 83, 86

Jereissati, Tasso, 22, 121

Jerusalém, 14, 42, 210; ocupação pelos europeus, 29; origem do cristianismo, 29

Jesus Cristo, 34, 94-5, 203

João Paulo II, papa, 176

Joelma, edifício em São Paulo, 183

Jokh, Salua Mohamad Abou, 194

Jordânia, 117; imigrantes libaneses para a, 49

Jorge, Semi, 120

Jornal da Tarde, 142

José Bonifácio (SP), 70

Joub Jannine, Líbano, 225

Joubeir, Antônio, 93

Jubran, Safa, 13-4, 83, 86

Jucá, Romero, 133

judeus, 34, 60-1, 64; culpados pelos problemas do Líbano, 147; imigração para Israel, 36

Juiz de Fora (MG), 97, 109, 200

Júlio Atlas, praça em São Paulo, 196

Jundiaí (SP), 128, 129

Juventude Malufista, 108

Kabbani, Khaled, 170

Kadri, Ahmad Ali, 59-60

Kadri, Mohamed Nassib Saleh, 73

Kalil Filho, Roberto, 107-10

Kalil, Guiomar, 108

Kalout, Hussein, 21, 121

Kalume, Abib Moisés, 115

Kalume, Jorge, 115

Kamid al-Lawz, Líbano, 209

Karam, John Tofik, 20, 122

Kassab al-Hardini, Nimatullah, 10-1

Kassab, Assad, 183

Kassab, Fábio, 182

Kassab, família, 18, 23, 38, 177, 193; no Líbano, 179-80, 183

Kassab, Fuad, 182

Kassab, Gilberto, 10, 91, 115, 129, 144, 150, 174-83, 229; carreira política, 178; denúncias de corrupção, 179; estudos no Liceu Pasteur, 177; formação na Escola Politécnica da USP, 177, 205; formação na Faculdade de Economia e Administração da USP, 178; Lei Cidade Limpa, 178; como ministro de Dilma e Temer, 178; como prefeito de São Paulo, 178; visita ao Líbano, 179, 182

Kassab, Girgis, 174

Kassab, Hana, 180
Kassab, Laure, 181
Kassab, Maryam, 174
Kassab, Nacif, 181
Kassab, Paulo Cassab, 182-3
Kassab, Pedro, 177, 182
Kassab, Salomão, 179; imigração para o Brasil, 177
Kassab, santo, 150
Kassab, Tony, 180-1
Kata'ib (Falanges Libanesas), partido cristão maronita, 181
Kehdi, Edmundo, 111-2
Kfarhalda, Líbano, 177
Kfifan, monastério, 175
Khamis, Nazira Abumkana, 92
Khater, Akram Fouad, 225
Khatlab, Roberto, 17, 230; imigração para o Líbano, 17
Khattab, Hussein Ahmed, 17
Khodr, família, 168
Khodr, Mohamad, 19, 36, 166, 170-1
Khodr, Talih, 164-5, 170
Khoury, Elias, 13, 87
Khoury, José, 79
Khuri, Daud Qustantin al-, 80-2
Khuri, família (Líbano), 164
Khury, Alberto, 82
Knowlton, Clark, 16, 40, 53, 67, 71, 98, 119, 122, 193
Koura, Líbano, 150
Kubitschek, Juscelino, 166
Kulthum, Umm, 157
Kurban, Taufik, 23, 53, 57-8, 63, 64, 66, 71, 192
Kury, Ernesto, 23

Labaki, Naum, 77, 225
Lahoud, Émile, 126
Lamarão, Sérgio Tadeu de Niemeyer, 116, 122
Lanifício Paulista, 129
Largo São Francisco ver Faculdade de Direito da USP
Lauand, Judith, 89
Lavoura arcaica (Nassar), 83
Lawrence da Arábia (filme), 47

Lei Cidade Limpa, 178
Leitão de Abreu, João, 115
Leitão, Crisarobina Dourado, 115
Lembo, Cláudio, 107
Ler, livraria, 88
Lesser, Jeffrey, 67
libaneses: no Brasil, obsessão por estudos, 71; estabelecimentos comerciais em São Paulo, 62; fama de ligação com corrupção, 127; como mascates, 58-61; imigração para os Estados Unidos, 37; preconceito contra os imigrantes, 74
libaneses, Os (Meihy), 16
Líbano, 10, 12, 14, 16, 44, 52, 55, 60, 67, 69, 71, 82-3, 85-6, 97, 103, 112, 117, 126, 170, 187; cidades de origem dos políticos brasileiros, 18; guerra com Israel (1981), 204; guerra com Israel (2006), 190; história, 16, 27-35, 36-50; influência brasileira nas cidades do, 231; invasão mongol, 28; número de imigrantes com destino ao Brasil, 53; produção de seda em aldeias libanesas, 38; questões religiosas, 29; religião e política no, 224; sistema eleitoral, 83; tomado pela França após a Primeira Guerra Mundial, 47; visita de dom Pedro II ao, 51; viticultura em aldeias libanesas, 39
Líbano Rio Express (restaurante), 199
Liberdade, bairro em São Paulo, 93
Líbia, 77
Liceu do Sagrado Coração de Jesus, 72
Liceu Pasteur, 177
Liga Andaluza, 78
Liga dos Emigrados de Homs, 80
Liga Kassab (Rabitat Kassab), 180
Liga Libanesa do Progresso, 187
Lima, Tidei de, 158
língua árabe, 94
língua aramaica, 94
Livraria Yázigi, 79
Loja Brasília, 166

Loma S.A., 141
Londrina (PR), 214
Lucia, Paulo, 53
Lugo, Fernando, 107
Lula da Silva, Luiz Inácio, 108, 169, 171, 208; paciente do Sírio-Libanês, 107, 109; Palestina e, 123; visita ao Líbano, 126
Lula da Silva, Marisa, 169
Lulia, Marchi Barbar, 150, 153, 156
Lutfalla, Fuad, 140
Lutfalla, Lúcia, 111-2

Macedo, Antônio, 110
Machado, Sérgio, 199
Maciel, Marco, 159
Madi, Edgard, 93-5
Madi, Elia Abu, 79
Madi, Gaby, 94
Magalhães, Antônio Carlos, 142, 160
Mahfouz, Joseph, 174-5
Mahfuz, Salowa Khoury, 37
"mahjar" [diáspora], 79-80
Maluf, Antonio, 89-90
Maluf, Assad, 86-7
Maluf, Carlos Alberto Dabus, 74-5, 190
Maluf, Cesar Elias, 74-5
Maluf, Chafic, 79, 82, 87, 102
Maluf, Eduardo, 75
Maluf, Elias e Madalena, 74
Maluf, família, 18, 23, 38, 193; como empresários de sucesso, 137; contribuição para o Hospital Sírio-Libanês, 103; em São Paulo, 137; no Líbano, 135, 146-7; visitas ao Líbano, 167
Maluf, Fauzi, 23
Maluf, Fayad, 74
Maluf, Flávio, 137
Maluf, Genoveva, 139
Maluf, Ibrahim Farah, 136
Maluf, Iskandar Butrus, 89
Maluf, Jerje, 134, 136, 146-8
Maluf, Jorge Bey, 193
Maluf, Lina Saigh, 117, 138, 193
Maluf, Marcelo, 86-7
Maluf, Michel, 86

Maluf, Michel Bey, 78
Maluf, Nagib Farah, 136
Maluf, Paulo Salim, 10, 15, 18, 22, 30, 73, 76, 108, 115, 120, 123, 134-48, 163, 177-8, 189, 194, 213, 216, 229; acusado de corrupção, 20-1, 141-3; carreira de empresário, 141; carreira política, 141-5; casamento com Sylvia Lutfalla, 140; como prefeito de São Paulo, 141; formação na Escola Politécnica da USP, 140, 205; grandes obras realizadas, 143; indicação de Celso Pitta para a prefeitura, 21; Juventude Malufista, 108; malufismo, 145; parentes em Hadath, Líbano, 19; visitas ao Líbano, 134, 146
Maluf, Roberto, 140
Maluf, Rui, 89
Maluf, Salim Farah, 18, 30, 74, 134, 136, 138, 140, 144, 146, 148, 229-30; imigração para o Brasil, 10, 136
Maluf, Salma, 135
Maluf, Sylvia Lutfalla, 108, 140
mamelucos: derrotados pelos otomanos, 29; predomínio na região libanesa, 29
Manaus, 84, 85
mandato, da França sobre Líbano e Síria, 32
Maomé, 28, 34, 203
Mar de Espanha (MG), 200
Marginal Pinheiros, São Paulo, 143
Mariannense (jornal), 67
Maringá (PR), 209
Marjayoun, praça, São Paulo, 123
Maron, santo, 29, 175
maronitas, 29, 30-1, 91-6, 98, 175-6, 191; divisão do poder no Líbano, 33; embates com drusos, 31; ver também catolicismo maronita
Marrocos, 77-8
Marselha, 100, 139
Martinelli, edifício, São Paulo, 78
Massacre do Carandiru, 158
Matar, Malik, 53

Mato Grosso, 58
Mattar, família, 103
Mattar, Vera Cattini, 117, 138, 193
Mawal, família (Líbano), 164
Meca, 98
Medeiros, Juliano, 218
Médici, Emílio Garrastazu, 142
Medina, Arábia Saudita, 98
Médio Amazonas, 85
Mediterrâneo, 12, 27
Mehmed II, 29
Meihy, Murilo, 16, 33, 66
melquitas (greco-católicos), 97, 221
Memórias da imigração (Greiber, Maluf, Mattar), 70, 138, 193
Mercosul, 185
Meretz, partido sionista de Israel, 218
Mesquita Brasil, 97
Mesquita Filho, Julio de, 144
Metropolitan, museu de arte, Nova York, 89
Michel Tamer, rua, Btaaboura, Líbano, 149
Miguel, Salim, 87
Mikati, Najib, 126
mil e uma noites, As, 28, 83
Milícias cristãs, no Líbano, 204
Minas Gerais, 101, 110
Mir'at al-Gharb (jornal), 54
Mohamad, Abdul Rahman, 207
Mokarzel, Naoum, 187
Mokdessi, Demetrio, 102
Montanha Magnífica, A (Boulos), 216
Monte Líbano, 30-2, 42, 68, 100, 185; maronitas e drusos no, 30
Monte Líbano (clube em São Paulo) *ver* Clube Atlético Monte Líbano
Mooca, bairro em São Paulo, 137
Morro dos Ingleses, bairro em São Paulo, 75
Mossul, Iraque, 90
Mostra Mundo Árabe de Cinema, 50, 106
Mouaikel, Chafica Aboumekana, 44-5
Mourad, Abdul Rahim, 225; carreira política no Líbano, 226
Mourad, Hassan, 227

Mourad, Mohamad, 205-6, 208, 225
Mourad, Nagib, 205
Mourad, Said, 91, 124-5, 202-8; carreira política, 205; formação em engenharia, 205; política e questões religiosas, 206; visitas ao Líbano, 204, 205
Mourad, Said (pai), 205; imigração para o Brasil, 204
Moussali, Alice, 89
Movimento Democrático Brasileiro (MBD), 90
Movimento dos Trabalhadores Sem Teto (MTST), 212, 216
movimento nacionalista (1930), 56
movimentos armados (Líbano), 33
muçulmanos, 34, 40, 59, 91, 97, 98, 124, 130, 203, 206; fatia no poder do Líbano, 34; sunitas, 224
mukhtar [o escolhido], 146-7
Museu do Holocausto, Israel, 218
Musleh, Emad, 48
Mussi, Antonio, 63
Mustafa, Shakir, 81

Nader, Isabel Curi, 186
Naff, Alixa, 41
Naffah, Michel, 70, 72
Naffah, Waldemiro, 70
Nahda, Renascimento árabe, 79, 186
"naib" [vice], 149
Najar, Ahmed, 67
Nami Jafet & Irmãos, 101
Napoleão III, 31
Nápoles, 79
Nassar, Raduan, 83, 86-7
Nasser, Gamal Abdel, 67
Nasser, Georges, 50
Natel, Laudo, 142
Nejmeh (time de futebol libanês), 34
Neme, Bussamara, 72
Neme, Feres, 72
Neme, Sad, 72, 73
Neves, Tancredo, 142, 161
Niemeyer, Oscar, 230
Nossa Senhora da Natividade, igreja, 95-6

Nossa Senhora da Penha do Rio de Janeiro, igreja em Biblos, Líbano, 230
Nossa Senhora do Líbano, festa, 94
Nossa Senhora do Paraíso, igreja melquita em São Paulo, 97
Nova Aliança (SP), 215
Nova York, 54; como destino das imigrações sírio-libanesas, 45; imigrantes sírio-libaneses em, 54

Odebrecht, empreiteira, 162
Olimpíadas, Berlim (1936), 181
Olympia, Paris, 197
Omíada, califado, 28
Onze de Setembro, atentados terroristas, 223
orfã moscovita, A (peça teatral), 81
Orfanato Sírio, 112
Organização das Nações Unidas (ONU), 123, 210
Orientalíssimo (blog), 218
Oriente Médio, 14, 47, 77, 83, 117, 123-4, 136, 145-6, 153, 203; atuação de missionários cristãos no, 43; domínio do Império Otomano, 16-7, 30; hegemonia da cultura árabe e islâmica, 28-9; Michel Temer e, 157; imigrantes libaneses para o, 49; ocupação da França no, 32; relações com o Brasil, 14; viagem de dom Pedro II ao, 51
Oriente Próximo, 40
Orient-Le Jour L' (jornal), 190, 222, 230
ortodoxos, 31, 91-3, 95, 96, 98, 155-6, 163-4, 217, 221
Osman, Samira Adel, 16, 44, 59-61, 73, 92, 194

Pacífico, Oceano, 42
Pacto Nacional, Líbano (1943), 33
Pai Jamil *ver* Rachid, Jamil
Palacete Mourisco, avenida Paulista, São Paulo, 65
Palácio da Alvorada, 161
Palácio do Jaburu, 10, 162

Palermo, Yacy, 177
Palestina, palestinos, 30-1, 117; governos petistas e, 123; presença no Líbano, 33; tomada pela Inglaterra após a Primeira Guerra Mundial, 47
Para onde? (filme), 50
Paraguai, destino das imigrações sírio-libanesas, 49, 98
Paraíso, bairro em São Paulo, 123
Paraná, 66, 198, 209
Pari, bairro em São Paulo, 48
Paris, exílio de Raymond Eddé, 222
Partido Comunista Brasileiro (PCB), 216
Partido Comunista do Brasil (PCdoB), 172, 197-8
Partido da Frente Liberal (PFL), 178, 189
Partido da Social Democracia Brasileira (PSDB), 171, 202
Partido Democrático Social (PDS), 142, 189
Partido do Movimento Democrático Brasileiro (PMDB), 90, 158, 160-2
Partido dos Trabalhadores (PT), 107, 124, 143, 159-61, 168, 171, 200-2
Partido Liberal (PL), 178, 205
Partido Libertador (PL), 189
Partido Progressista (PP), 108, 184, 190
Partido Progressista Reformador (PPR), 189
Partido Republicano (PR), 167
Partido Social Cristão (PSC), 202, 205
Partido Social Democrático (PSD), 129
Partido Social Liberal (PSL), 109
Partido Social Nacionalista Sírio (SSNP), 117
Partido Social Progressista (PSP), 216
Partido Socialismo e Liberdade (PSOL), 212, 216, 218
Partido Verde (PV), 190
Patrícios: Sírios e libaneses em São Paulo (Truzzi), 16
Pedro II, dom, 51-2, 97, 126, 228
Penha, bairro em São Paulo, 189

península Arábica, 28
Pereira, Renée, 132
Petrobras, 132, 162
piauí (revista), 168-9, 198
Piracicaba (SP), 87
Piraju (SP), 82
Pirassununga (SP), políticos libaneses em, 119
Pitta, Celso, 21, 178
Pitts Jr., Montie Bryan, 20
Pity the Nation (Fisk), 181
Plínio Moreira, escola em Tietê (SP), 157
Polícia Federal, 172
Pontifícia Universidade Católica de São Paulo (PUC-SP), 158
Pontifícia Universidade Católica, Sorocaba, 215
praça da República, São Paulo, 82
Presidente Prudente (SP), políticos libaneses em, 119
Primeira Guerra Mundial, 32, 46, 69, 150, 156, 194
princesa Genevieve, A (peça teatral), 81
protestantismo, 221

Qabbani, Abu Khalil, 81
Qabbani, Nizar, 81
Qlaiat, Líbano, 174
Quadros, Jânio, 161; janistas, 145
Quércia, Orestes, 107

Rabat, Marrocos, 14
Rachaia (clube em São Paulo), 68
Rachaya, Líbano, 82, 106, 171
Rachid, Jamil (Jamil de Omolu ou Pai Jamil), 99
Racy, Hilda, 220-1
Racy, Karam, 221
Racy, Latife, 138, 221
Racy, Sonia, 220
Rádio Record, 74
Rafqa al-Rayes, santo, 175
Raiden, Zahia, 167
Rajab, Lamia Mustapha, 194
Rajab, Mustapha, 57
Rashid, Harum al-, 28

Rede Globo, 143
Relato de um certo Oriente (Hatoum), 83, 85
religião, política e, 203
religiões africanas, 99
Remédios (bisavó do autor), 228-9
Reverendo George Michel Atlas, rua em São Paulo, 196
Revolução Constitucionalista, (1932), 68, 74
Ribeirão Preto (SP), 138
Ricardo, Coração de Leão, 29
Rio Bonito (SP), 70
Rio Branco (AC), 84, 115
Rio de Janeiro, 42, 88, 97, 101, 116, 128, 138, 198; primeiros imigrantes sírio-libaneses no, 53
Rio Grande do Sul, primeiros imigrantes sírio-libaneses no, 53
Rizkallah, família, 111
Rodrigues Alves, Francisco de Paula, 128
Rodrigues, Fernando, 126
Rondon, marechal, 58
Roosevelt, Theodore, 58
Roraima, 133
Roupa Nova, banda, 200
Rousseff, Dilma, 161; Fernando Haddad e, 170-1; Gilberto Kassab e, 178; impeachment de, 149, 153, 161, 190, 201; Michel Temer e, 149, 160; paciente do Sírio-Libanês, 107, 109; Palestina e, 123
Rússia, russos, 31; como mascates, 59; ortodoxos e, 31

Saadeh, Antoun, 117-8
Saadeh, Khalil, 117
Sabah (Jeanette Georges Feghali, cantora libanesa), 22, 197, 199
Sabra e Chatila, campos de refugiados palestinos, 204
Sadi, Andréia, 83
Safady, Jorge, 68
Safady, Wadih, 40, 46, 53, 55, 58-9, 62, 96, 193
Safra, Jacob, imigração para o Brasil, 64

Safra, José, 64
Salem, família, 103
Salfema Ltda., 141
Salgado, Plínio, 117
Saliba, Jacob, 71
Saliba, Yacoub, 93
Salih, Tayeb, 13
Salim Abeid, praça em São Paulo, 123
Salomão & Martins, 200
Salomão, Alfredo, 200
Salomão, Margarida, 192, 200-1; carreira universitária, 200
Salomão, Temer, 200
Sanatório Sírio, 112
Santa Bárbara d'Oeste (SP), 86-7
Santa Casa de Juiz de Fora, 109
Santisi, serraria, 137
Santo Amaro, bairro de São Paulo, 48, 136
Santo Anastácio (SP), 212, 214
Santo André (SP), 48
Santos (SP), 54, 87, 139, 166, porto de entrada dos imigrantes sírio--libaneses, 15
São Bernardo (SP), 48
São João do Muqui (ES), 88
São José do Rio Preto (SP), 70, 214-5; igreja ortodoxa em, 96
São José dos Campos (SP), 99
São Miguel Paulista (SP), 48
São Paulo, 58-9, 81-2, 84, 103, 111, 115, 117, 119, 121, 123, 129, 141, 167, 185, 230; cidade-irmã de Beirute, 123; como destino das imigrações sírio--libanesas, 45, 47; família Boulos em, 213-4; família Haddad em, 166, 168
Sarney, José, 142, 161
Sayad, João, 169
Scahin, Florinda, 112
Scarpin, Paula, 108
Schahin, Florinda, 112
Schahin, Marta Kehdi, 111-2
Schahin, Rubens, 112
Schahin, Taufic, 112
Segunda Guerra Mundial, 32, 47, 103, 164, 204, 209

Serra, José, 144, 171, 178
Serraria Americana Salim Maluf S.A., 137, 141
Sherazade (personagem), 28
Sídon, Líbano, 32, 225
Simão, José, 21
Simon, Pedro, 159
Síria, sírios, 16, 32, 34-5, 42, 51, 56, 58, 67, 69, 71, 78, 80-1, 86, 103, 112, 117, 135, 154, 163, 187; como mascates, 59; estabelecimentos comerciais em São Paulo, 62; imigrantes libaneses para a, 49; número de imigrantes com destino ao Brasil, 53; ocupação do Líbano, 222; tomada pela França após a Primeira Guerra Mundial, 47
sírio-libaneses: imigração para o Brasil, 36-50; imigração para os Estados Unidos, 37
Sírios e libaneses (Knowlton), 16, 193
sistema Cantareira, 143
Sleiman, Michel, 126
Smeili, Lameh, 207, 225; como jornalista, 207; imigração para o Brasil, 49
Sociedade Beneficente de Damas, 103
Sociedade Beneficente de Senhoras, 106
Sociedade Beneficente Muçulmana, 97
Sociedade Brasileira de Endocrinologia, 106
Sorocaba (SP), políticos libaneses em, 119
Sphynge (jornal), 17, 186, 188
Srougi, Miguel, 105
Suaid, Bahig, 156
Suaid, Elias, 156-7
Suaid, família, 156
Suaid, Jorge, 156
Suaid, Maria, 156
Sultan Yacoub, Líbano, 230
Sultani, Taufik, 97
Sumaya, família, 151
sunitas, 206; divisão do poder no Líbano, 33
Suplicy, Marta, 144, 169

Surita, Teresa, 133
Suriya al-Jadida (jornal), 117
Syrios e libanezes no Brasil (Kurban), 23, 28, 57, 192

Tablit al-Bahr (Daif), 36, 43-5, 52
Tannourine, Líbano, 177
Tanus, Al-Mazbut, 176
Tarantino, Mônica, 107
Taubaté (SP), 97, 186
Tavares, Antônio, 67
Tebecherani, Utroch Farah, 100
Tecelagem Dom Pedro, 204
Teixeira, Dirce, 108
Teixeira, Roberto, 108
Tel Aviv, 210
Temer, Adib, 153
Temer, Alain, 152, 153, 154, 155
Temer, família, 18, 23, 38, 116, 153, 193; em Tietê (SP), 151, 156; imigração para o Brasil, 47, 150; no Líbano, 38, 151-4
Temer, Ghada, 152
Temer, Issam, 153
Temer, Jad, 152, 153
Temer, Michel, 10, 15, 18, 22, 75, 92, 121, 144, 147, 149-62, 163, 213, 229; acusado de corrupção, 161-2, 190; carreira política em SP, 158; como presidente, 149, 161; como vice-presidente, 160-1; doutorado na PUC, 158; formação em direito no Largo São Francisco, 158; presidente da Câmara dos Deputados, 159; religião, 155; visitas ao Líbano, 19, 126, 153, 155, 157
Temer, Nakhul (Miguel), 10, 18, 149-50, 152, 156
Temer, Nizar, 152-3, 155
Temer, Sumaya, 152
Tempo de migrar para o norte (Salih), 13
terrorismo, 14, 203
Thabit, família (Líbano), 164
Thamarat al-Funun (jornal), 54
The Pravda, chapa estudantil, 168

Tietê (SP), família Temer em, 92, 151, 156
Tigre, rio, 28
Time, 125
Tiradentes, praça em Curitiba, 67
Tiro, Líbano, 32, 213
Tobias, Pedro, 202
Transpetro, 199
Tremembé (SP), 97
Tribunal de Contas de São Paulo, 74
Trif, José, 53
Trípoli, Líbano, 29, 32, 150, 230
Truzzi, Oswaldo, 16, 56, 63, 72-3, 119-20, 122, 127, 144-5, 158
Tudo é História (coleção), 80
Tuma, Nicolau, 73-4
Tuma, Romeu, 22, 107-8
Tuma, Zilda, 108
"turcos", 10, 16, 21, 53, 58, 65, 67, 144
Turcos (poema), 66
turcos, Turquia, 30, 41, 47, 66; detenção de imigrantes, 68; territórios cobiçados pelos europeus, 32

Uber, 216
Uip, David, 110-1
umbanda, 99
União da Juventude Comunista, 216
União de Tendas de Umbanda e Candomblé do Brasil, 99
União Patriótica Árabe, 104
Unicamp, 90
Universidade Americana de Beirute, 43
Universidade Americana do Líbano, 117
Universidade de Damasco, 81
Universidade de Kaslik, 18
Universidade de São Paulo (USP), 13-4, 72, 83, 90, 168
Universidade Georgetown, 14, 221
Universidade Harvard, 22, 121
Universidade Libanesa Internacional (LIU), 226
Universidade Santo Amaro, 108
Universidade Vanderbilt, 20

vale do Beqaa, Líbano, 10, 135, 203, 207, 226, 230-1
Vargas, Getúlio, 56, 119, 125, 161
Vila Mariana, bairro em São Paulo, 189
Villa-Lobos, parque, São Paulo, 132
Votorantim (SP), 97

Wahab, Mohammad Abdel, 157
Washington (EUA), 14; Carlos Eddé em, 221
WikiLeaks, 123

xá da Pérsia, 97
xiitas, 34, 98, 135; fatia no poder do Líbano, 33

Yafit, Chedid Nami, 100
Yalo (Khoury), 13
Yázigi, Cesar e Elias, 71

Yázigi, Jorge Suleiman, 79
Yerid, Abdalla, 128
Yerid, Jacob (João Turco ou João Abdalla), 128

Zacharias, irmãos, 53, 62
Zahar Editores, 88
Zahar, Basil, 88
Zahar, Ernesto, 88
Zahar, Jorge, 88
Zahar, Lucien, 88
Zahlé, Líbano, 40, 42, 53, 62, 86, 89, 96, 111, 128, 146, 157, 171, 185, 200, 230
"zaim" [chefe], 224
Zain, família (Líbano), 164
Zeghidour, Slimane, 80
Zoghbi, Ali El, 209-11
Zoghbi, Hajj Hussein Mohamed El, 208-11

Créditos do caderno de imagens

1: Acervo das famílias Sarruf e Stephano. Cedido gentilmente por Heloisa Dib.

2: Al-Afkar. Nº 78. São Paulo, 22 de julho de 1904. Instituto Histórico e Geográfico de São Paulo. Museu da Imigração.

3: Acervo familiar Leonor Dib Elias. Cedido gentilmente por Heloisa Dib.

4: Acervo familiar Lilian Sarruf e Luiz Philippe Sarruf. Cedido gentilmente por Heloisa Dib.

5-8: Reproduções de Heloisa Dib.

9: Al-Afkar. Nº 78. São Paulo, 22 de julho de 1904. Instituto Histórico e Geográfico de São Paulo. Museu da Imigração.

10: Fotografia de autoria desconhecida, 1922/ Acervo Club Homs.

11: Revista *A Vinha*, 1947.

12: Fotografia de autoria desconhecida, 1930/ Acervo do Esporte Clube Sírio.

13-18: Diogo Bercito.

19: Diogo Bercito/ Folhapress.

20-22: Diogo Bercito.

23-24: Revista *A Vinha*, 1947.

Todos os esforços foram feitos para encontrarmos os detentores dos direitos das imagens publicadas neste livro, o que não foi possível em alguns casos. Estamos dispostos a incluir os créditos faltantes assim que houver manifestação.

A marca FSC® é a garantia de que a madeira utilizada na fabricação do papel deste livro provém de florestas gerenciadas de maneira ambientalmente correta, socialmente justa e economicamente viável e de outras fontes de origem controlada.

Copyright © 2021 Diogo Bercito

Todos os direitos reservados. Nenhuma parte desta obra pode ser reproduzida, arquivada ou transmitida de nenhuma forma ou por nenhum meio sem a permissão expressa e por escrito da Editora Fósforo.

EDITORAS Fernanda Diamant, Rita Mattar e Juliana de A. Rodrigues
ASSISTENTE EDITORIAL Mariana Correia Santos
PREPARAÇÃO Adriane Piscitelli, Ibraíma Dafonte Tavares e Guilherme Tauil
REVISÃO Geuid Dib Jardim e Paula B. P. Mendes
ÍNDICE REMISSIVO Probo Poletti
PRODUÇÃO GRÁFICA Jairo da Rocha
CAPA Alles Blau
COLAGEM DA CAPA A PARTIR DE IMAGENS DO CADERNO Nina Farkas
PROJETO GRÁFICO DO MIOLO Alles Blau
EDITORAÇÃO ELETRÔNICA Alles Blau e Página Viva

Dados Internacionais de Catalogação na Publicação (CIP)
(Câmara Brasileira do Livro, SP, Brasil)

Bercito, Diogo
  Brimos : Imigração sírio-libanesa no Brasil e seu caminho até a política / Diogo Bercito. — 1. ed. — São Paulo : Fósforo, 2021.

  ISBN: 978-65-89733-10-2

  1. História do Brasil 2. Libaneses no Brasil 3. Migração 4. Sírios no Brasil I. Título.

21-69968   CDD – 981

Índice para catálogo sistemático:
1. História do Brasil   981

Aline Graziele Benitez — Bibliotecária — CRB/1-3129

Editora Fósforo
Rua 24 de Maio, 270/276
10º andar, salas 1 e 2 — República
01041-001 — São Paulo, SP, Brasil
Tel: (11) 3224.2055
contato@fosforoeditora.com.br
www.fosforoeditora.com.br

Este livro foi composto em GT Alpina
e GT Flexa e impresso pela Ipsis
em papel Pólen da Suzano para a
Editora Fósforo em julho de 2021.